THINK ORANGE
싱크 오렌지

추천사

이 책에 담긴 레지 조이너의 아이디어는 전 세계의 그리스도인 리더들로 하여금 어떻게 교회와 가정이 함께 활동할 수 있고, 활동해야 하는지에 대해 생각하게 하고 그에 대한 동기를 부여할 것이다.
_ 크레이그 그로쉘(Craig Groeschel), 라이프처치닷티브이(LifeChurch.tv) 교회 목사, 「생명력 넘치는 교회(It: How Churches and Leaders Can Get It and Keep It, 도서출판 두란노)」 저자

노스포인트 교회의 설립자 중 한 사람이자 검증된 가정 사역 전문가인 레지 조이너는 교회가 어떻게 영·유아, 어린이, 청소년들을 위해서 가정과 함께 협력할 수 있는지에 대한 통찰을 제시할 수 있는 최적의 위치에 있다.
_ 존 맥스웰(John Maxwell), 「리더십 불변의 법칙(The 21 Irrefutable Laws of Leadership, 비즈니스북스)」 저자

교회의 잠재력과 가정의 중요성에 대한 확신을 가지고 있는 우리에게 이 책은 대단히 중요하고 신선한 관점을 제공한다. 이것은 흔치 않은 조합이다. 레지는 가정과 교회가 어우러짐으로써 다음 세대에게 어떻게 효과적으로 다가갈 수 있는지 생각하게 만든다.
_ 낸시 오트버그(Nancy Ortberg), 「Unleashing the Power of Rubber Bands: Lessons in Non-Linear Leadership」 저자

미국의 가정을 한자리에 다시 불러 모을 수 있는 기관이 있다면 그것은 교회이다. 교회에는 인프라가 있고, 마음과 의지도 있다. 그렇다면 우리에게 필요한 것은 계획이다. 교회와 가정이 이 책에 나온 아이디어를 실천한다면 미국의 모든 교회는 소생할 수 있다.
_ 도널드 밀러(Donald Miller), 「재즈처럼 하나님은(Blue Like Jazz, 복 있는 사람)」, 「To Own a Dragon」 저자

이 책은 고등학교 졸업 이후 많은 학생들이 믿음을 저버리는 문제로 고민하고 있는 모든 교회 리더들이 반드시 읽어야 할 책이다. 이제 뒷문을 닫을 때가 되었다! 레지는 특유의 신선하고 독특한 접근으로 교회가 부모들과 전략적인 동역을 할 때 필요한 것을 제공한다.
_ 수 밀러(Sue Miller), 윌로우크릭 교회(Willow Creek Community Church) '약속의 땅(Promiseland)*' 전 디렉터

이 책을 읽으면 마치 레지와 함께 커피를 마시는 느낌이 든다. 이 책은 다정하고, 친절하며, 무언가를 생각하게 하고, 재미있다! 그와의 즐거운 대화를 놓치지 말라!
_ 크리스틴 욘트 존스(Christine Yount Jones), 〈Children's Ministry Magazine〉 편집장

*약속의 땅(Promiseland): 윌로우크릭 교회의 어린이 사역 명칭.

THINK ORANGE
싱크 오렌지

상상해보라,
교회와 가정이 충돌할 때 미치는 영향을…

레지 조이너

THINK ORANGE

Copyright ⓒ 2009 Reggie Joiner
Originally published in English under the title Think Orange by David C. Cook,
4050 Lee Vance View, Colorado Springs, CO 80918, U.S.A.

All rights reserved.

Korean Edition Copyright ⓒ 2011 by Timothy Publishing House Inc.,
Seoul, Republic of Korea

이 한국어판의 저작권은 David C. Cook과 독점 계약한 (주)도서출판 디모데에 있습니다.
신 저작권법에 의하여 한국 내에서 보호를 받는 저작물이므로 무단 전재와 무단 복제를 금합니다.

※본문의 성경은 한글 개역 개정을 사용하였습니다.

헌사

이 책을 아내 데비(Debbie)에게 바칩니다.
그녀는 이 세상에서
나와 평생을 함께하기로 한 유일한 사람입니다.

그리고 이분들에게도 바칩니다.
내 아이들 레지 폴(Reggie Paul), 해나(Hannah), 세라(Sarah), 레베카(Rebekah).
우리 네 아이는 내가 더 나은 사람이 되도록 인내를 가지고 도와주었습니다.

내 부모님, 러퍼스(Rufus)와 디(Dee).
부모님은 언제나 하나님과 나에 대한 믿음을 가지고 계셨습니다.

내 동생, 지미(Jimmy).
동생을 어렸을 때부터 보아왔지만 그는 언제나 변함없이 하나님을 믿습니다.

내 장모님, 베티 딘(Betty Dean).
장모님은 내 아내가 하나님과 자신의 가족을 사랑하도록 키우셨습니다.

감사의 말

이분들께 감사드립니다.

교회와 가정이 협력해야 한다는 우리의 원칙을 항상 앞장서서 외치고 있는
리싱크 그룹(reThink Group)*의 교역자들.

지난 10년간 이 원칙대로 산 노스포인트 교회의 가정 사역자들.

사역의 최전선에서 매주 어린이, 청소년, 가정 사역을 위해 헌신하며
도처에서 이 운동을 벌이고 있는 오렌지 리더들.

다음의 분들에게 특별한 감사의 마음을 전합니다.

이 비전을 믿어주고 함께해준 **조엘 맨비**(Joel Manby)와 **리싱크 이사회**.

이 책을 믿어준 **데이빗 C. 쿡**(David C. Cook).

내가 이 책을 쓰도록 격려해준 **돈 제이콥슨**(Don Jacobson).

문자 그대로 10여 년 동안 내 곁을 지킬 정도로 이 원칙을 믿어준 **레니 도노호**(Lanny Donoho).

수년에 걸쳐 이 책을 써야 한다고 말해준 **캐런 오돔**(Karen Odom), **콜렛 테일러**(Colette Taylor), **벳시 라이트**(Betsy Wright), **그렉 페인**(Greg Payne), **수 밀러**(Sue Miller).

이 책을 더 재미있게 만들어준 리싱크 디자인 팀,
라이언 분(Ryan Boon), **제어드 에릭슨**(Jared Erickson), **제이슨 로시**(Jason Losy), 그리고 **파이브스톤 팀**(FiveStone Team).

이 책에 나오는 단어와 개념을 가지고 밤을 새우며 씨름했던 리싱크 편집 팀,
베스 넬슨(Beth Nelson), **마이크 제프리스**(Mike Jeffries), **크리스틴 아이비**(Kristen Ivy), **카라 마튼스**(Cara Martens), **세라 앤더슨**(Sarah Anderson), **그렉 페인**(Greg Payne), **캐런 윌슨**(Karen Wilson)
(그리고 나와 함께 밤을 새웠던 그 모든 시간들에 대하여).

---

*리싱크 그룹(reThink Group): 레지 조이너 목사가 이끄는 미국의 교회 교육 전문 사역 단체.

차례

서문
앤디 스탠리 — 10

Part One
두 개의 영향력

이 책을 읽기 전에 — 16

1장
오렌지론 — 22

2장
밝은 빛
영향 1. 교회 — 28

3장
따뜻한 마음
영향 2. 가족 — 44
가정의 본질(신명기 6장) — 54

4장
오렌지 빛 — 84

5장
스키플 족(Skeeples)과 롬 족(Lomes) — 108

Part Two
오렌지 사고의 다섯 가지 필수 요소

6장
필수 요소 1. 전략을 통합하라
교회와 가정, 그 두 영향력을 결합하면 시너지 효과가 발생한다   **120**

7장
필수 요소 2. 메시지를 정제하라
교회와 가정, 그 두 영향력을 결합하면 중요한 것이 증폭된다   **146**

8장
필수 요소 3. 가정을 재활성화시키라
교회와 가정, 그 두 영향력을 결합하면 일상의 삶에서 믿음이 형성된다   **172**

9장
필수 요소 4. 공동체를 강화하라
교회와 가정, 그 두 영향력을 결합하면 가능성이 증대된다   **202**

10장
필수 요소 5. 영향력을 발휘하게 하라
교회와 가정, 그 두 영향력을 결합하면 세대를 움직일 수 있다   **222**

오렌지화(Orange – Ality)   **242**
자주 묻는 질문   **254**
보충 설명   **256**
주   **279**
저자 소개   **283**

서문

1995년 우리가 노스포인트 교회(North Point Community Church)를 개척할 당시에는 교역자들과 자원해서 섬기던 주요 리더들 중에 어린 자녀들을 둔 부모들이 많았다. 자연히 우리는 그들의 가족과 함께 일해야 한다는 생각을 하게 되었다. 우리는 교회 리더들인 동시에 부모들이었다. 어떤 점에서 우리가 세우려고 하는 것은 우리 가족들과 아이들의 미래를 위한 것이었다. 레지 조이너(Reggie Joiner)가 가정과 교회가 함께할 수 있는 환경을 조성하는 책임을 맡았다.

이 책의 집필을 요청받았을 때 나는 그가 노스포인트 교회에서 가정 사역 책임자로 있을 때 이루어놓은 것 중에서 지금까지도 우리가 누리고 있는 혜택 몇 가지를 떠올렸다. 초등학교 아이들은 소그룹 모임에 빠지지 않으려고 주일 아침마다 교회에 가자고 부모들을 재촉한다. 주일 아침마다 고등학생 수백 명이 여러 가지 사역에서 봉사한 후에 오후에는 다시 교회로 돌아와 예배드리고, 가르치며, 소그룹 모임을 갖는다. 이 모든 것들 가운데 레지의 흔적이 남아 있다.

레지는 처음부터 자녀들을 영적으로 성장시키는 과정에 부모가 함께해야 한다고 믿었다. 그는 교회가 아이들을 가르치기 위해 좋은 환경을 조성하는 것도 매우 중요하지만 교회가 미치는 영향은 제한적일 수밖에 없음을 알았다. 교회는 그들의 자녀들과 기껏해야 1년에 40시간 정도를 함께 보낼 뿐이다. 동시에 그는 부모들이 미칠 수 있는 영향 또한 한계가 있으며, 그렇기 때문에 우리 아이들의 삶 속에 다른 성인들의 영향도 있어야 한다는 것을 인식했다.

레지는 노스포인트 교회에서 10년을 보내고 지금은 리싱크 그룹에서 수천 명의 교회 리더들과 가정을 연결하는 방법을 변화시키는 사역을 계속하고 있다. 그가 최근에 쓴 이 책은 독자들에게 '그의 아이디어를 빌릴 수 있는' 기회를 제공할 것이다. 이 책에서 그는 교회가 어떻게 해야 하는지, 가정이 어떻게 해야 하는지, 그리고 무엇보다도 교회와 가정이 함께 어떻게 해야 하는지에 대해 자신이 터득한 모든 것을 나누고 있다.

이 책에서 레지는 교회와 부모 모두의 영향을 극대화하는 전략을 개발하는 것이 효율적일 뿐만 아니라 성경적이라는 사실을 설득력 있게 논증한다. 이 책을 공부하면서 히브리 문화의 전환기에 모세가 부모들과 리더들에게 한 말을 주의 깊게 살펴보라. 느헤미야가 무너진 예루살렘 성벽을 돌아보면서 민족의 신앙을 재건하기 위해 체계적으로 계획을 세우는 모습을 상상해보라. 이 책의 곳곳에 등장하는 여러 다른 이야기들과 함께 이 이야기들은 하나님이 우리를 부르신 목적은 백성들을 영적으로 성장시키는 리더로서뿐만 아니라 우리를 전략적으로 인도하시기 위함이었음을 분명히 보여준다.

'Think Orange'는 또 하나의 모델이나 공식이 아니라 패러다임의 전환이다. 이것은 이 세대의 부모들과 아이들의 마음과 생각을 사로잡는 완전히 새로운 접근법이다. 그리고 14년에 걸친 경험에 비추어 나는 이것이 어떤 교회라도 그 역할에 큰 변화를 만들어낼 수 있음을 안다. 그러니 형광펜 몇 개를 준비하고 배우겠다는 마음가짐으로 책 읽기 편안한 장소를 찾으라!

앤디 스탠리(Andy Stanley)

Part One
두 개의 영향력

결합한 두 개의 영향력은 각각 따로
있을 때보다 훨씬 큰 힘을 발휘한다.

교회 + 가정

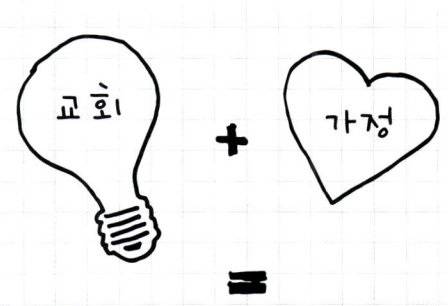

오렌지

결합한 두 개의 영향력은
각각 따로
있을 때보다 훨씬
큰 힘을 발휘한다.

이 책을 읽기 전에

나와 생각이 다르더라도 상관없다.

나조차도 나 자신에게 동의하지 못할 때가 정말 많다. 나는 무언가에 대해 말하면서 다음과 같이 생각한다. "이게 맞는 말인지 잘 모르겠는데…. 나중에 이 문제를 다시 면밀히 검토해봐야겠어." 변명을 하려는 것이 아니라 이 가운데 어떤 과정은 내 창의력과 사고에 활력을 불어넣어준다는 것을 말하고 있는 것이다. 나는 이 책을 쓰는 것을 계속 망설여왔다. 그 이유는 내가 책이 발간되자마자 집어서 읽고는 이 책에 있는 몇 가지 내용에 동의하지 않을 것이 분명하기 때문이다. 하지만 괜찮다. 나라는 사람이 아직 성장하고 있는 중이라면 내가 하고 있는 일 또한 계속 발전하고 있는 중일 테니까. 마흔 줄에 접어든 사람들 가운데 그들이 20대에 한 말에 동의하는 사람들이 얼마나 될까? 나는 반박을 당하지 않거나 오랜 시간의 시험대를 거친 후에도 남아 있을 수 있는 글을 쓰려는 것이 결코 아니다. 나는 모세나 바울, 또는 소선지자들과 같은 인물이 되려는 것 또한 아니다. 내가 이 책을 쓴 목적은 아무런 오류나 잘못이 없는 글을 쓰려는 것이 아니다. 나는 다만 이야기를 나누어볼 가치가 있다고 생각되는 것에 대해 대화를 이어가기를 바랄 뿐이다. 우선 이 책이 목적으로 하지 않은 것을 알려주겠다. 이 책은 다음과 같은 것이 아니다.

- 해답
- 반드시 옳은 것.
- 신학적으로 깊이 파고든 것.
- 난해한 것.
- 어떤 이슈에 대한 최종적인 결론.

어떤 사람이 이 책을 집어 들고 이 책이야말로 이 세대가 당면하고 있는 여러 가지 복잡한 쟁점들에 대한 해답이라고 주장하면 부디 그 사람을 한 대 때려주기 바란다.

때때로 이 책은 지나치게 단순화되었고, 과장되었으며, 피상적이고, 이상주의적이며, 냉소적으로 보일 수 있다. (여하튼, 당신이 풍자를 받아들이기 힘들어하거나 사람들의 말이 진담인지 농담인지 구분을 잘 하지 못한다면 당신에게는 이 책이 당혹스러울 수도 있다.)

그리고 이 책을 읽으면서 모순되거나 불경스럽다고 느껴지는 부분이 있다면 그것은 출판사의 입장을 나타내는 것도 아니고, 어떤 경우에는, 내 생각도 아니라는 사실에 유의하라.

이 책은 목사이면서 아버지인 저자가 아이들에게 영향을 미치기 위해 교회와 가정의 동역이 왜 중요한지를 설명해보려고 쓰인 것이다.

평생에 걸쳐 교회와 가정에 대해 강연해온 나보다 더 똑똑한 리더들이 세상에는 많다. 그들은 모두 나의 영웅들이다. 다음의 목록은 교회와 가정 사역의 전문가들을 임의로 적은 것이다.

앤디 스탠리(Andy Stanley)

빌리 그레이엄(Billy Graham)

마더 테레사(Mother Teresa)

빌 하이벨스(Bill Hybels)

제임스 답슨(James Dobson)

수 밀러(Sue Miller)

조지 바나(George Barna)

존 트렌트(John Trent)

게리 스몰리(Gary Smalley)

바바라 부시(Barbara Bush)

빌 브라이트(Bill Bright)

마틴 루터 킹 주니어(Martin Luther King Jr.)

하워드 헨드릭스(Howard Hendricks)

제프 팍스워시(Jeff Foxworthy)

빌 코스비(Bill Cosby)

이 책을 쓰는 데 도움을 준 사람들 중에는 나보다 어린 사람들도 많다. 하지만 여기에는 나보다 나이가 많은 사람들만 포함시키겠다. 나는 열아홉 살 때 전임 교육 목사로 사역을 시작했다. 나라면 나 같은 사람을 채용하지 않았을 테지만 몇몇 자비심 많은 리더들이 나의 가능성을 믿어 주었다. 훗날, 나는 노스포인트 교회의 창립 멤버 가운데 한 사람이 되었고, 그곳에서 10년 넘게 가정 사역 책임자로 섬겼다. 몇 년 전 나는 리싱크 그룹이라는 비영리 사역 단체를 설립하는 엄청난 모험을 감행했다. 리싱크 그룹은 다음 세대에 영향을 미치는 사람들에게 영향을 미치는 일에 헌신한 개혁적인 작가, 사상가, 계획가, 창조자, 행동가들로 구성되어 있다.

나는 이 프로젝트에 투자해준 그들을 진심으로 고맙게 생각한다. 이 책의 목적은 우리가 하는 일의 이유를 설명하는 것이다. 하루도 빠짐없이 나는 내가 이 놀라운 사역에 동참해 훌륭한 리더들에게 배울 수 있다는 사실에 감사한다. 나는 이 책에서 저자의 관점을 이야기할 때 종종 '우리'라는 단어를 사용할 것이다. 그때 내가 지칭하는 것은 우리 위원회나 비공식적인 자문단으로 도움을 주고 있는 오렌지 사상가들, 리싱크 팀에서 나와 함께 일하는 사람들이다. 그들은 모두 나에게 교회를 사랑하고, 가정을 위해 싸울 것을 촉구했다.

'Think Orange'는 많은 똑똑한 리더들이 동일한 생각을 품게 하려는 우리 노력의 일환으로 만들어졌다.

당신이 어떤 스포츠에 열광하는 사람이고, 어떤 색깔이 당신이 좋아하는 스포츠 팀과 관련이 있다면 당신은 그 색에 내포된 의미를 뛰어넘어야 할 것이다. 오렌지색은 당신이 충성스럽게 지지하는 것 또는 열렬히 반대하는 어떤 것을 상징할 수도 있다. 부디 이것이 풋볼이나 농구나 하키보다 훨씬 더 중요한 일이라는 사실을 기억해주기 바란다. 좋다. 어쩌면 그렇지 않을지도 모르겠다. 그렇지만 이것은 완전히, 전혀 다른 것이다.

당신에게 오렌지색이 어울리지 않는다고 생각해도 상관없다. 오렌지색은 농도에 따라 파란색, 갈색, 검은색, 초록색과 잘 어울린다. 오렌지 선언을 하기 위해 온통 오렌지색으로 도배를 할 필요는 없다. 그러나 당신이 오렌지색에 열광한다면 못할 이유도 없지 않은가?

당신이 오렌지색을 볼 때마다 다음 세대에 일어나야 할 변화에 대해 생각한다면 어떨까?

빨강과 노랑이 혼합된 색을 볼 때마다 서로 동역하는 것, 특히 가정과 교회가 동역하는 것의 중요성을 떠올린다면 어떨까?

당신이 오렌지색으로 된 물체를 볼 때마다 어린이와 청소년들에게 영향을 미치는 일에 헌신하고 있는 리더들을 떠올린다면 어떨까?

우리는 색을 통해 이러한 대의를 기억하는 것이 아주 좋은 방법이라고 생각했다. 그리고 그 가운데 오렌지색을 골랐다.

우리는 교회들을 믿는다. 아니 적어도 예수님이 그분이 말씀하신 대로 그리스도시라는 것과 성경이 진리라고 말씀하는 것을 진리라고 믿는 교회들을 믿는다. 하나님의 이야기를 다양한 문화에 전달하는 데 있어서 교회를 복수형으로 말하는 것은 대단히 중요하다.

일부 리더들은, 제도화된 교회들은 절대 관계 지향적일 수 없고, 보수적인 교회들은 절대 시대에 맞을 수 없으며, 대형 교회들은 절대 친밀한 관계를 맺을 수 없고, 인기 있는 교회들은 선교적이지 않으며, 선교적인 교회들은 사람을 끌지 못하고, 신생 교회들은 절대 본질적인 것을 가르치지 않으며, 유기적인 교회들은 목표가 결여되었다고 주장한다.

우리는 우리와 스타일이 다른 리더가 이끄는 교회의 스타일을 상자에 깔끔하게 포장해서 변칙적이라거나 결함이 있다는 꼬리표를 붙이기 좋아한다. 우리는 우리가 떠나온 교회를 비난하고, 우리의 취향에 맞춰 개조한 교회를 옹호한다.

교회의 모델에 대해 나보다 더 완고한 사람은 없을 것이다. 평생에 걸쳐 나는 하나님이 다양한 교회의 스타일을 이용하여 무언가를 하고 계시다는 사실을 깨달았다. 우리는 우리와 스타일이 다른 교회의 교인들을 악마로 매도하지 않도록 주의해야 하며, 예수 그리스도와 더 멋지고 진실된 관계를 맺도록 사람들을 인도하는 것을 사명으로 하는 모든 형태의 교회들로부터 배워야 한다. 하나님은 우리가 규정짓고 꼬리표를 붙인 것보다 훨씬 크신 분이다. 확신하건대 하나님은 당신의 교회를 길 아래쪽에 있는 다른 교회와 비교하지 않으신다.

나는 우리 모두를 하나로 묶어주는 중요한 요소들 – 예수님, 우리의 사명, 교회와 가정의 중요성 – 을 믿는다. 당신이 어떤 형태의 교회를 이끌고 있든지 당신의 교회가 어떤 방식으로 가정과 동역하고 가정에 영향을 미칠 것인지에 대해 다시 생각해보기를 바란다.

당신이 제도적이라면 더 큰 안정성을 창출할 수 있다.
당신이 사람들의 마음을 끈다면 당신은 시대에 더 적합한 사람이 될 수 있다.
당신이 주목을 받는다면 의미 깊은 대화를 이끌어낼 수 있다.
당신이 선교적이라면 지역 사회를 연결시키는 가교 역할을 할 수 있다.
당신이 보수적이라면 당신이 받은 유업을 재건할 수 있다.
당신이 초교파적이라면 유연한 적응력을 가지게 될 것이다.

농담이라고 생각해도 좋다. 그러나 이 모든 말을 하나로 귀결 지으면 다음과 같다. 가정과의 동역은 다음 세대의 영적 향방에 더 큰 영향을 미칠 수 있다.
내 말에 전부 동의하지 않아도 좋다. 그렇지만 내가 관찰한 다음의 사실에 대해서는 동의할 수 있지 않을까?

지구상에는 교회와 가정이라는 두 개의 강력한 영향력이 존재한다.
그리고 그 둘 모두 하나님이 창시하셨다.
그 둘이 존재하는 이유는 하나님이 구속과 회복의 계획을 보여주는 데 사용하시기 위함이다.
그 둘이 협력하면 각각 따로 활동하는 것보다 훨씬 큰 영향을 미칠 수 있을 것이다.
그들은 서로를 필요로 한다.
어느 한 쪽이라도 실패하면 타격이 너무 크다.
그들의 주요 임무는 자녀들의 마음속에 하나님의 나라를 건설하는 것이다.

당신이 최소한 이와 같은 생각에 동의한다면 나는 당신이 오렌지 사고를 하는 우리와 대화를 할 준비가 되었다고 생각한다.

궁극적으로 당신이 모든 세대의 운명을 걸고 싸우고 있는 한 당신 나름대로 결론을 끌어내고 그것을 적용해도 된다. 왜냐하면 당신은 교회와 가정이 동역할 수 있다는 가능성을 믿기 때문이다. 이 책에는 당신을 오렌지 사고로 이끌어줄 몇 가지 자료들이 실려 있다.

'핵심 용어'는 오렌지 원칙에 대한 이해를 돕는 도구와 핵심 용어들을 모은 것이다. 이 페이지를 오린 뒤 액자에 넣어 사무실이나 사역 장소에 걸어두라. 당신과 당신의 팀에게 오렌지 사고를 일깨우는 용도로 사용되도록 별도의 페이지에 배치했다.

'Podcasts'는 'OrangeLeaders.com'에서 내려받을 수 있다. 이 오디오 학습은 오렌지 원칙, 용어, 주제를 상세히 설명한다.

보충 설명 6.1을 보라

'보충 설명'은 사례 연구, 우수 실천 사례, 개인 적용, 실제적인 예화들로 구성되어 있다. 책을 읽다보면 여백에 인용문이 있고 책 뒤편에 보충 설명 전문이 실려 있다.

1장

오렌지론

나는 사실 오렌지색을 좋아하지 않았다. 최근까지도 나는 오렌지색 옷을 입거나 오렌지색으로 무언가를 칠하기를 꺼렸다. 그것은 어쩌면 내가 어렸을 때 복용한 유아용 아스피린, 또는 오렌지색 옷이 내 피부색을 창백하게 보이게 만든다는 사실, 또는 플로리다 게이터(Gator, 미국 플로리다 대학의 풋볼 팀 - 역주) 팬들의 거친 성향에 대한 무의식적인 거부감에서 나온 것이었을 수도 있다. 어쨌든 나는 그 특정한 색에 대해 늘 개인적인 반감을 가지고 있었다.

바로 이런 이유에서 내가 정말로 'Think Orange'라는 제목의 책을 쓰고 있다는 사실을 믿기가 어렵다. 사실대로 말하자면, 수많은 이미지들을 검토하고 인터넷을 두루 검색해본 결과, 나는 오렌지색에 대해 호의를 갖게 되었다. 이제는 오렌지색 마니아라고 불러도 좋을 정도다.

왜 하필 오렌지색인가?

오렌지색은 여러 가지 흥미로운 메시지를 전달한다. 오렌지색은 건강을 상징한다. 예컨대 귤, 고구마, 당근 등은 베타카로틴이나 비타민 C가 풍부한 건강 식단을 떠올리게 한다. 오렌지색은 색 중에서도 단연 돋보인다. 안전이나 응급 상황과 관련된 일을 하는 사람들은 오렌지색의 시선을 끄는 특성 때문에 그 색을 선택한다. 광고 대행사들은 노골적인 문구를 쓰는 데 오렌지색을 사용한다. 인테리어 전문가들도 분위기를 밝게 하거나 눈길을 끌기 위해 방 안에 전략적으로 오렌지색을 배치한다. 기관들은 중대한 사안을 인식시키기 위해 오렌지색을 선택한다. 기아에서부터 폐렴에 이르기까지 많은 문제들이 오렌지색으로 대변된다. 많은 학교들이 공동체 정신을 기리기 위해 오렌지색 깃발을 사용하거나 오렌지색 운동복을 입는다.

나는 심지어 오렌지색이 하나님이 좋아하시는 색 가운데 하나라고 믿고 싶을 정도이다. 그분은 무지개에서도 오렌지색을 두 번째 자리인 빨강과 노랑 사이에 끼워넣으셨다. 또한 그분은 가을이 되면 언제나 숲 전체를 오렌지색으로 장식하신다. 오렌지색은 하루가 시작되는 일출과 하루를 마감하는 일몰 때, 그리고 밤에는 때에 따라 달빛 속에 나타난다.

그럼 이제 내가 왜 오렌지색을 중요하게 생각하게 되었는지 알 수 있을 것이다. 오렌지색을 사랑할 수밖에 없는 이 모든 이유들 외에, 우리는 자주 간과되지만 이 색깔에 흥미를 갖게 할 새로운 명분을 발견했다. 그리고 그것이 바로 이 책이 'Think Orange'라는 제목을 갖게 된 이유이다. 오렌지색은 두 개의 기본색 – 빨강과 노랑 – 을 혼합하여 만들어진 이차색이다. 누구나 어린 시절에 핑거 페인팅을 해본 기억이 있을 것이다. 두 가지 색을 섞으면 전혀 다른 새로운 어떤 색이 만들어진다는 것을 알게 되었을 때 아마 마법에 걸린 듯 했을 것이다. 두 개의 색이 융합하여 더 강력한 무언가를 만들어내는 것을 지켜보는 것은 흥미진진한 일이었다.

오렌지색은 빨강과 노랑이 결합되었을 때 만들어질 수 있다. 빨간색만 칠하면 빨간색만 얻게 될 것이다. 노란색만 칠하면 노란색만 얻게 될 것이다. 그러나 빨강과 노랑을 함께 칠하면 새로운 가능성, 신선한 해결책, 살아 움직이는 결과물을 얻게 될 것이다.

그 가능성이 보이기 시작하는가? 그것이 두 가지 색을 사용해 제3의 색을 만들어냈을 때 얻을 수 있는 이점이다. 오렌지 사고를 하면 어떻게 결합된 두 개의 영향력이 각각 따로 있을 때보다 훨씬 큰 영향력을 형성하는지 보게 된다.

분명, 이것은 새로운 개념이 아니다. 긍정적인 변화와 혁신은 많은 경우 더 큰 영향력을 발휘하기 위해 두 개의 독립된 개체가 합병한 결과였다.

'뉴멕시코의 아이들(New Mexico's Children)'이라는 기관의 청소년, 가정 사역부에서 엘리 오르티스(Ellie Ortiz)와 다이앤 그래니토(Diane Granito)는 나이 많은 아이들과 그들의 형제자매들로 이루어진 그룹의 아이들에게 가정을 찾아주는 일에 평생을 바쳤다. 오르티스는 제대로 된 아이들의 사진은 각각의 아이가 지닌 성품이나 기질을 엿볼 수 있게 해준다고 주장했다. 그때까지만 해도 아이들에 대한 자료에 따라오는 사진은 단순한 배경에 웃음기라고는 찾아볼 수 없는, 남루한 모습이 찍힌 상반신 사진이 전부였다. 그들은 세계적인 사진작가들과 미술관들을 찾아다니며 아이들의 사진

> **오렌지 사고를 하면 어떻게 결합된 두 개의 영향력이 각각 따로 있을 때보다 훨씬 큰 영향력을 형성하는지 보게 된다.**

을 더 밝은 모습으로 찍어달라고 부탁했다.

2001년 입양을 기다리고 있는 여러 아이들의 신상 정보와 사진을 전시하는 첫 번째 '하트 갤러리(Heart Gallery)'가 문을 열었다. 천여 명의 사람들이 그곳을 찾았고 아이들에 대한 입양 문의는 두 배 이상으로 늘어났다. 그때부터 전국적으로 기사가 퍼져나갔다. 〈퍼레이드 매거진(Parade magazine)〉에서부터 〈ABC 월드 뉴스 투나잇(ABC's World News Tonight)〉까지 그리고 미국 공영라디오 방송(National Public Radio, NPR)의 〈생각해보아야 할 모든 것(All Things Considered)〉에서부터 지역 신문에 이르기까지 수많은 기사로 다루어지면서 오르티스와 그래니토의 노력은 전국적으로 60여 개의 새 하트 갤러리를 탄생시키는 결실을 맺었다. 도시마다 업계 최고의 사진작가들 – 보통 인물 사진 한 장에 수천 달러씩 받는 – 이 가정을 필요로 하는 아이들의 사진을 무료로 찍어주겠다고 나섰다. 한 장의 사진이 한 아이의 인생을 바꿀 수 있다는 것은 믿기 어려운 일이지만 이 갤러리들은 그것이 사실임을 입증하고 있다.

하트 갤러리는 오렌지 사고의 완벽한 예이다. 도처에 있는 입양 기관들이 그들의 열정과 미술관이 가지고 있는 자원을 결합시켰을 때, 아이들에게 더 좋은 기회를 제공할 수 있다는 사실을 깨닫고 있다. 두 개의 개체가 재능과 영향력을 서로 보태면 그들은 함께 놀라운 일을 할 수 있다.

눈을 뜨고 보면 오렌지 사고의 예는 도처에서 발견할 수 있다. 하버드 대학이 텔레비전의 영향력에 오락과 교육을 혼합시켜 만든 것이 '세서미 스트리트(Sesame Street)'이다. 한 젊은 아버지가 가족들의 여가 시간과 놀이공원 산업을 결합시키기로 결정했을 때 세상에 '디즈니(Disney)'라는 경이로운 결과물이 나왔다.

빨강과 노랑의 결합은 언제나 오렌지 효과를 창출한다. 그리고 오렌지 사고는 규범에 도전하고 혁신적인 무언가를 창안해내는 잠재력을 가지고 있다.

그런데 이 책은 도대체 무엇에 대한 책인가?

원칙적으로 이 책은 두 개의 개체가 더 큰 영향력을 발휘하거나 더 나은 해결책을 만들어내기 위해 협력하는 것에 대해 말하고 있다. 실제로 이 책은 교회와 가정이 다음 세대에 영향을 미치기 위해서 힘을 합한다면 어떤 일이 일어날 것인가를 탐구하고 있다. 교회는 노란색(2장 '밝은 빛')

으로, 가정은 빨간색(3장 '따뜻한 마음')으로 나타내고 있다.

이 책의 전제는 단순하다. 교회가 현재 하고 있는 것만 한다면, 지금 얻고 있는 결과물만을 얻을 것이다. 그리고 가정이 현재 하고 있는 것만 한다면, 지금 만들어내고 있는 결과물만을 얻을 것이다. 다른 결과물을 얻으려면 다른 전략을 채택해야 한다. 그러므로 이 책을 읽고 있는 당신이 우리의 교회와 가정에서 성장하고 있는 아이들에게서 보여지는 결과에 전적으로 만족한다면 당신은 더 이상 이 책을 읽을 필요가 없다. 이 책은 당신에게 필요한 책이 아니다.

그러나 당신이 다음 세대들 속에서 점점 커져가는 영적, 도덕적 딜레마에 관심이 많다면 부디 한 장 한 장 주의 깊게 읽기 바란다. 오렌지 사고는 위험 부담이 있을 수 있다. 이 책을 읽고 나면 당신은 급진적으로 보이거나 논란을 불러일으키는 변화들을 시도하려고 할지도 모른다.

많은 사람들이 교회와 가정이 갈림길에 서 있다고 생각한다. 교회는 그 영향력을 상실하고 있고, 가정은 그 본질을 잃어가고 있는 사회 속에서 결정적인 시기에 도달한 듯하다. 어떤 사람들은 이제는 교회를 포기해야 한다고, 아니면 최소한 조직화된 기관으로서의 교회가 다음 세대에 지속적인 영향을 미칠 수 있다는 생각을 버려야 한다고 말한다. 또 어떤 사람들은 가정을 포기해야 할 때라고 주장하는 것 같다. 가정이라는 개체는 계속 붕괴하고 있으며 부모들은 부모로서의 책임을 다하지 못하고 있으므로, 더 효과적인 모델로 가정을 대체할 때가 되었다고 말하기도 한다. 이러한 생각은 지극히 논리적이다. 일부 교회들은 교회가 가정을 대신해야 한다는 생각을 받아들이는 한편, 다른 한쪽에서는 가정이 교회를 대신해야 한다는 운동을 지지한다.

결국 교회와 가정은 통합이 아닌 대립의 양상을 보이고 있다. 노란색을 좋아하는 사람들은 더 밝은 노랑을 만들어내려고 하고, 빨간색에 대한 신념을 가진 사람들은 더 짙고 선명한 빨강을 만들려고 한다.

그런데 다음 세대를 위한 해결책이 노랑도, 빨강도 아니라면 어떻게 하겠는가? 새롭고 급진적인 방법으로 양자를 결합하는 것이 해답이라면? 교회와 가정이 힘을 합하여 아이들을 위해서 뜻을 같이하게 된다면? 우리는 교회와 가정의 진정한 합병이 아이들의 삶에 혁명적인 영향을 미칠 수 있다고 보기 때문에 오렌지 사고가 해답이라고 제시하고 있다.

요점은 누가 교회와 가정이 오렌지 사고를 하게 만드는 전략을 시작할 것인가 하는 것이다. 오

같은 일을 동시에 하는 것은 같은 전략을 가지고 같은 일을 동시에 하는 것보다 효과가 떨어진다.

렌지 효과가 다음 세대에 실현되려면 새로운 종류의 리더십이 나와야 한다. 우리에게는 스스로를 개조해 교회와 가정이 동역하는 방식을 변화시키는 촉매제가 되어줄 리더들이 필요하다. 대부분의 교회들은 교회와 가정을 결집시키고 그들이 동시에 함께 노력하도록 조율하는 데 필요한 발판과 네트워크를 가지고 있다. 그러므로 교회의 리더들이야말로 이러한 대의를 뒷받침하기에 가장 적합한 사람들이다. 그러나 교회는 진정한 의미에서 가정을 끌어들이기 위해 영향력을 발휘해본 적이 없다. 너무나 많은 교회들이 노란색으로 칠하는 것에만 익숙해 있어서 오렌지 사고를 힘들어한다. 그래서 그들은 교회와 가정이 동시에 함께 노력하도록 조율하기보다 노란색으로 칠하라고 부모들을 설득하려고 한다.

교회와 가정이 오렌지 사고를 하지 않을 때, 같은 전략을 가지고 나아가지 않을 때 무엇이 가장 위태로워질까? 고립된 '빨간 사고(Red Thinking)'와 고립된 '노란 사고(Yellow Thinking)'가 불러올 불행한 결과를 살펴보자.

- 교회는 아이들과 학생들의 삶에 더 큰 영향을 미칠 수 있는 잠재력을 박탈당한다.
- 교회들은 그 지역 사회 내의 교회에 다니지 않는 부모들의 필요를 채워줄 절호의 기회를 놓친다.
- 지역 사회는 교회를 제도적이고, 고립되어 있으며, 시대에 뒤떨어진 것으로 계속 인식한다.
- 피상적인 관계가 교회의 특징이 된다.
- 공연이나 프로그램들이 해답으로 제시된다.
- 부모들과 리더들이 동시에 같은 진리를 가르치지 못한다.
- 부모들은 영적 리더로서의 책임을 회피하거나 교회에 전가한다.

단지 더 많은 것을 성취하기 위해서 교회와 가정이 효율적으로 동역해야 한다고 말하는 것이 아니다. 많은 경우 교회와 가정은 제각기 아이들을 위해서 할 수 있는 최선의 노력을 다하고 있다. 교회들에는 가정에 영감을 주는 프로그램들이 가득하며, 많은 가정이 정기적으로 지역 교회에 출석하고 있다. 양쪽 모두 아이들에게 신앙을 심어주기 위해서 동시에 고군분투하고 있다. 하지만 문제는 그들이 협력하지 않는다는 점이다. 같은 일을 동시에 하는 것은 같은, 전략을 가지고 같은 일을 동시에 하는 것보다 효과가 떨어진다. 만약 당신이 이 두 환경을 창조적으로 조율해서 함께 일하게 한다면 단순히 빨강이나 노랑이 아닌 오렌지색을 얻게 될 것이다.

'오렌지 베이비스(Orange Babies)'는 특별한 방법으로 아이들의 미래를 지키는 일에 매진해온 단체이다. 네덜란드에서 시작된 이 단체의 회원들은 에이즈에 감염된 아프리카 아이들을 구하는 일을 하고 있다. 임신 마지막 달에 네비라핀(Nevirapine)을 한 번만 복용하면 HIV 양성 반응자인 임신부로부터 태아가 에이즈 바이러스에 감염되는 것을 방지할 수 있다. 놀랍지 않은가? 알약 하나로 태아가 치명적 바이러스를 가지고 태어날 확률을 반으로 줄일 수 있는 것이다. 그 약의 가격은 6달러나 된다. 그래서 '오렌지 베이비스'는 에이즈 퇴치를 위한 단순한 방법을 개발했다. 최대한 많은 임신부들에게 그 약을 보급해 최대한 많은 아이들의 생존율을 높이는 것이다.

당신이 아이들의 생존율을 높일 수 있는 약을 가지고 있는 의사라고 상상해보라. 당신은 그 약을 사용하겠는가? 당연히 사용할 것이다! 마찬가지로 우리 리더들은 생명을 구하고 모든 아이들에게 가능한 최선의 기회를 주라는 소명을 받았다. 부모들이 아이들에게 영적, 도덕적으로 더 좋은 기회를 제공하는 약을 줄 수는 없더라도 당신은 그들의 가능성을 키워줄 전략을 실행할 수 있다.

관심이 가는가? 그것은 당신이 현재 실행하고 있는 방법들을 버려야 한다는 뜻일 수도 있다.

그것은 당신이 현재 계획하고 있는 것을 재설계하라고 요구할 수도 있다.

부모들과 동역했을 때 아이들에게 더 좋은 기회를 제공할 수 있음을 확신하게 된다면, 그것은 당신이 하는 모든 일을 근본적으로 바꿀 수도 있다.

2장

밝은 빛
영향 1. 교회

대학교 2학년 때 나는 노골적인 불가지론자이자 기독교 반대론자인 교수에게 영문학을 배웠다. 과거에도 기독교를 거부하거나 교회를 싫어하는 사람들을 만난 적이 있었지만 기독교 신앙에 대해 이렇게 적대적인 태도를 가진 사람을 만난 적은 없었다. 그는 틈만 나면 십자군을 이끌었던 사람들의 비행을 자세히 설명하거나 근본주의자들의 일관성 없는 전략이 가지고 있는 허점을 지적하면서 교회가 저지른 만행에 대해 맹렬히 비난했다. 그는 그리스도인들을 세상에서 제일 거만하고, 편협하며, 편견에 사로잡힌 사람들로 묘사하면서 모든 그리스도인들을 동일한 범주에 넣는 것 같았다. 때때로 다른 학생들까지 합세해 그리스도인들을 공격하곤 했는데, 그들은 왜 교회가 시대에 뒤떨어져 있으며 사회에 위험스러운 존재인지 그들 나름의 이유를 덧붙이기도 했다.

어느 날 그런 류의 대화가 더 격앙되자 강의실에 있던 그리스도인들은 점점 더 조용해졌다. 거침없이 비난의 목소리를 높이던 학생들 가운데 한 명이 불쑥 말했다. "교회를 모조리 없애버리면 모두가 훨씬 더 잘 살게 될 거예요!" 모든 학생들이 박수를 보내며 떠들어대기 시작했다. 그때 그 교수가 끼어들어 한 말은 모두에게 충격이었다.

"그렇다면 비극이 벌어질 겁니다." 그가 말했다. "교회를 모두 없애는 건 우리 사회에서 불을 꺼버리는 것과 같을 겁니다. 우리에게 양심이 필요한 것과 마찬가지로 우리에게는 교회가 필요합니다."

나는 교회에 대해 그토록 회의적인 사람이 교회의 사명을 믿고 이해한다는 것이 무척 흥미롭다. 그런 사람조차 교회가 빛을 발하기 위해 존재한다는 사실을 알고 있었던 것이다.

우리는 교회에 많은 다양한 특성이 있다고 생각한다

오렌지 사고를 시작하기 전에 원래 교회에게 맡겨진 가장 중요하고 고유한 임무에 대해 이해해야 한다. 교회의 역할에 대한 견해는 신학자들과 전문가들과 심지어 교인들의 수만큼이나 다양하다. 그러나 나는 사회 안에서 교회가 담당해야 할 한 가지 주된 역할 – 교회의 규모, 교파, 신학적 관점, 지역을 막론하고 모든 교회가 공유하고 있는 듯이 보이는 한 가지 – 이 있는 것 같다고 말하고 싶다. 교회는 하나님이 영향을 미치라고 세상에 두신 가장 중요한 두 개의 개체 가운데 하나이며, 세상에 하나님의 영광을 나타내기 위해 전략적으로 이 세상에 배치되었다. 교회의 역할은 단순히 빛을 발하는 것이다.

충분한 시간을 들여 조사하면 교회가 존재해야 하는 이유를 나름대로 그럴듯하게 주장한 수많은 똑똑한 리더들을 발견할 수 있을 것이다. 나는 교회가 어떻게 해야 하는지, 교회가 어떤 모습이 되어야 하는지에 대한 많은 이견들을 읽었다. 그런데 나는 교회가 존재해야 한다는 사실에 대해서는 그들 또한 인정을 넘어 동의할 것이라고 생각한다. 만약 당신이 모든 분석을 포기하고, 장황한 설명을 줄인다면 대부분의 사람들은 교회가 존재해야 한다는 것에 동의할 것이다. 다음에 나오는 교회에 대한 설명에서 어떤 공통된 요소를 찾을 수 있는지 살펴보라.

> 교회가 존재하는 이유는 사람들을 그리스도께로 이끌고, 그들을 작은 그리스도로 만들기 위해서이다. 교회가 그 일을 하고 있지 않다면 모든 대성당들, 목회자들, 선교, 설교, 심지어 성경까지도 시간 낭비에 불과할 뿐이다. 하나님이 인간이 되신 이유는 이 목적 외에 다른 것은 없다. _ C. S. 루이스(C. S. Lewis)[1]

> 교회는 창조주 하나님이 아브라함에게 약속하신 유일한 다민족 가족이다. 교회는 이스라엘의 메시아, 예수님에 의해 탄생했다. 교회는 온 세상에 모든 피조물을 변화시키는, 하나님의 구원의 의(義)에 대한 소식을 전파하라는 소명을 받았다. _ N. T. 라이트(N. T. Wright)[2]

> (내가 아들에게 교회에 가라고 하는) 가장 큰 이유는 아들에게 내가 세상에서 찾은 것, 즉 갈 수 있

는 길이나 비출 수 있는 작은 빛을 주고 싶어서이다. 내가 아는 사람들 중에 내가 갖기 원하는 것 – 목적, 열정, 균형, 감사, 기쁨 – 을 가진 사람들은 대부분 깊은 영성의 소유자들이다…. 그들은 자신 안에 있는 희미한 촛불보다 더 밝은 빛을 따라간다. 그들은 아름다운 어떤 것의 일부이다. _ 앤 라모트(Anne Lamott)[3]

교회는 본질적으로 선교적일 수밖에 없다. 왜냐하면 하나님의 구속의 통치가 인류의 역사 속으로 뚫고 들어왔음을 세상에 알리기 위해 하나님이 성령을 통해 교회를 세우시고, 부르시며, 사명을 부여하시기 때문이다. _ 크레이그 반 겔더(Craig Van Gelder)[4]

당신이 어떤 리더를 제일 좋아하든 그들은 모두 비슷한 점을 강조한다. 즉, 교회는 세상 사람들에게 예수님이 누구신지를 가르쳐주기 위해서 존재한다는 것이다. 분명, 보편적인 교회(the church universal)의 정의는 좀 더 복잡할 수 있다. 그리고 교회에는 한 가지 단순한 정의 이상의 무언가가 있다. 하지만 나는 개인적으로 그리스도인들이 어떤 것에 대해서는 거의 의견이 일치해왔다는 사실에 힘을 얻는다.

성경의 제일 마지막 책은 이러한 생각에서 한 걸음 더 나아가 교회의 목적을 확실하게 나타내는 상징물 – 성막 안의 등잔 – 을 제시한다. 요한이 요한계시록 제일 첫 장에 쓴, 예수님이 교회를 촛대(lampstand, 등잔)에 비유하신 내용에서 우리는 교회의 책임에 대해 큰 깨달음을 얻는다.[5]

초대 교회 교인들은 이 등잔의 비유를 곧바로 이해했을 것이다. 출애굽기에서 등잔은 하나님이 성막 안에 두라고 명령하신 몇 개 안 되는 기물 중 하나였다. 하나님은 그 등잔을 어떻게 만들고, 어떤 기름을 사용하며, 어디에 두고, 무엇을 비출지에 대해 상세히 지시하셨다. 출애굽기에는 등잔에 대해 설명하는 구절들이 많이 있어서 어떤 교회가 됐든 그들의 목적에 대한 통찰을 제공한다. 예를 들어 하나님이 임재하시는 지성소만 제외하고 성막 안에서 빛을 제공하는 것은 등잔이 유일했다. 제사장의 중요한 임무 중 하나가 등잔불이 절대 꺼지지 않게 지키는 것이었다는 것 또한 흥미로운 사실이다.

등잔은 전략적인 위치에 놓였다

등잔에 관한 흥미로운 사실 중 하나는 그것이 놓인 장소 – '진설병'을 차려놓은 제사상 옆 – 였다. 등잔은 단 한 가지 목적 – 제사상과 하나님의 예비하심과 임재를 나타내는 떡을 비추는 것 – 을 위해서 그곳에 놓였다. 여러 세대를 거치면서도 성막의 등잔은 하나님의 선하심과 예비하심을 가장 잘 나타내는 것, 언젠가 예수님이 자신의 몸을 상징하는 것으로 사용하실 그것을 비추기 위해 있었다.

교회는 어두움에 빛을 비추기 위해서 존재한다. 그리고 그 빛은 하나님의 선하심을 조명하고 하나님의 아들을 드러내어 세상이 하나님의 아들을 알고 이해할 수 있게 한다. 이 상징에 대해서 더 깊게 파고들 수도 있겠지만, 나는 정말이지 평생 그것 하나만 생각하기에도 벅차다.

나는 최근에 요한계시록에서 일곱 교회, 또는 일곱 촛대에 대해 요한이 도전하는 부분을 다시 읽었다. 그것을 성막 안에 놓인 등잔의 목적에 비추어보자 훨씬 분명하게 이해가 됐다. 여기에 나오는 모든 경고, 질책, 가르침들은 영향력과 감화력을 상실하고 있는 교회에 대한 우려를 나타내는 것같이 생각되었다. 이 일곱 교회들의 모든 것 – 그들의 가르침, 행함, 사역 – 은 오직 한 가지 이유에서 책망을 받고 있었다. 그들은 자신들이 있는 곳에서 하나님의 빛으로서 그 역할을 제대로 감당하지 못하고 있었다.

성막 안의 등잔이 성막 안에 있는 모든 것을 비추지 않았다는 것에 유의해야 한다. 등잔의 불빛은 특별히 진설병만 집중해서 비추었다. 마찬가지로, 교회의 소명은 모든 것을 비추는 것이 아니다. 교회의 빛은 하나님이 누구이신지만 집중해서 비추어야 한다.

교회 리더들에게, 이것을 적용하는 것은 그리 복잡하지 않다. 우리의 임무는 분명하다. 우리는 등잔의 심지를 다듬고, 불이 꺼지지 않게 하며, 등잔이 있어야 할 곳에 등잔이 있게 해야 한다. 빛이 희미해지면 즉시 조치를 취해야 한다. 교회를 향한 하나님의 뜻은 세상에 그분을 드러내기 위해 전략적으로 문화 안에 교회를 두시는 것이다. 교회가 그리스도를 비추는 역할을 게을리하게 되면 언제라도 교회는 다시 불을 밝히고 가장 중요한 목적을 바라보며 스스로를 쇄신해야 한다.

> **교회의 소명은 모든 것을 비추는 것이 아니다. 교회의 빛은 하나님이 누구이신지만 집중해서 비추어야 한다.**

교회가 올바른 이미지를 갖지 못한 까닭은 교회의 정체성에 문제가 있기 때문일 것이다.

교회의 잠재적 영향력은 교회가 어느 위치에 있으며 무엇을 조명하는가와 직결된다

어떤 교회가 다른 교회보다 더 많은 영향을 미치는 이유는 그들이 더 의도적으로 예수님에게 초점을 맞추기 때문일지도 모른다는 생각을 해본 적이 있는가? 어쩌면 어떤 교회가 그 지역 사회에서 영향력을 상실하게 된 이유는 그 교회가 더 이상 사람들의 마음을 사로잡는 것에 초점을 맞추지 않기 때문일지도 모른다.

예수님에게는 십자가에서 우리를 구속하시려는 본성이 있다. 그리고 예수님은 그러한 그분의 본성 때문에 사람들이 그분을 따르게 된다는 것을 아셨기에 이렇게 말씀하셨다. "내가 땅에서 들리면 모든 사람을 내게로 이끌겠노라"(요 12:32). 교회가 세상에 예수님의 희생을 나타내는 하나님의 빛을 비추는 등잔의 역할을 충실히 수행하는 한, 사람들은 본질적으로 교회를 거부할 수 없을 것이다. 빛이란 본래 사람들을 불러들이는 것이다. 늦은 밤까지 빛을 밝히고 있는 현관의 불빛을 생각해보라. 빛은 위안, 따스함, 치유를 전한다. 빛은 나아갈 방향을 알려주고, 희망을 주어 우리가 더 잘 보고 더 온전히 이해할 수 있게 해준다. 내가 만나는 거의 모든 사람들은 빛을 찾고 있다. 문제는 너무나 많은 교회들의 초점이 서서히 바뀌고 변화하고 있다는 점이다. 등잔이 원래 있어야 할 자리에서 멀어질수록 그 불빛은 빛을 찾고 있는 사람들을 점점 덜 불러들이게 된다.

사람들이 교회를 찾지 않는 이유는 우리가 하나님의 빛을 비추는 일을 제대로 하지 못하고 있기 때문이다. 우리는 이 세대에게 올바른 이미지를 전달하지 못했고, 그 결과 사람들은 우리와 하나님에게서 멀어졌다. 교회가 올바른 이미지를 갖지 못한 까닭은 교회의 정체성에 문제가 있기 때문일 것이다. 우리는 우리가 누구인지, 우리가 세상에 무엇을 보여주어야 하는지를 망각했다. 이제는 한 가지 가장 중요한 역할 – 빛을 비추는 것 – 에 초점을 맞춰 스스로를 쇄신할 때가 되었다. 교회에 다니지 않는 수백만 명에게 교회의 이미지를 다시 심어주기 위해 우리가 할 수 있는 최선은 교회가 가진 원래의 목적을 회복하는 것이다. 교회가 우리가 살고 있는 지역에 영향을 미치기 원한다면 우리는 금 촛대에서 빛나는 밝은 노란색 빛이 되어야 한다.

교회는 본연의 의무에서 벗어나려는 습성이 있다

교회의 목적은 단 하나 – 그리스도 – 만 집중해서 비추는 것이었다. 그런데 우리가 계속 등잔을 움직이고 개인적인 계획과 정치적 야망을 위해 그것을 사용한다면 교회 밖에 있는 사람들까지도 우리가 엉뚱한 곳에 등잔을 사용하고 있다는 사실을 알아채게 될 것이다.

당신은 우리가 본연의 목적과 무관한 쟁점들을 조명하고 우리 개인의 목적을 이루는 데 등잔을 사용하려고 하는 습성이 있다는 사실에 주목했던 적이 있는가? 우리는 하나님이 원래 의도하셨던 단 하나의 의무를 수행하는 데 등잔을 사용하는 대신, 그 불빛으로 예수님이 아닌 다른 것을 비추었다. 교회의 리더인 우리는 등잔의 불빛을 잘 관리해 교회가 그 빛을 한 가지에만 집중해서 비추게 하는 임무를 망각한다. 그리고 걸핏하면 등잔까지 가지고 바른길에서 탈선한다.

등잔이 개인적인 목적을 위해 사용될 때 우리는 바른 길에서 탈선하곤 한다. 우리는 누구나 그 등잔을 사용해 제기하려고 했던 자신만의 문제를 가지고 있다. 리더로서 우리는 그 빛을 신중하게 사용해야 한다. 우리는 등잔을 여기저기 가지고 다니면서 싫어하는 사람이나 사물을 추궁하는 데 그것을 사용하려는 습성을 경계해야 한다. 또 우리의 의견을 정당화하거나 논쟁에서 이기기 위해 그 빛을 사용하려고 하는 유혹을 물리쳐야 한다.

내가 노스포인트 교회에서 가정 사역 책임자로 섬기고 있을 때 지역 사회의 리더들이나 선의의 그리스도인들이 이런저런 이슈들에 대해서 우리의 입장을 묻는 일이 심심찮게 있었다. 그들은 무심결에 우리에게 등잔을 다른 쪽으로 몇 센티미터 옮기라고 요청하고 있었다. 그들은 어떤 쟁점들에 대해서 우리 교회의 입장을 묻곤 했는데, 대부분이 우리 교회 교역자들이 4H 클럽 – 헐리웃(Hollywood), 동성애(Homosexuality), 핼러윈(Halloween), 해리포터(Harry Potter) – 이라고 불렀던 것들이었다.

나는 교회 리더로 지금까지 살면서 부적절한 쟁점들로 인해 다른 곳에 마음을 빼앗겼다가 주위를 둘러보고 우리가 엉뚱한 방향으로 빗나갔다는 것을 깨달았던 적이 여러 번 있었다. 등잔이 왜 여기 있지? 우리가 무엇 때문에 이 사람들과 싸우고 있는 거지? 정작 하나님은 걱정하지 않으시는 일에 대해 내가 왜 이렇게 안달을 하는 거지? 나는 하나님이 이 많은 일에 대해서 속상해하시는 모습을 상상하기 힘들다. 나는 하늘에 계신 하나님이 극도로 흥분해서 이렇게 말씀하실지 진

등잔이 옮겨지면 그 빛은 중심에서 벗어나 사람들이 하나님이 정말로 어떤 분인지 보기가 더 힘들어진다.

심으로 의심스럽다. "아, 안 돼! J. K. 롤링(『해리포터』시리즈의 저자 – 역주)이 저런 책을 또 쓰는군!" 또는 "천사들을 모두 불러. 디즈니가 저 인간들을 또 자기네 놀이공원에 들이는군. 그리스도인들을 불러 모아 반대 집회를 하게 해야 해." 나는 하나님이 등잔을 가리키며 우리에게 이렇게 말씀하시는 모습이 상상이 된다. "누가 등잔을 옮겼지? 자네는 뭘 하고 있는 건가? 왜 다른 일에 신경을 쓰고 있나? 등잔을 다시 원래 자리에 갖다 놓게. 사람들에게 내가 누구인지를 보여주게."

그리스도인으로서 당신은 마땅히 자신의 의견을 가질 수 있으며, 또 마땅히 가져야 한다. 그러나 교회에 관해서라면 제발 등잔을 제자리에서 옮기지 말라. 교회의 소중한 자원을 하나님이 원하지 않으시는 싸움을 싸우는 데 사용하지 말라. 해리포터와 싸우는 대신 우리는 우주를 창조하신 하나님의 신비에 흥미를 느끼는 아이들을 돕는 데 우리의 에너지를 사용해야 하지 않을까? 불가능한 일이 없는 하나님의 초자연적 능력으로 초점을 돌려야 하지 않을까? 우리가 원래 있어야 할 자리에 등잔을 놓으면 우리는 우리 아이들의 상상력을 자극해 그들이 창조자에 대한 경이를 절대 잊지 않게 할 수 있을 것이다.

등잔이 옮겨지면 우리의 영향력이 약화된다는 사실을 기억하라. 등잔이 옮겨지면 그 빛은 중심에서 벗어나 사람들이 하나님이 정말로 어떤 분이신지 보기가 더 힘들어진다.

등잔이 정치적 발언에 사용되면 우리는 잘못된 방향으로 엇나가기 쉽다. 나는 신앙과 정치가 결합하면 폭발적인 이슈를 만들어낼 수 있다는 것을 안다. 그래서 나는 그저 미국을 사랑한다고 말하고 싶다.

그렇다고 해도, 나는 교회가 어떻게든 정치를 좌우지할 수 있다면 더 기독교적인 나라를 만들 수 있다는 생각이 도대체 어디서 나온 것인지 모르겠다. 나는 공화당 대통령과 민주당 대통령을 모두 겪어보았다. 하지만 기독교인이 아니라고 한 대통령은 한 사람도 없었다. 그럼에도 불구하고, 그 대통령들 때문에 우리가 더 영적인 나라가 되었던 적은 없다. 정치를 통해서 세상을 변화시킬 수 있다는 생각은 나로서는 받아들이기 힘들다. 그리스도인들은 정치에 참여하는 것이 마땅하지만 교회가 선거 운동 본부가 되어서는 안 된다. 등잔을 정치 후보나 정강을 조명하는 데 사용하는 것은 선을 넘은 것이다. 등잔이 올바른 것을 비추도록 해야 한다.

정치적인 이슈는 21세기의 교회에서 새롭게 대두된 것이 아니다. 제자들은 복음서 안에서도 엇나가는 모습을 보여주었다. 그들은 예수님이 히브리 민족을 억압하는 로마 정부를 전복시키시길 바라고 있었다. 내 생각에는 그들이 "예수님을 가이사로!"라는 구호를 외칠 준비가 되어 있을 것 같다. 예수님이 그들에게 하신 대답에는 그분이 이 땅에 오셔서 무엇을 하려고 하시고, 무엇을 하지 않으려고 하셨는지 분명히 나타난다. 그분은 세상의 왕국을 세우러 오지 않으셨다. 그분은 인간의 마음속에 왕국을 건설하러 오셨다.[6]

우리는 때때로 정치 정당이나 후보자들을 선전하기 위해 등잔을 옮겨 왕 중의 왕을 어둠 속에 남겨놓는다. 이것은 두려운 일이다. 우리는 우리의 하나님을 무대의 한가운데에 모시고 온 나라 – 그리고 모든 나라 – 가 그분의 참된 성품을 볼 수 있게 하라는 소명을 받았다. 교회의 일은 국가의 일보다 더 중요하다. 교회는 정부를 초월하기 때문이다. 그런데 우리는 왜 하나님의 백성들의 가장 중요한 임무를 과소평가하고 하찮은 일로 만드는 것일까? 우리 가운데 누군가는 등잔을 다시 제자리에 가져와 열국의 하나님이신 예수님을 전략적으로 비추게 해야 할 때가 되었다.

등잔이 교회를 더 좋게 보이게 하는 데 사용될 때 우리는 엇나가려는 성향이 있다. 간혹 우리는 제사장이 성막을 볼 수 있게 하려고 등잔이 존재하는 것이 아니라는 사실을 망각한 채, 등잔이 오로지 스스로를 비추기 위해 있는 것처럼 행동할 때가 있다.

그것은 마치 우리가 등잔을 들고 걸어 다니며 이렇게 말하는 것과 같다.

"내 등잔을 보시오."

"내 등잔은 당신의 등잔보다 더 큽니다."

"내 등잔은 당신의 등잔보다 더 좋은 것입니다."

"내 등잔은 당신의 등잔보다 더 거룩합니다."

우리는 우리의 사명이 사람들로 하여금 우리 식의 교회를 받아들이게 하는 것이라고 믿게 된다. 우리는 사소한 교리적 쟁점이나 사역 방식을 놓고 다른 사람들과 다투기 시작한다. 오로지 자신들의 교회 모델만 하나님의 승인을 받았다고 주장하는 사람들도 있다. 우리는 우리의 입장을 공개적으로 옹호하기 위해 성경을 인용하고, 동의하지 않는 사람은 누구라도 꼬리표를 붙인다. 교회 밖에 있는 사람들이 그 싸움을 지켜볼 수 있도록 블로그에 올리는 것이 중대한 일인 것처럼 행동한다. 그런데 논쟁의 대상이 되는 문제들 가운데 대부분은 우리가 천국에 가기 전에는 무엇이 옳은지 절대 확실히 알 수 없을 것들이다.

교회는 지나치게 제도화되어 있다.
교회는 더 유기적이 되어야 한다.

교회는 지나치게 인기가 많다.
교회는 사명 의식을 더 가져야 한다.

교회는 지나치게 보수적이다.
교회는 시대에 더 부응해야 한다.

교회는 지나치게 내향적이다.
교회는 세상에 더 나타나야 한다.

사람은 누구나 분명한 의견을 가지고 있다. 그리고 리더들은 최신의 교회 모델을 시험해보기를 좋아한다. 그러나 우리는 우리 자신에게 너무 많은 빛을 비추느라 빛이 원래 있어야 할 자리를 망각하는 경향을 물리쳐야 한다.

당신이 다니는 교회를 좋아하고 열정을 갖지 말라는 말이 아니다. 오히려 그래야 한다. 교회를 발전시키기 위해서 일하지 말라는 말도 아니다. 일해야 한다. 그러나 한 가지 다른 점이 있다. 교회를 사랑하라. 그러나 신성시하지 말라. 교회의 목사님들을 사랑하라(아마 훌륭한 분들일 것이다). 그러나 그들 또는 그들의 역할을 신성시하지 말라. 교회는 스스로를 비추기 위해 존재해서는 안 된다. 오직 하나님의 아들만 비추어야 한다.

우리는 의지를 가지고 등잔의 자리를 지켜야 한다

교회의 리더로서 우리는 담대히 일어나 이렇게 물을 수 있어야 한다. "누가 등잔을 옮겼는가?" 요한계시록에서 하나님이 교회에 하신 말씀은 매우 노골적으로 들린다. "…회개하여 처음 행위를 가지라 만일 그리하지 아니하고 회개하지 아니하면 내가 네게 가서 네 촛대를 그 자리에서 옮기리라"(계 2:5). 하나님은 교회가 본연의 목적에서 멀어질 수 있다고 경고하신다.

여기서 요한은 열심히 일하며 진리를 믿었던 교회에게 말하고 있었다. 중요한 것은 사람들의 노력이나 신학이 아니었다. 문제는 그들이 "그들의 첫사랑을 버린"(계 2:4) 것이었다. 무언가가 그 교회의 초점을 가장 중요한 한 가지 – 그리스도와의 사랑의 관계 – 로부터 다른 곳으로 돌렸다.

이 구절이 말하는 바는 만약 교회가 하나님과 올바른 관계를 맺고 있지 않다면, 그 외의 것들이 아무리 옳아도 소용이 없다는 것이다. 하나님은 교회의 규모나 지식보다 교회의 마음에 더 관심이 많으시다. 하나님은 교회의 구조나 신학보다 우리 주변에 살고 있는 사람들에게 다가가려는 우리의 마음에 더 감동하신다. 우리는 하나님을 사랑하고 그분의 사랑을 주변 사람들에게 보여주라는 소명을 받았다.

본문을 보면 하나님은 이렇게 말씀하신다. "내가 네게 가서 네 촛대를 그 자리에서 옮기리라"(계 2:5).

하나님이 정확히 무슨 뜻으로 이 말씀을 하셨는지 모르겠다. 그저 좋은 뜻이 아니라는 것만 짐작할 수 있을 뿐이다. 하나님이 교회가 죽은 것에 대해 노심초사하시는 것 같아 보이지는 않는다. 어떤 경우에는 안도의 한숨을 쉬실지도 모르겠다. 이 구절은 하나님이 기존 교회들의 교인 수를 감소시키는 데 적극적으로 개입하실 수도 있음을 말해준다.

이런 가능성을 생각해보라. 당신 교회의 프로그램이 신성한 것은 아니다. 당신의 교회도 신성하지 않다. 신성한 것은 교회의 사명이다. 당신은 빛을 발하고 하나님의 사랑과 은혜를, 그것을 필요로 하는 사람들에게 나타내라는 사명을 받았다. 우리의 사명은 현재 다양한 형태와 모델로 존재하는 지역 교회를 보존하는 것이 아니다. 우리의 사명은 교회가 되는 것이다.

> 우리의 사명은 현재 다양한 형태와 모델로 존재하는 지역 교회를 보존하는 것이 아니다. 우리의 사명은 교회가 되는 것이다.

당신이 교회에 대해 어떤 시각을 가졌든지 세상 사람들에게 하나님의 구속의 이야기를 들려주는 것이 하나님의 거룩한 전략 가운데 가장 중요한 부분이다. 진정한 복음은 우리가 교회라는 사실이다. 당신과 내가 어우러져 교회가 된다. 얼마나 놀라운 일인지 생각해보라. 만약 밖에서 보고 있는 사람들이 정말로 당신이나 나의 사연을 안다면 우리가 어떻게 이 역할을 맡게 되었는지 의아해할 것이다. 그리고 당신이 나의 참모습을 안다면, 또는 내가 당신의 참모습을 안다면 아마 우리는 서로 상대방이 자격이 없다고 말할지도 모른다. 우리가 이렇게 엉망진창인데도 불구하고, 아니 어쩌면 바로 그렇기 때문에 하나님은 우리를 선택하셨다. 애초에 하나님이 교회라고 불리는 이것을 계획하셨기 때문에 우리는 그분을 알아야 할 다음 세대에게 공동 메시지를 보낼 수 있었다. 인생은 혼란스럽다. 하지만 당신과 내가 저지른 모든 과오와 실패에도 불구하고 우리에게는 아직도 그분의 사랑의 메시지를 들려줄 수 있는 기회가 있다. 하나님이 이 타락한 세상을 얼마나 아끼는지 보여주시기 위해 우리를 하나로 묶으셨다. 그리고 우리는 여기 함께 있다. 하나님은 어떻게든 당신과 나를 함께 모아 교회로 만드실 것이다. 그것이 하나님의 계획이다. 그리고 오직 하나님만 그런 생각을 하실 수 있었을 것이다.

당신은 사람들이 그것을 보도록 돕고 있는가, 방해하고 있는가?

당신이 당신의 교회를 어떻게 정의하든 간에 – 신흥 교회이든 전통 교회이든, 대형 교회이든 소형 교회이든, 스타벅스이든 거실이든 – 우리의 사명은 동일하다. 역사적으로 교회는 몇 가지 이슈들에 얽매이는 경향이 있었는데, 그 이슈들은 다른 사람들이 하나님을 아는 것을 더 어렵게 만들었다. 신중하게 계획을 세우지 않으면, 우리가 다가가려고 하는 바로 그들에게 우리가 장애물이 되기 십상이다.

몇 년 전 나는 노스포인트 교회에서 앤디 스탠리와 이러한 문제에 대해 심각하게 논의했다. 우리는 교회 리더들을 위한 컨퍼런스를 계획하고 있던 터라 교회들이 탈선하는 이유에 대해서 논의하게 되었다. 그는 이것이 새로운 문제가 아니라는 예로 사도행전 15장을 인용했다. 바울과 바나바가 등잔 역할을 하며, 이방 세계에 복음을 전해 수천 명이 그리스도인으로 회심하고 있었다. 당신은 이와 동일한 목적을 위해 세워진 교회가 그 사도들의 선교 활동을 축하했을 것이라고 생각하겠지만, 정작 교회의 리더들은 딜레마에 빠져 긴급 회동을 갖는다.

그 회의에서 다루어질 이슈는 초대 교회의 주요 리더들이 신중하게 다루어야 할 것이었다. 그래서 바울과 바나바는 그 문제를 해결하기 위해 선교지를 떠나 예루살렘으로 돌아온 듯하다. 당신이 교회 회의에 참석해본 적이 있다면 아마 그 장면을 상상할 수 있을 것이다. 교인들이 찬송가를 부르는 횟수, 새 양탄자의 색깔, NIV 성경을 사용할지 흠정역 성경을 사용할지 등 전도에 큰 영향을 미치는 무언가에 대해 싸울 태세를 하고 있는 장면 말이다. 논란의 여지가 많은 주제일수록 사람들도 더 많이 모인다. 이날 회의의 안건은 난제 가운데서도 난제인 할례에 관한 것이었다.

일부 특권층 종교 리더들이 새로 개종한 이방인들이 할례를 받지 않는 것에 대해 우려를 표명했다. 그들은 새신자들이 이 중요한 의식을 치르지 않고 신앙생활을 하도록 허용하는 것은 잘못이라고 생각했다. 행여나 하나님이 이 문제를 성경에 포함시킬 만한 유머 감각이 없으시다고 생각하지 말라. 사도행전 15장 7절은 '많은 변론'이 있었다고 말한다. 상상이 간다. 베드로는 화가 났던 것이 분명하다. 왜냐하면 누군지는 모르지만 기자는 실제로 베드로가 율법주의적인 그리스도인들에게 대꾸한 말을 기록해놓았기 때문이다. "그런데 지금 너희가 어찌하여 하나님을 시험하여 우리 조상과 우리도 능히 메지 못하던 멍에를 제자들의 목에 두려느냐"(행 15:10). 내 식으로 표현하면 이렇다. "이 친구들아, 우리 중에서 도대체 누가 할례를 진심으로 좋아한단 말인가?"

바울과 바나바가 이 모든 대화를 듣고 있었다는 것이 상상이 되는가? 그들은 역사상 가장 놀라운 부흥을 증거하는 최전선에 계속 있다가 이 논쟁에 참여하기 위해 만사를 제쳐놓았다. 어느 시점에서인가 바울이 끼어들어 이렇게 말했을지도 모른다. "자, 내가 정리하지요. 여러분은 우리가 그리스도인으로 개종한 사람들이 있는 도시로 다시 가서 이렇게 말하라는 거지요? '요즘 신앙 상태가 어떤가? 좋아. 자, 그러니까… 음, 우리가 한 가지 잊어버리고 말하지 않은 것이 있는데 말이야…'"

고맙게도 똑똑한 리더들이 정말 중요한 문제에 대해 입장을 분명히 하는 경우가 몇 번 있다. 베드로는 이렇게 말한다. 하나님은 "믿음으로 그들의 마음을 깨끗이 하사 그들이나 우리나 차별하지 아니하셨느니라… 그러나 우리는 그들이 우리와 동일하게 주 예수의 은혜로 구원 받는 줄

> **지금부터 백 년이 지나도 변함없이 중요할 단 한 가지는 사람과 하나님과의 관계이다.**

을 믿노라"(행 15:9, 11). 마지막으로 야고보가 한 마디로 정답을 정리한다. 나는 모든 교회의 모든 리더들이 이 문장을 써서 매일 볼 수 있는 곳에 붙여놓으면 좋겠다. "그러므로 내 의견에는 이방인 중에서 하나님께로 돌아오는 자들을 괴롭게 하지 말고"(행 15:19).

많은 것이 달려 있다

신약 성경의 영웅들이 하고많은 것들 가운데 그런 문제를 가지고 논쟁을 벌이면서 시간을 허비하는 것을 보며 비웃고 우월감을 느끼기는 쉽다. 그러나 불행하게도 오늘날 교회 가운데에는 본질적으로 할례 같은 형식을 고집하는 교회들이 너무나 많다. 그들은 자신들의 요구 사항을 목록으로 만들어 사람들이 하나님께로 돌아서는 것을 어렵게 만드는 종교적 금지선을 긋는다. 그러면서 대다수의 사람들을 소외시키고 단순한 하나님의 메시지를 복잡하게 만든다. 우리는 야고보처럼 분명히 말할 수 있는 리더들이 필요하다. "괴롭게 하지 말고." 우리는 등잔이 원래 있어야 할 자리를 사수하기로 결단한 목사들이 필요하다. 교파가 다르고, 교회가 어떤 모습이어야 하는가에 대한 견해가 저마다 다르더라도 이 말에 대해서만큼은 모두 동의해야 한다. 지금부터 백 년이 지나도 변함없이 중요할 단 한 가지는 사람과 하나님과의 관계이다.

전국의 전문가들이 교회에서 성장했지만 고등학교 졸업 이후 신앙에서 멀어지고 있는 대학생의 수를 조사하고 있는데, 대략 70-80퍼센트라는 수치가 나왔다.[7] 이것은 깜짝 놀랄 만한 수치이다. 그들은 불가지론자 가정에서 성장한 아이들이 아니다. 그들은 교회에서 성장한 아이들이다. 그런데 그들이 기독교와 교회가 그들에게 전혀 맞지 않다고 생각하며 신앙에서 떠나고 있다.

한 남자가 최근에 나를 찾아와 기성세대에 대해서 우려를 표명했다. 그가 속해 있는 주류 교파가 조사한 바에 의하면 현재 교인들의 평균 연령이 60세가 넘는다고 했다. 이런 추세가 계속된다면 향후 10년 내에 그 교파의 교인 절반이 세상을 떠나게 될 것이다.

요점은 교회가 두 세대에게 전반적으로 영향력을 잃어가고 있다는 것이다. 지금이 교회가 본연의 사명에 다시 초점을 맞추어야 할 역사적으로 중대한 시기이다.

등잔이 제자리에서 본연의 임무를 수행하는 것은 많은 의미가 있다.

첫째, 영적인 의미가 있다. 다음 세대가 정말 하나님을 보기를 원한다면 우리가 등잔을 가지고 무엇을 하느냐가 가장 중요하다. 우리 아이들과 청소년들이 상상력을 자극하는 하나님에 대한 개념을 얻지 못하고 교회를 떠나간다면 무엇이 위태로워지는지 리더들이 인식하는 것이 중요하다. 우리는 그들이 정의를 내리기에는 너무나 크신 하나님, 그렇지만 그들을 마음을 다해 사랑하신다는 것을 시간과 공간을 통해 입증하신 하나님의 경이, 신비, 능력을 그들에게 보여주어야 한다. 등잔이 하나님을 제대로 비출 때 그분은 주목을 받고, 그분의 성품은 빛을 발한다. 다음 세대가 하나님을 볼 수 있도록 교회가 빛을 비추지 않으면 그들은 오류 투성이의 교회에 환멸을 느낄 것이고, 더 이상 얄팍한 믿음에 감동받지 않을 것이다. 부모와 자녀, 모든 세대가 교회가 마땅히 제공해야 한다고 인식된 것보다 더 큰 무언가를 찾고 있다. 이것이 교회가 본연의 임무를 수행해야 하는 이유 가운데 하나이다.

둘째, 개인적인 의미가 있다. 우리가 다음 세대에게 하나님의 성품과 은혜를 나타내는 의무를 행하면 그것으로 인해 사람들이 스스로를 보는 태도가 달라진다. 지금까지 기독교 안에서 다음 세대의 마음과 정신에 어떻게 성경적 세계관을 심어주어야 하는지에 대한 그럴듯한 말은 많았다. 하나님은 그분을 비추게 하려고 등잔을 만드셨다. 하나님이 어떤 분이신지 알면 그분이 당신에 대해 하시는 말씀을 믿을 수 있다. 또한 하나님이 세상의 다른 모든 것에 대해 말씀하신 것도 신뢰할 수 있다. 신뢰는 다음 세대의 마음을 이어주는 연결 고리이다. 어린아이들과 십대들이 하나님을 가까이에서 보며 성장한다면, 그들은 하나님이 그들을 얼마나 사랑하시는지 알게 될 것이다. 그들을 향한 하나님의 사랑은 그들이 하나님을 사랑하고 신뢰하는 방식에 지속적으로 영향을 미칠 수 있다. 정체성과 의미를 찾기 위해 몸부림치고 있는 우리의 다음 세대를 도울 수 있는 최선의 방법은 그들이 그들의 창조주를 직접 볼 수 있게 하는 것이다.

셋째, 사회적인 의미가 있다. 우리가 우리를 위한 하나님의 희생에 비추어 하나님과 우리 자신을 본다면 절대 다른 사람들을 이전과 같은 눈으로 보지 않을 것이다. 제사장은 성막 안의 불빛 때문에 하나님의 선하심을 기억했다. 등잔은 진설병 – 생명의 떡이신 예수님이 당신과 나를 위해 찢기실 날을 예시한 떡 – 이 놓인 상 위를 비추었다. 그것이 암시하는 의미는 분명하다. 인류를 위해 자기 자신을 내어주신 바로 그 예수님이 스스

하나님이 어떤 분이신지 알면 그분이 당신에 대해 하시는 말씀을 믿을 수 있다.

로를 교회라고 부르는 사람들 속에서 살고 계신다. 만약 예수님이 다른 사람들을 위해 자신을 희생하셨고 그분이 우리 안에 사신다면, 우리가 서로를 위해 우리 자신을 내어주게 만드는 강력한 힘이 존재한다. 다음 세대를 모아 교회를 만들려면 리더인 우리가 교회가 되어야 한다. 등잔이 하나님의 의도대로 빛을 발하면 다음 세대는 그 사명을 더 분명히 이해할 것이다.

3장

따뜻한 마음
영향 2. 가족

몇 년 전 〈세상에서 가장 부유한 아이들(The Richest Kid in the world)〉이라는 다큐멘터리를 본 적이 있다. 아랍 국가의 한 부자가 어린 아들을 위해 연 호화로운 생일 파티에 대한 리포터의 설명을 들은 우리 2학년짜리 아들은 흥분했다. 그 부자는 특별한 축하 파티를 위해 전 가족을 비행기에 태워 런던으로 데려갔고, 영화 〈닌자 거북이(Teenage Mutant Ninja Turtles)〉에 출연한 배우들과 함께 파티를 벌였다. 그 파티 비용은 백만 달러가 넘었다.

나는 억만장자 자녀들의 사치스러운 생활상을 보면서 나에게 그렇게 많은 돈이 있다면 무엇을 할지 재미 삼아 상상해보았다. 그러다가 나는 다시 현실 세계로 내동댕이쳐졌고, 내 아이들에게 그렇게 많은 재산을 물려주지 못할 것이라는 생각이 들었다. 부끄럽지만, 잠시 나보다 더 많은 것을 자녀들에게 줄 수 있는 그런 부모들이 부러워졌고, 정말 화가 났다. 그러고나서 나는 문득 무언가를 깨달았다. 딱히 하늘에서 어떤 목소리를 들은 것은 아니지만 순간적으로 나의 좌절감에 초점이 맞춰지면서 모든 것이 선명해지는 독특한 느낌을 받았다. 대부분의 부모들이 자녀들에게 풍부한 유산을 물려주지는 못하지만 개인적인 유산을 남기지 않는 부모는 없다.

대다수의 미국인들을 둘러싸고 있는 과도한 풍요로 인해 많은 가정이 정말 중요한 것을 놓치고 있다. 우리는 아이들에게 물질적 유산을 물려주는 일에만 너무 정신이 팔려 있는 나머지 영적 유산을 남기는 것이 얼마나 중요한지 망각하고 있다. 이따금 나는 아이들에게 무엇을 주거나, 아이들을 위해 무언가를 하는 것보다 그들에게 무언가를 남겨주는 것이 더 중요하다는 사실을 나 자신에게 상기시켜야 할 때가 있다. '물질'이 어떻게 우리를 진정한 가치에서 멀어지게 만드는지 그리고 우리가 얼마나 빨리 부요함의 의미를 혼동할 수 있는지 흥미롭지 않은가?

부모들은 실제로 자녀들을 행복하게 하는 것이 목표라고 생각하지 않는다. 그렇지 않은가?

내 아이를 기쁘게 하기 위해서라면 무엇이든지 사고, 무엇이든지 하며, 어디든 가는 그런 때가 있다. 나는 부모로서 무엇이 우리 아이들을 기쁘게 하는지 그들보다 더 잘 아는 것처럼 행동한다.

설령 대부분의 부모들이 그들의 의무는 자녀들을 행복하게 하는 것이 아니라고 믿고 있다고 해도, 그들은 자주 지치고 포기한다. 당신이 부모라면 아이들이 시무룩해 있는 것을 좋아하지 않을 것이다. 모두가 행복하면 만사가 더 편해진다. 아이들이 행복할 때 당신도 행복하다. 그렇기에 당신은 텔레비전에서 〈블루 덕(Blue Dog)〉을 시청하고, 맥너겟을 먹고, 애완용 거북이를 사고, 위글스(Wiggles, 노래와 율동이 나오는 호주의 유명 어린이 프로그램으로 미국 어린이들에게도 인기가 있다 – 역주)를 듣고, 아이들의 행복이 위협받는다면 집이라도 저당 잡힐 것이다. 당신은 아이들이 응석받이가 되기를 바라는 것이 아니다. 단지 그들이 행복하기를 바랄 뿐이다.

모든 마케팅 산업은 부모들이 아이들의 행복을 바란다는 생각을 바탕으로 하고 있다. 광고주들은 우리 아이들이 사회적으로 능숙하고, 경험이 풍부하며, 박학다식하다는 것을 확인시켜주는 것이라면 우리가 물불 안 가리고 덤벼든다는 것을 알고 있다. 우리는 우리 아이들이 다른 아이들보다 춤을 더 잘 추고, 노래를 더 잘 부르며, 더 멀리 뛰고, 더 빨리 던지며, 더 세게 치고, 시험 점수를 더 잘 받을 수만 있다면 얼마든지 코치, 가정 교사, 감독, 멘토들을 채용할 것이다.

그러나 어디에서부터인가 부모들은 선을 넘는다. 그 선이 어디까지인지 말하기는 어렵다. 왜냐하면 그 순간에 항상 분명하게 드러나는 것은 아니기 때문이다. 나는 내가 전에 선을 넘었다는 것을 알고 있다. 내 아이들을 행복하게 만들어줄 것이라고 생각했던 것을 쫓아다니다가 도리어 아이들이 흥미를 잃게 만들었다.

때로는 실수를 했던 그 당시보다 지난날을 돌이켜볼 때 자신이 실수한 것을 더 잘 알게 된다. 나는 우리 가족의 추억의 보관 창고를 열어 그런 일이 있었던 순간을 정확히 찾아낼 수 있다. 일이 걷잡을 수 없이 커지고, 가치들이 대립하며, 선의가 정말로 중요한 것을 몰아내던 그런 순간 말이다. 가족들은 풍부한 경험을 추구하려다가 관계가 메마르게 될 위험에 처한다. 부모들은 아이들에게 최선을 다하려고 필사적으로 노력하다가 가장 중요한 것을 맞바꾼다. 여러 가지 면에서 가정은 등잔을 원래의 자리에서 옮긴 교회와 같아

아이들에게 무엇을 주거나, 아이들을 위해서 무언가를 하는 것보다 그들에게 남겨주는 것이 더 중요하다.

3장 따뜻한 마음 **45**

진다. 그리고 마음이 우왕좌왕하게 된다. 어느 날 문득 정신을 차리고 보니 그들이 언제나 최우선 순위에 두겠다고 맹세했던 바로 그 관계에 인색했다는 사실을 깨닫는 부모들이 많다.

나는 수백 권의 책을 읽고, 열 번도 넘게 컨퍼런스에 참석하고, 나보다 더 똑똑한 부모들과 수천 시간 동안 대화를 나누었다. 그리고 그럼에도 불구하고 여전히 내가 그토록 빨리 그것들을 망각할 수 있다는 사실에 깜짝 놀란다. 얼마 전 나는 자리에 앉아 초점을 잃지 않기 위해 기억하고 싶은 것을 종이에 적었다. 이것은 포괄적인 목록이 아니라 단지 내가 만든 목록일 뿐이다.

- 무엇보다도 중요한 것은 내 아이들이 하나님과 진정한 관계를 갖는 것이다.
- 내 아이들은 모두 내가 그들과 올바른 관계를 추구하고 그것을 위한 노력을 절대 그만두지 않으리라는 것을 알아야 한다.
- 나와 하나님과 아내와의 개인적인 관계는 내가 실제로 느끼는 것보다 아이들에게 더 많은 영향을 미친다.
- 그냥 함께 있는 것이 건강한 방법으로 서로 대화하는 것을 대신할 수 없다.
- 부모만이 내 아이들에게 필요한 영향을 미치는 유일한 어른이 아니다.

여기까지 쓰고나서 나는 내가 쓴 것을 다시 읽어보았다. 그리고 하나의 공통된 끈이 아이들을 묶어주고 있다는 사실을 알게 되었다. 그들은 관계라는 가치로 연결되어 있다. 관계의 가치는 마음과 관련된 문제들이다. 지금 우리 네 아이들은 대학을 거쳐 성인의 삶으로 진입하고 있다. 내가 20년 전에 이 목록을 써서 더 자주 그것에 대해 생각했더라면 얼마나 좋았을까.

다음 세대에 영향을 미치는 것에 관한 한 부모의 역할은 교회의 역할만큼 중요하다. 우리가 교회를 노란색으로 상징하는 것은 교회가 빛을 발하라는 소명을 받았기 때문이다. 그리고 가정을 빨간색과 연관 짓는 것은 가정의 역할이 무조건적인 관계 속에서 사랑하며 하나님의 성품을 나타내는 것이기 때문이다.

그런데 한 가지 마음에 걸리는 것이 있다. 내가 읽은 많은 기독교 자녀 양육 서적들은 이상적인 아빠나 엄마가 존재한다는 전제를 가지고 시작한다. 이런 '수퍼 부모'들은 아침에 경건의 시간을 갖고, 매일 밤 함께 기도를 하고, CCM을 듣고, 성경 구절을 액자에 넣어 벽에 걸어놓고, 성경적인 아내와 남편의 역할을 빈틈없이 수행하고, 보수 진영에 투표하고, 매주 교회에 꼬박꼬박 출석하고, 십일조를 낸다.

문제는, 성경에서 훌륭한 자녀 양육의 예를 별로 찾을 수 없다는 것이다

나는 '종교적인' 부모들을 도외시하려는 것이 아니다. 확신하건대 바리새인들은 훌륭하고 개혁적인 부모였을 것이고, 가정에 더할 나위 없이 충실했을 것이다. 자녀 양육에 대해서 조사한 결과, 나는 성경에서 자녀 양육의 귀감을 찾지 못했다. 성경이 자녀 양육에 대한 조언을 제공한다는 것, 그 안에 부모인 우리가 적용해야 할 보편적인 원칙들이 많이 있다는 것은 틀림없는 사실이다. 그러나 다윗, 노아, 엘리가 특별히 훌륭한 부모라고 말하기는 힘들 것이다.

잠언 31장의 어머니를 들먹일 생각은 아예 하지 말라. 그 여자의 이름이 무엇이었던가? 아, 그녀는 이름이 없었다. 당신은 말한다. "요셉이나 마리아는? 그들은 예수님을 키웠고, 예수님은 잘 크셨는데." 맞다. 그러나 예수님은 그분의 진짜 아버지로 인해 천상의 혜택을 받으실 수 있었다. 아담과 하와가 딱 한 번의 실수로 인류를 타락의 구렁텅이에 빠뜨린 후, 한 아들이 다른 아들을 죽인 일만 없었다면 좋은 모범이 될 수도 있었으련만.

내 말의 요지는 이렇다. 자녀 양육은 어렵다. 가정은 엉망진창이다. 분명한 성경적 본보기는 없다. 효과적인 자녀 양육의 비결을 발견했다고 주장하는 사람들은 아마 숨기는 것이 있거나, 이제 막 아이를 가졌거나, 최근에 성경 대학에서 청소년 사역을 전공하고 졸업한 사람들일 것이다.

어느 가정에나 어느 정도의 역기능이 있다

우리 집도 예외는 아니다. 나의 아버지는 계모의 학대에서 벗어나기 위해 열다섯 살 때 가출해서 공군에 입대했다. 외할아버지와 외할머니는 알코올 중독으로 고통받다가 어머니가 초등학교 때 1년 간격으로 자살하셨다. 부모님은 제임스 답슨(James Dobson, 미국의 유명한 기독교 자녀 양육 전문가 – 역주)이나 게리 스몰리(Gary Smalley, 미국의 가정 사역자이자 상담가 – 역주)의 책을 읽는 혜택을 누리지 못했다. 부모님은 가정 생활 세미나에 참석한 적도 없다. 두 분은 단지 결혼했고(결혼 상담도 받지 않은 채), 아이들을 가졌고, 그분들의 방법으로 가정을 이루었다. 부모님이 지금까지 올 수 있었던 것은 오로지 하나님에 대한 믿음과 내 형과 나에 대한 사랑 때문이었다. 그 결과 부모님의 신앙과 가정에 대한 가치관은 나에게 아주 잘 전달되었다.

불행하게도, 부모님은 몇 가지 다른 것들도 전해주었다. 자기 억제 문제, 고집, 우울증, 불안감, 사람들을 조종하려고 하는 성향 그리고 그 외 몇몇 특성들. 왜일까? 그분들이 나쁜 부모라서? 아니다. 그분들은 인간 부모였기 때문이다. 인간 부모들은 인간의 문제들을 가지는 경향이 있다. 인간 부모들은 그들의 부모가 그들에게 물려준 인간성과 씨름한다.

이 모든 것은 최초의 부모로부터 시작되었다. 역기능 가정에 대해 말해보자. 아담은 자신을 죄에 빠뜨린 하와를 비난하기 급급했고, 하와는 뱀에게 책임을 전가했다. 그리고 그들의 아들 가운데 한 명이 다른 아들을 살해했고, 거기서부터 모든 것이 악화되기 시작했다.

노아에게는 음주 문제가 있었다.
아브라함은 자신의 아내를 다른 남자에게 내주었다.
리브가는 아들과 짜고 남편 이삭을 속였다.
야곱의 아들들은 동생을 노예로 팔았다.
다윗은 바람을 피웠고, 그의 아들은 반역을 일으켰다.
엘리는 자신의 아들들이 교회에서 하는 잘못된 행동을 전혀 제어하지 못했다.

성경에 나오는 다른 부모들에 견주어볼 때 나의 부모님은 대단히 훌륭하셨다. 어쩌면 하나님이 우리를 격려하시려고 성경을 나쁜 부모들의 예로 채우셨는지도 모른다는 생각을 해본 적은 없는가? 나는 하나님이 내가 책임 있는 부모가 되기를 바라신다는 것을 안다. 그러나 때때로 나의 인간성이 방해가 된다. 자녀 양육에 관한 여러 가지 기독교 서적들을 읽다보면 질리거나 죄책감을 느낄 때가 종종 있다. 내게 내재하는 단점이나 괴팍한 성격을 생각해보면 내가 A 플러스 부모가 될 수 있는 자질을 가지고 있는지 의심스럽다. 그렇지만 성경을 읽으면 나는 용기를 얻는다. 그리고 나는 하나님이 나의 단점에도 불구하고 놀라운 어떤 일을 행하실 수 있다는 것을 확신한다.

이것이 나에게 힘을 준다. 내 부모님은 조부모님보다 자녀 교육을 월등히 더 잘하셨다

부모님이 어떤 부모 밑에서 성장했는지를 생각해볼 때, 그분들은 자신들이 할 수 있었던 또는 했어야 했던 것보다 훨씬 더 훌륭한 부모였다. 그분들은 자신들이 어쨌든 어려움을 헤쳐나왔고, 부모의 실수에서 교훈을 얻어 나의 형과 나를 위해 기준을 높이셨다. 그리고 대단히 중요한 몇몇 결정에 있어서는 그들이 물려받은 특정 패턴에서 벗어나셨다.

나의 부모님이 부모로서 실제로 얼마나 훌륭하게 그 역할을 다했는지 생각할 때마다 나는 희망을 얻는다. 그것은 내가 앞으로 더 나아질 수 있다는 낙관적인 태도를 갖게 한다. 그리고 내 아들딸들은 나보다도 더 훌륭한 부모가 될 수 있다는 생각을 하게 한다. 한 가족으로서 우리가 물려받은 유산은 다음 세대가 이전의 세대보다 더 유능한 남편과 아내, 아버지와 어머니가 됨으로써 계속 증대될 수 있다는 가능성을 나는 믿는다. 순진한 것인지 모르겠지만, 나는 대다수의 부모들이 더 좋은 부모가 되기를 바란다는 것을 믿기로 했다. 그리고 아주 작은 부분이라도 가족이 나아가는 방향에 중요한 변화를 가져올 수 있다는 것 또한 믿기로 했다. 하나님의 약속된 은혜와 개입이라는 요소를 고려하면 그 어떤 것도 가능하다.

당신이 교회의 리더라면 당신은 모든 부모들에게 희망을 줄 수 있다. 당신은 어쩌면 많은 자녀 양육 전문가들보다도 가정에 영향을 미칠 수 있는 더 유리한 위치에 있을 수 있다. 당신은 가정의 중요성을 믿는가? 그렇다면 당신이 부모들에게 접근하는 태도에서 생각해야 할 것들이 있다.

- 대부분의 부모들은 절대 변하지 않을 것이라고 결론짓는다.
- 부모들에게 이상적이고 도달하기 어려운 기준을 제시한다.
- 대부분은 부모들은, 그들의 낡은 인습에도 불구하고, 더 좋아질 수 있고 더 좋아지기를 원한다고 믿는다.

당신이 리더로서 이런 생각을 의식적으로 수용하든 수용하지 않든, 당신의 사역과 프로그램은 이 세 가지 전제 가운데 하나를 반영한다. 당신이 부모들이 얼마나 변할 수 있다고 생각하느냐에 따라 부모들에 대한 당신의 반응이 달라진다. 어떤 리더들은 무의식중에 가정을 포기했고, 그 결

교회와 가정 둘 다 하나님이 자신의 이야기를 전하기 위해 선택하신, 심령이 상하고 불완전한 사람들로 채워져 있다.

과 부지불식간에 부모들이 변할 수 없다는 자신의 생각을 전달하게 된다. 또 어떤 리더들은 보통 부모들은 엄두조차 내지 못할 지나치게 비현실적인 가정상을 만들어낸다. 대부분의 부모들은 그들의 가능성에 대한 강한 믿음을 가진 리더, 그들의 가정에 대한 하나님의 계획을 이해할 수 있도록 적극적으로 도와주려는 리더를 원한다.

가정의 역할을 고찰하라

만약 부모들이 믿는 사람들이 교회를 보는 것과 같은 관점에서 가정을 본다면 어떻게 될까? 즉, 하나님이 그분을 세상에 보여주기 위해 가정을 만드셨고, 이러한 사명을 이루기 위해 가정을 인간에게 맡기셨다고 인식하게 된다면? 이러한 관점이 시사하는 것을 놓치지 말라. 우리의 인간성은 하나님이 우리를 사용하시는 것을 막지 못한다. 사실상 우리의 인간성이야말로 하나님이 하나님의 능력, 선하심, 사랑을 그분의 백성들에게 나타내시는 장이다. 교회와 가정 둘 다 하나님이 자신의 이야기를 전하기 위해 선택하신, 심령이 상하고 불완전한 사람들로 채워져 있다는 사실을 깨달을 때마다 나는 놀라지 않을 수 없다.

부모와 리더들이 교회와 가정을 숭고하고 이상향적인 곳으로 회복시키는 것이 하나님의 계획이 아니라면 어떻게 될까? 오히려 하나님의 은혜를 보여주기 위해 교회와 가정 안에서 놀라운 일을 행하시는 것이 하나님의 계획이라면? 창조주 하나님이 두 개체에 그분의 영광과 구속 계획을 나타내기 위해 상처받은 사람들을 치유하고, 사랑하며, 회복하고, 거듭나게 하는 일에 가시적이고 적극적으로 개입하셨다고 상상해보라. 이것이 사실이라면 모든 부모와 리더들은 매우 전략적인 사고방식을 가지고 교회와 가정의 영향력을 결집시켜야 한다.

당신이 꼭 기억했으면 하는 것이 있다. 당신이 교회 리더라면 당신의 목표는 아주 뛰어난 자녀 양육 기술을 가진 부모들을 준비시키는 것이 아니다. 당신이 비현실적인 기대를 가지면 부모들을 좌절시키거나 아이들이 환멸을 느끼게 만들 수 있다. 그리스도인 작가들은 가족들이 해야 할 목록을 나열하는 것으로 악명이 높다. 부모들은 목록을 실천하려고 애쓰고, 제대로 해보려고 애쓰다가 대부분은 패배감에 빠지게 된다. 우리가 가정과 함께 동역하겠다는 열정을 신중하게 처리하지 못하면 부모들을 무력하게 만들고 사역을 엉뚱한 방향으로 탈선시키는 불건전한 문화를 만들어낼 수도 있다. 우리의 마음을 지키면서 가정의 가장 중요한 역할에 계속 초점을 맞추는 것이 무엇보다도 중요하다.

비합리적인 기준이나 지나치게 높은 이상은 교회에 다니는 부모들을 좌절시키고, 포기하게 만들며, 이혼했거나 위기를 겪고 있는 가정들로 하여금 교회를 떠나고 싶은 마음이 들게 한다. 또한 교회에 다니지 않는 가정들이 기독교 공동체에 들어가는 것을 꺼리게 하고, 리더들이 부모들에게 동기를 부여하려고 애쓰다가 실망해서 가정 문제를 회피하게 만든다.

부모들의 역할은 자녀 양육 능력을 발휘해 아이들이나 다른 누구를 감동시키는 것이 아니라는 점을 이해하도록 도와야 한다. 부모들의 역할은 아이들에게 하나님의 사랑과 성품을 깊이 각인시키는 것이다. 그렇다면 부모들에게 자녀 양육 기술을 연마하고 향상시키라고 촉구할 필요가 없다는 뜻일까? 그렇지 않다. 내 말은 부모들이 더 큰 이야기, 즉 실수를 허용할 여지를 주면서도 참여를 독려하는 이야기의 관점에서 보도록 도와야 한다는 뜻이다.

나는 우리 리싱크 그룹의 사역자들이 교회의 리더들과 부모들과 함께 일할 때 우리를 움직이는 단순한 관점을 확립하기를 원한다. 나는 이것이 당신이 처한 환경 속에서 당신에게 힘이 되기를 바란다.

하나님은 당신의 가족을 통해 회복과 구속의 이야기를 하고 계신다. 하나님이 당신 아이들의 삶 속에서 당신을 사용하시려면, 당신이 '완전한' 부모가 되어야 한다는 미신에 절대 속지 말라. 오히려, 그것이 무엇이든 오늘 하나님이 당신의 마음속에서 행하시고자 하는 일에 협력하는 방법을 배우라. 그리고 아이들이 하나님의 은혜와 선하심을 제일 가까이에서 볼 수 있게 하라.

가정은 가족들이 하나님과의 진실된 관계에서 비롯된 깊은 관계를 서로 확립하는 것을 최우선으로 삼아야 한다. 아마도 그것이 바울이 에베소서 5장과 6장에서 가정에 대해 쓰면서 의도한 바였을 것이다.

"자녀들아 주 안에서 너희 부모에게 순종하라 이것이 옳으니라"(엡 6:1).
부모를 대하는 아이의 태도는 마땅히 하나님에 대한 아이의 태도를 반영한다.

하나님의 마음은 주로 가정을 통해 이해되었다.

"그러므로 교회가 그리스도에게 하듯 아내들도 범사에 자기 남편에게 복종할지니라"(엡 5:24).

남편을 대하는 아내의 태도는 마땅히 그리스도를 대하는 믿는 자들의 태도와 사랑을 반영한다.

"남편들아 아내 사랑하기를 그리스도께서 교회를 사랑하시고 그 교회를 위하여 자신을 주심 같이 하라"(엡 5:25).

아내를 대하는 남편의 태도는 예수님이 십자가상에서 보여주신 은혜의 복음과 사랑의 본질을 반영한다.

하나님은 가정을 통해 자신의 이야기를 하신다

신약 성경은 모든 남편, 아내, 아이들은 하나님의 사랑을 표현하는 데 있어서 각자 고유한 역할을 가지고 있다고 말한다. 가정은 불완전한 상태에서도 모든 세대에게 하나님의 마음을 보여주기 위해 존재한다.

나는 구약 성경에 왜 그렇게 많은 계보가 나오는지 의아하게 생각하곤 했다. 그런 성경 구절들은 심오한 계시도 담고 있지 않을 뿐더러, 대부분은 나의 일상의 문제들과 아무런 관련이 없어 보였다. 그런데 이제야 그 이유를 깨달았다. 이 목록들은 모든 가정과 모든 세대가 하나님의 이야기와 연관되어 있음을 보여주기 위해 가족과 세대들을 대대손손 보여주고 있었다. 당신은 이 목록들을 통해 아담으로부터 예수님에 이르기까지, 창세기에서 마태복음에 이르기까지 하나님의 구속 계획이 유대인 가정 안에서 지속적으로 펼쳐지는 것을 볼 수 있다. 하나님이 자신의 사랑을 모든 세대에 널리 알리기 위해 가정을 통해 과거와 미래를 연결시키고 계시다. 어쩌면 이 목록들은 이러한 사실을 우리에게 일깨워주기 위해 존재하는 것인지도 모른다. 가정은 하나님의 가장 중요한 연결 통로였고 그것은 지금도 마찬가지이다. 하나님이 역사를 통틀어 그분의 영광을 나타내는 일에 가정 – 어머니와 아버지, 아들과 딸들 – 을 사용하셨다는 것은 흥미로운 일이다. 구약 성경을 보면 하나님의 약속과 명령은 가정이라는 연결 통로를 통해서 한 세대에서 다음 세대로 전달되었다. 하나님의 마음은 주로 가정을 통해 이해되었다.

　가정의 개념은 세대마다 다 달랐다. 하지만 언제나 우리에게 중요한 의미였다. 가정을 위해 정부가 조직되고, 장벽이 세워지며, 전쟁이 벌어졌다. 가정은 문명의 핵심이고, 인간이 살아가는 조건에 가장 중요한 영향을 미친다. 가정은 모든 문명의 사회, 종교, 정치 구조의 바탕을 이룬다. 가정은 모든 어린아이들의 목표와 모든 국가의 미래에 영향을 미친다. 수세기 동안 왕과 왕비들, 대통령과 국회의원들, 목사와 사제들은 가정에 대한 이슈들을 다루고 그에 대한 문제들을 해결하려고 노력해왔다. 왜냐하면 모든 지혜로운 리더는 가정 안에서 일어나는 일은 무엇이든 세상에 깊은 영향을 미친다는 사실을 알기 때문이다.

가정의 본질

이 책의 뒷부분에서는 교회 리더들이 가정과 동역하기 위해 알아야 할 다섯 가지 중요한 요소들을 다루게 될 것이다. 따라서 여기에서는 가정이 교회와 동역하는 문제에 대해 알아야 할 것들을 살펴보기로 하겠다. 교회에 대해 생각할 때 당신은 아마 가정을 대하는 특정한 사고의 틀 안에서 교회를 생각할 것이다. 우리는 그것을 혼합하려고 한다. 우리는 당신이 오렌지 사고를 하도록 돕고 싶다. 빨강도 아니고, 노랑도 아닌.

유산 물려주기

심한 억압을 받았던 민족을 다스리는 자리에 임명된 어떤 리더에 관한 유명한 일화가 있다. 그 백성들은 수백 년 동안 핍박에 시달렸다. 한 민족으로서 그들의 정체성은 위협받았고, 의지는 파괴되었으며, 신앙은 유린당했다. 전설적인 구출 시도 끝에 이 리더는 일어날 수 있었던 대량 학살로부터 전 민족을 구원했다. 그는 그들이 자신들의 민족성을 재발견하고 신앙을 재건하도록 도왔다. 그들이 치유되고 회복되기까지 수십 년의 세월, 수백 킬로미터의 거리, 헤아릴 수 없이 많은 도전을 거쳐야 했다. 전 민족이 그들의 유산을 회복하기 위한 고통스러운 준비 과정을 견뎌냈다.

오랜 기다림 끝에 백성들이 조국을 되찾고 고국 땅에 정착할 날이 다가왔다. 그런데 돌연, 그들의 리더가 물러날 것이라는 소문이 백성들 사이에 퍼졌다. 백성들은 그가 거기까지 와서 그들과 함께 여행을 마치지 못한다고 생각하자 망연자실했다. 그는 그들의 족장이었고, 아이들에게는 영웅이었다. 그는 한 민족의 운명을 구원하고 소생시켰다. 지금 그들에게는 중요하고 결정적인 순간이었다. 그들은 자신들의 가장 전도유망한 시절의 문턱에 와 있었다.

그들은 그 리더의 고별 설교를 듣기 위해 잠시 모였다. 그는 그들의 여정을 회상하며 그들이 하나님과 맺은 언약을 상기시키는 것으로 말문을 열었다. 모두 전에도 들은 말이었다. 얼마 동안은 이미 아는 내용을 그저 회고하는 듯했다. 그러다가 그는 넌지시 화제를 바꿨다. 그의 음성과 말에는 그들이 예상하지 못했던 미래에 대한 염려가 담겨 있었다. 이스라엘 백성들은 마침내 약속된 목적지에 도착했다는 사실에 들떠 있었다. 하지만 그는 새로 발견한 축복들이 그들의 신앙에 어떤 영향을 미칠지 염려하는 듯했다. 좀 더 구체적으로 말하자면, 그는 어떻게 백성들의 신앙을 자녀들과 다음 세대에 전달할 것인지에 대해 온 신경을 집중하는 것 같았다. 이 일에 너무나 많은 것이 달려 있어서 중도에서 포기하게 놔둘 수 없었다. 여기까지 오는 데 오랜 세월이 걸렸고, 그는 그들의 부모들이 저질렀던 실수를 그들이 똑같이 범하지 않도록 그들에게 다짐받고 싶었다.

그러고나서 그는 그때까지 말했던 것과는 완전히 다른, 모든 가정에게 도전을 주는 의미심장한 말을 했다.

"이스라엘아 들으라 우리 하나님 여호와는 오직 유일한 여호와이시니 너는 마음을 다하고 뜻을 다하고 힘을 다하여 네 하나님 여호와를 사랑하라 오늘 내가 네게 명하는 이 말씀을 너는 마음에 새기고 네 자녀에게 부지런히 가르치며 집에 앉았을 때에든지 길을 갈 때에든지 누워 있을 때에든지 일어날 때에든지 이 말씀을 강론할 것이며 너는 또 그것을 네 손목에 매어 기호를 삼으며 네 미간에 붙여 표로 삼고 또 네 집 문설주와 바깥 문에 기록할지니라 네 하나님 여호와께서 네 조상 아브라함과 이삭과 야곱을 향하여 네게 주리라 맹세하신 땅으로 너를 들어가게 하시고 네가 건축하지 아니한 크고 아름다운 성읍을 얻게 하시며 네가 채우지 아니한 아름다운 물건이 가득한 집을 얻게 하시며 네가 파지

가정의 본질

아니한 우물을 차지하게 하시며 네가 심지 아니한 포도원과 감람나무를 차지하게 하사 네게 배불리 먹게 하실 때에 너는 조심하여 너를 애굽 땅 종 되었던 집에서 인도하여 내신 여호와를 잊지 말고"(신 6:4-12).

신명기에는 모세가 죽기 전, 가나안 정복 직전에 이스라엘 백성들에게 전한 이 메시지가 기록되어 있다. 모세는 여호수아에게 리더의 자리를 물려주면서 이스라엘의 장래에 대한 중요한 문제들에 대해 말하고 있다. 120세의 노련한 리더로서 모세는 히브리 백성들에게 가나안의 부로 인한 타락의 위험성을 경고한다. 그는 하나님을 잊지 않도록 '주의하라'고 충고한다. 백성들이 번영과 풍요로 인해 얼마나 쉽게 탈선하는지 알기 때문이다. 그는 백성들에게 그들이 받은 유업을 지키고 그들의 신앙을 다음 세대에게 전달할 방법을 알려준다. 이 본문이 그토록 중요한 까닭은 이것이 그가 던지는 마지막 도전이기 때문이다. 리더로서 그는 히브리 백성들의 역사적 배경과 그들의 잠재적 미래에 대한 이해를 바탕으로 신중하게 권고한다. 그의 말은 믿음의 유산을 다음 세대에 남기는 것에 관심이 있는 사람이라면 누구에게나 유익할 만큼 신중하고 전략적이다.

신명기 6장의 이 구절은 교회가 가정의 중요성을 설명할 때 가장 자주 인용되는 구절이다. 이스라엘 역사에서 가장 결정적인 순간에 모세는 전 민족을 향해 다음 세대의 양육을 책임져야 한다는 사명을 부여하고 있다. 그의 말은 자녀들의 하나님과의 관계에 영향을 미치는 부모의 역할에 대해 말할 수 없이 중요한 통찰을 담고 있다. 당시의 가정 환경이 현재의 가정 환경과 비슷했다고 할 수는 없지만 이 구절 속에는 모든 문화를 초월하는 중요한 원칙들이 담겨 있다.

가정의 가치에 대한 재고찰

어떤 교회 형태가 가장 효과적인가에 대한 논의와 마찬가지로 일각에서는 가정을 어떻게 정의해야 하는가에 대한 논쟁이 끊이지 않는다. 이 장의 목적은 이러한 쟁점에 대한 해답을 제시하는 것이 아니다. 그보다 나는 믿음의 유산을 다음 세대에게 전달하는 데 있어서 모세가 강조한 가치들을 활용하려고 한다. 이 구절이 가정의 가치에 대해 부모와 리더인 우리들에게 오늘날 무엇을 말하는지 생각해보기 바란다.

부디 혼동하지 말라. 이것은 가정의 가치에 대한 논의가 아니다. 많은 리더들이 가정의 가치에 대한 정의를 놓고 갑론을박한다. 그러면서 실제로는 가정을 소중히 여긴다는 것이 어떤 의미인지 종종 망각한다. 성교육, 동성애 결혼, 줄기 세포 연구 같은 이슈들에 대해 어디까지 선을 그을 것인가 하는 문제보다 가족들이 서로를 대하는 태도가 아이들에게 더 큰 영향을 미칠지도 모른다는 생각을 해본 적이 있는가? 당신이 믿는 것을 옹호하다보면, 가정에 정말로 영향을 주는 근본적인 문제들을 보지 못하고 놓치기 쉽다. 수많은 기관들이 가정의 가치를 놓고 싸움을 벌이고 있는 동안 가족들 간의 관계는 계속 깨지고 있다. 미국만 보더라도,

- 이혼율이 여전히 50퍼센트에 육박한다.
- 거의 100만 명의 어린이들이 매년 학대당하고 있다.
- 자살이 십대들의 사망 원인 가운데 두 번째로 높다.
- 한 부모 가정의 3분의 1이 빈곤선 이하의 삶을 산다.
- 22퍼센트의 여성들이 가정 폭력에 시달린다.

나는 우리가 기독교 리더로서 정직하게 자문해보기를 바란다. 우리는 '가정의 가치'를 위해 싸우느라 여념이 없어서 가정 안에서 마땅히

가정의 본질

소중히 여겨야 할 관계를 위해서는 제대로 싸우지 못하고 있지는 않은가? 3,500년 전에 누군가가 한 말이, 오늘날의 문화에 속해 있는 우리 가정에 어떻게 전달될 수 있는지 알면 놀라지 않을 수 없다. 나는 그 말들이 우리가 가족 관계를 다시 생각해보고 가정을 변화시킬 수 있는 새로운 일련의 가치들을 정립하는 데 도움이 될 수 있다고 믿는다.

가정의 가치 1.
결말을 상상하라

"우리 하나님 여호와는 오직 유일한 여호와이시니"(신 6:4).

이 단 한 구절로 모세는 모든 것의 기준이 되는 틀 – 하나님 – 을 정립했다. 그는 이스라엘 백성들에게 이스라엘의 신앙의 구심점을 상기시키면서 그 구절을 시작한다. 그는 말한다. "이스라엘아 들으라(듣고 잊지 말라는 뜻이다) 우리 하나님 여호와는 오직 유일한 여호와이시니." 사람들을 인도할 때 모든 것은 하나님과 연결되어 있다는 관점을 가지라. 이는 마치 모세가 이렇게 말하는 것과 같다. "내가 말한 것과, 내가 말할 것은 모두 모든 것에 우선하는 가장 중요한 진리에서 나온 것이다. 그것은 우리의 하나님이 하나님이시라는 것이다." 이것이 그분에 대해 말할 수 있는 전부이다. 이것은 국가들에 대한 것이 아니다. 교회에 대한 것도 아니다. 가정에 대한 것도 아니다. 모든 것은 사실상 하나님에 대한 것이다. 하나님과 함께 시작하지 않으면 우리는 엉뚱한 곳으로 빗나가게 될 것이다.

유대교에서 이 구절이 자주 인용되는 이유가 있다. 이 구절은 쉐마(유대교에서 매일 아침저녁으로 하는 기도에서 읽히는 성경 부분 – 역주)로 읽혀졌고, 유대교 신앙의 기본 신조이자 토대이다. 모세는 만일 우리 아이들이 정말 중요한 것을 모르면, 그들이 아는 것은 그다지 중요하지 않다는 점을 강조하는 것 같다. 당신의 아이들이 젖과 꿀이 흐르는 땅에 살며 더 나은 삶이 주는 혜택과 번영을 누리고 풍요를 경험하면서 정작 하나님을 전혀 알지 못한다면 얼마나 가슴 아픈 일인가. 하나님에 대한 신뢰가 물질에 대한 신뢰로 변하는 과정은 서서히 일어나지만 막상 그렇게 되면 모든 것이 위태로워진다. 하나님이 산 위에서 모세에게 첫 계명을 주시면서 우상 숭배의 위험성을 경고하신 것도 이런 이유에서였다. 그것이 마음의 싸움일 경우 일시적인 것이 영원한 것을 밀어내기 마련이다. 모세는 이렇게 말하고 있다. "초점을 잃지 말라. 너희 하나님이 누구신지 잊지 말라."

이는 초점의 문제이다

모세가 히브리 백성들에게 "우리 하나님 여호와는 오직 유일한 여호와"이심을 잊지 말라고 권고한 것은, 백성들이 무신론자가 될 것을 염려해서가 아니었다. 그는 초점을 잃고 우선순위가 바뀔 것에 대해 백성들에게 경고했던 것이다. 사실상 가정이 하나님이 하나님이심을 의식적으로 그리고 지속적으로 받아들이는 것은 한결같은 관점을 가지고 자녀를 양육하려고 노력한다는 것을 의미한다. 자녀 양육이란 실은 모두 하나님과 관련된 것임을 그들이 명심하면 할수록 가장 중요한 것을 최우선으로 두는 것이 더 쉬워진다.

쉐마가 가진 힘은 그것이 하나님을 모든 세대, 모든 가정, 모든 인간을 하나님의 선하심에 연결시키는 이야기의 주인공으로 세운다는 점이다. 그분의 무한하신 사랑을 시간과 공간을 통해 추적할 수 있다면 우리는 혼란을 멈추고 분명하게 판단할 수 있게 된다. 하나님의 성품을 분명하게 볼 수 있을 때 우리의 작음과 그분의 크심을 이해하게 된다. 인간적인 관점이 갖는 한계 때문에 우리가 천성적으로 초점을 잃어버리는 성향을 가지고 있다는 것이 사실일까? 나는 부모의 입장에서 문화가 제시한 척도를 재빨리 받아들인다. 그리고 피상적인 기준으로 내 아이들의 성공을 측정한다. 시간이 흐르면서 나는 아이들이 자신들에게 적합한 대학에 가서, 적합한 직업을 찾는 것이 가장 중요하다고 생각하게 된다. 나는 내 아이들이 적합한 배우자를 만나 결혼하고, 적합한 동네에서 살고, 적합한 친구들을 가졌으면 좋겠다고 생각한다. 나는 올바른 가치관을 심어주기 위해 엄청난 에너지를 소비한다. 이런 것들은 모두 중요하다. 단지 가장 중요하지 않을 뿐이다. 결

가정의 본질

말을 상상하는 것은 가장 중요한 것에 우선순위를 두는 것이다.

하나님의 임재를 일깨워주는 유형의 상징물

모세 시대로부터 지금까지 히브리 민족 공동체 속에 사는 사람들은 하루에 두 번씩 쉐마를 암송한다. 그들은 일상생활 속에서 하나님의 역할을 상기시켜주는 유형의 장치로 그것을 문 위에 걸어놓는다. 그것은 가정의 가치 체계가 빗나갈 때 재조정하기 위해 만들어졌다. 쉐마를 암송하는 것은 히브리 가정에서 부모의 역할에 중압감을 더해주려고 만든 관례가 아니다. 그것은 부모들의 관점이 빗나가지 않도록 돕기 위해 존재한다. 당신이 스스로에게 하나님이 하나님이심을 자주 상기시킨다면 그것은 중압감을 가중시키지 않는다. 오히려 더 신뢰할 수 있게 해준다. 예상하지 못한 순간에 어떤 일이 일어나든 하나님의 성품은 당신의 이야기에 예측 가능한 상황을 제공한다.

모든 가정은 "우리 하나님 여호와는 오직 유일한 여호와"이심을 자주 일깨워줄 물리적 환경을 조성할 수 있다. 영적인 것은 그 특성상 이런 환경이 무척 중요하다. 영적인 것은 볼 수도, 만질 수도, 느낄 수도 없기 때문이다. 그러므로 무엇이든 볼 수 있고, 만질 수 있고, 느낄 수 있는 것이 더 많은 주목을 받는다. 우리는 스스로에게 더 큰 이야기가 존재하며 하나님이 그 이야기의 중심에 계시다는 것을 의식적으로 상기시키려고 노력해야 한다.

내가 십대였을 때 어떤 사람이 나의 일상생활 속에서 하나님이 나를 사랑하신다는 것을 상기시켜줄 수 있는 물건을 찾아보라고 과제를 준 적이 있다. 그때 어떤 이유로 나는 나의 어머니를 키워준 친척 아주머니가 우리에게 주셨던 골동품 시계를 선택했다. 그 시계는 내 방 근처의 구석진 자리에서 매 시간마다 정확하게 그리고 30분마다 한 번씩 종을 쳤다. 수년 동안 나는 하나님의 신실하심과 임재를 알려주는 이 붙박이 자명종을 가지고 있었다.

나는 아침에 일어날 때, 부모님과 다툴 때, 학교 공부에 스트레스를 받을 때, 텔레비전을 볼 때, 데이트를 하고 돌아왔을 때, 밤에 잠 못 이룰 때 그 소리를 듣곤 했다. 날이 갈수록 그것은 나에게 더 큰 무언가를 일깨워주며 계속 종을 울렸다. 살면서 맞닥뜨리는 소소한 일들로 마음이 심란해질 때마다 그 낡은 시계는 나에게 신호를 보냈다. 그것은 나를 슬쩍 찔러 내가 생각을 가다듬고 다시 올바른 궤도로 돌아가 영원한 것을 바라보게 해주었다. 나만의 문제에 지나치게 몰입해 자기 연민에 빠지거나, 세상이 나를 중심으로 돌아야 한다는 생각이 슬그머니 고개를 들려고 하면 그것은 중요한 순간에 종을 울리곤 했다.

그날 모세는 백성들 앞에 서서 종을 울리고 있었다. 그는 마음을 정하고 집중할 수 있는 무언가를 마련하는 것이 얼마나 중요한지를 보여주고 있었다. 리더로서 그는 모든 부모들에게 그들이 사랑하는 사람들을 사물의 핵심, 즉 가장 중요한 것으로 부단히 인도해야 한다는 것을 몸소 보여주고 있었다. 모세는 히브리인들의 가정이 하나님께 계속 초점을 맞추어야 가정의 정체성이 확인될 것을 알고 있었다.

나는 어떤 일들은 내 능력 밖에 있다는 사실을 깨달았다. 아이들이 거의 다 장성한 지금, 나는 부모 역할의 여러 단계를 거쳐왔다. 어느 날 나는 사무실에 들어가서 내가 수집한 가정 문제에 관한 서적들이 서가의 여러 줄을 차지하고 있는 것을 본 적이 있다. 당시 내 딸아이가 매우 어려운 일을 당하고 있었던 터라 나는 전전긍긍하며 커다란 좌절감에 빠져 있었다. 서가에서 책들을 끄집어내면서 나는 큰 소리로 이렇게 말했었다. "지금 내게 닥친 문제는 여기 있는 어떤 책에도 나와 있지 않아!" 그날 나는 부모들을 옴짝달싹 못하게 만드는 불안감과 두려움에 휩싸여 있었다. 나는 초점을 잃어서 믿음이 작아지는 내 모습을 자각할 때 당황한다. 시야가 다시 선명해지려면 나의 유일한 위로, 유일한 희망, 유일한 방향의 제시자는 하나님이심을 깨닫는 것 외에 다른 방도가 없었다. 하나님은 더 큰 이야기 – 그 속에서 그분의 은혜와 사랑을 나타내시기 원하는 – 를 가지고 계시다는 생각에 굴복하기 전에는 어떤 해결책도 없었다.

때때로 하나님이 내가 무엇을 해야 하는지 즉시 분명한 계시를 주시지 않을 때가 있다. 분명한 해결책도 없고, 어떤 행동을 취해야 할지도 불투명하고, 빠른 해결책도 없다. 오직 하나님만 계신다. 언제부터인지는 몰라도 그런 때에 나는 '결말 상상하기'라고 말하는 원칙에 의지하는 법을 배웠다.

머릿속으로 빨리 감기를 한다. 그리고 내 아이들의 인생 마지막 장으로 가서 다음과 같은 질문을 던질 때 혼란은 시작된다. 내 아이들이 어떤 사람이 되기를 진정으로 원하는가? 그 대답의 핵심은 하나님이 누구신가에 대한 이해에 있음을 나는 안다. 그러고나서 나는 결말을 상상한다. 그리고 하나님이 그분의 이야기를 쓰고 계시다는 사실을 생각해낸다. 나의 아이들 문제로 내가 가장 힘들어했던 일은, 하나님이 나타나셔서 오직 그분만이 하실 수 있는 일을 하실 것을 믿는 일이었다. 내가 자기 억제에 문제가 있다고 말했던가? 때때로 나는 나의 가정이 더 큰 그림의 일부이며, 하나님이 우리를 통해 그분의 구속의 능력을 나타내기 원하신다는 사실을 생각해내야 한다. 그분은 심지어 우리 가정 안에서 가장 감당하기 어려운 갈등을 사용해서 그분이 하나님이심을 일깨워주신다. 그날 사무실에서 하나님은 내게 이렇게 말씀하시는 듯했다.

나는 그들을 행복하게 해주려는 것이 아니다.
나는 그들이 진실된 삶을 살기를 원한다.

그들의 고통 가운데에서
나는 그 누구보다도, 심지어 너보다도,
더 좋은 친구가 될 수 있다.

오직 나만이
그들을 진정 아무 조건 없이 사랑하고,
영원히 용서하며,
완벽한 아버지가 될 수 있다.

그러니 네가 나를 신뢰해야만
그들이 나를 볼 수 있을 것이다.

게다가…
너희의 모든 문제에 대해
그들이 너를 신뢰하는 것보다
나를 더 신뢰하는 것이
그들에게 더 유익할 것이다.
그들이 너를 사랑하는 것보다
나를 더 사랑하는 것이
그들에게 더 중요하지 않으냐?

나는 그들의 마음을 치유할 수 있지만
너는 할 수 없다.

나는 그들에게 영생을 줄 수 있지만
너는 줄 수 없다.

나는 하나님이고

가정의 본질

너는 하나님이 아니다.

하나님과 겨루지 말라

이상하게 들리겠지만, 나는 가끔 하나님과 경쟁하려고 하는 실수를 범했던 것 같다. 그분에게 주의를 돌리기보다 내가 영웅이 되려고 했다. 내 아이들의 삶에 영향을 미치고 리더가 되는 것과, 그들의 모든 것이 되려고 하는 것에는 중대한 차이점이 있다. 나는 늘 교회의 지혜로운 리더들은 하나님을 초점의 중심에 놓기 위해 전력을 다해야 하며 그와 동일한 원칙이 부모들에게도 적용된다고 믿어왔다. 현명한 부모들은 하나님을 대신하려고 하지 않도록 주의해야 한다. 나는 빨리 감기로 돌려서 내 아이들이 어떤 사람이 되기 원하는지 보는 것이 얼마나 중요한지 배우고 있다. 결말을 상상해보면 중요한 것과 가장 중요한 것을 더 명확하게 분별할 수 있다. 나와 아이들과의 관계가 제대로 맺어지기를 바라는 것도 중요하지만 그들이 하나님과 올바른 관계를 추구하는 것은 훨씬 더 중요하다.

만약 내가 시간을 되돌릴 수 있다면, 나는 내가 십대였을 때로 돌아갈 것이다. 그리고 우리 집에 있던 그 고물 시계를 가져다 내가 부모 역할을 하는 우리 집에 두고 보물로 간직할 것이다. 우리 가정이 더 큰 그림에 계속 초점을 맞추기 위해 내가 할 수 있는 모든 전략과 계획을 세워야 한다. 가정을 하나님이 중심에 계신 장소로 세우는 것은 어느 가정에게나 대단히 중요하다.

가정의 본질

가정의 가치 2.
마음을 얻기 위해 싸우라

"너는 마음을 다하고 뜻을 다하고 힘을 다하여 네 하나님 여호와를 사랑하라"(신 6:5).

모세는 히브리 백성들이 가나안 땅에 들어가기 직전에 민족 전체에 도전을 주고 있다. 그는 과거 40년 동안의 그들의 이야기를 회상한 다음 그들이 하나님과 맺은 언약을 상기시킨다. 결정적인 순간에 그는 다음과 같은 말로 국가의 근간이 되는 원칙을 회복시킨다. "이스라엘아 들으라 우리 하나님 여호와는 오직 유일한 여호와이시니"(신 6:4).

그것은 그에게서 처음 들어보는 말이었다. 그 전까지 그가 한 말은 수년에 걸친 하나님의 역사와 하나님이 그들에게 하신 명령에 대한 충실한 보고였다. 그리고 모세는 백성들의 주의를 집중시키고, 최초로 성경에 기록되었으며, 예수님이 1,500년 후에 반복하여 말씀하시고, 그에 대해 상세히 설명하실 다음과 같은 말을 한다.

"너는 마음을 다하고 뜻을 다하고 힘을 다하여 네 하나님 여호와를 사랑하라"(신 6:5).

40년 전 모세는 하나님이 자신의 백성들에게 전달하라고 하신 계명들을 가지고 시내산을 내려왔다. 계명들 속에 묻힌 이 간결한 문구는 나머지 계명에 비해 너무 짧아서 거의 주목을 받지 못한 채 지나갔다. 출애굽기 20장에서 다른 신이나 우상을 섬기지 말라는 계명을 설명하신 후에 하나님은 제도화된 종교와 관계적인 믿음을 구별 짓는 핵심적인 문제를 다루신다.

6절에서 하나님은 자신의 사랑을 "나를 사랑하고 내 계명을 지키는 자에게는 천 대까지" 보여주실 것이라고 말씀하신다. 이 구절은 전체 본문 속에서 별로 중요하지 않은 듯이 보이지만 사랑과 순종의 중요한 연결 고리 역할을 하고 있다.

이 구절 앞에는 하나님에 대한 한 개인의 사랑이나 그분의 계명에 대한 그 사랑의 관계를 강조하는 구절이 거의 없다. 있다고 해도, 구약 성경에서는 거의 찾아볼 수 없다. 하나님이 사람들을 사랑하신다거나 인간들의 서로에 대한 사랑을 말하는 구절들은 있지만, 하나님에 대한 인간의 사랑을 표현한 구절은 없다. 이전에 쓰인 대부분의 본문은 사람들이 하나님을 예배하고, 경외해야 한다고 주장한다. 그것이 신명기 6장에서 모세가 한 말이 히브리 문화에서 그토록 중요한 이유이다.

여기서 그는 이스라엘 민족의 역사, 문화, 관습, 신앙을 포괄적으로 볼 수 있는 노련한 리더로서 이스라엘 백성들의 앞에 서 있다. 그는 산 위에서 하나님과 함께 있었고, 그들의 이야기를 썼으며, 다른 누구도 갖지 못한 기준 틀을 가지고 있다. 그는 한 문장으로 결론을 도출해 백성들에게 큰 그림을 더 분명히 이해시키려고 한다. 그가 말한 이 한 구절은 유대 민족이 이날로부터 수천 년 동안 나누게 될 대화를 바꾸었다. 그는 우리가 신앙을 한낱 규율의 체계로 만들 때 종종 발생하는 잃어버린 연결 고리를 설명한다.

살아 있는 믿음과 의례적인 정통 신앙을 구분 짓는 것은
한 개의 단어,
한 가지 개념,
한 가지 거역할 수 없는 힘,
사랑이다.

가정의 본질

모세는 분명하게 하나님의 계명에 순종하는 것과 사랑을 연결 지었다. 그리고 그뿐 아니라 하나님을 사랑한다는 개념을 더 심화시켰다. 그는 훗날 예수님이 완전한 왕국을 건설하실 자리에 주춧돌을 놓는다. 뒤에 이어지는 몇 장에 걸쳐 모세는 이 명령을 열두 번도 넘게 반복하고 있다.

"너는 마음을 다하고 뜻을 다하고 힘을 다하여 네 하나님 여호와를 사랑하라"(신 6:5).

모세는 생활 양식이나 관습보다 훨씬 중요한 것을 위해 싸우고 있다. 그는 마음을 놓고 싸우고 있다. 경험 많은 족장으로서 그는 하나님에 대한 믿음은 외적인 결과물이 아님을 알고 있다. 그것은 내적인 것이다. 그는 이 문제가 근본적으로 마음에 관한 것임을 말하고 있다. 그리고 이것이야말로 본문에서 놓쳐서는 안 될 중요한 요지이다. 모세는 한 세대가 신앙을 잃어버릴 위험성에 대해 경고한다.

다음 세대에게 유산을 물려주고자 한다면 그것은 관계 속에서 전달되어야 한다. 순수하고 거부할 수 없는 사랑의 테두리 밖에서 규율, 관습, 진리를 전달하려고 할 때마다 당신은 공허한 종교를 만드는 것이다. 결국에는 소멸하고, 남용되며, 심지어는 그 추종자들의 반란을 일으킬 정교 신앙을 조장하는 것이다. 모세는 자기 백성들의 신앙 주변에 원을 그리고 있다. 그리고 그 원의 중심에는 사랑의 하나님이 계신다.

새 율법

이스라엘 백성들이 약속의 땅에 가까이 왔을 때 모세는 아주 중요한 진리를 다시 한 번 상기시킨다. 모세가 설교를 하던 상황 – 이스라엘 백성들의 과거가 미래와 충돌하고 있던 – 을 잊지 말라. 모든 것이 연합해 이 순간을 이루었다. 하나님이 그들의 가슴속에 영원히 심어놓기 원하시는 것을 위해 수십 년 동안 그들을 준비시켜오셨다. 모세의 설교는 천재적이었다. 한편으로는 지금까지의 그들의 역사를 요약한 장을 들고 그들의 불순종과 하나님의 신실하심을 상기시키고, 다른 한편으로는 가나안의 현실을 설명하는 새로운 장을 들고 있다.

이 둘의 차이는 놀라울 정도로 대조적이다. 전에는 광야가 있었고, 지금은 가나안이 있다. 전에는 민족의 신앙에 일관성이 없었고, 지금은 하나님의 신실하심에 대한 궁극적인 증거가 있다. 마치 모세가 이렇게 말하는 것 같았다. "하나님은 자신이 약속하신 일을 행하고 계신다. 너희는 이제 곧 꿀을 맛보고 해변을 거닐게 될 것이다. 다 이루어졌다! 하나님은 계속 하실 것이라고 말씀하셨던 일을 하셨다." 모세는 그곳에 서서 그들의 유산의 마지막 장을 이 하나의 결정적 진술로 그들의 미래와 연결시킨다.

"너는 마음을 다하고 뜻을 다하고 힘을 다하여 네 하나님 여호와를 사랑하라"(신 6:5).

그런데 왜? 그것이 그 유산과 무슨 관련이 있는가? 왜 하필 지금 그 말을 하는가? 그들은 가나안의 축복을 경험하려는 순간에 있다. 그런데 그것이 믿음 안에서 인내하고 하나님을 사랑하는 것과 무슨 상관이란 말인가? 뿐만 아니라, 어떻게 사람들에게 사랑을 명령할 수 있단 말인가?

모세는 마치 이렇게 말하고 있는 듯하다. "이제부터 모든 것이 달라져야 한다. 너희가 보아온 것과 지금 아는 것을 바탕으로 이제부터는 하나님을 오로지 두려움의 대상으로만 생각해서는 안 된다. 너희가 사랑할 수 있는 대상으로 생각해야 한다. 이제 일어나려고 하는 일은 하나님의 성품에 대한 너희의 믿음을 영원히 결정할 것이다.

하나님은 약속을 지키신다. 너희는 마음과 영혼과 힘을 다해 하나님을 신뢰할 수 있다. 그분이 너희에게 가나안 땅을 주신 것은 너희가 그것을 받을 자격이 있어서도 아니요, 너희이기 때문도 아니고, 그분이 하나님이시기 때문이다. 하나님은 자신의 성품에 대해 너희에게 오래도록 변하지 않을 인상을 남기기를 원하신다. 그렇지 않으셨다면 너희를 위해 지금 하고 있는 일을 하실 이유가 없다.

너희의 이야기는 이제 막 새로운 장으로 넘어가려고 하고 있다. 이제부터 그 이야기는 다르게 전개될 것이다. 그것은 전에 없던 클라이맥스, 다른 기준 틀을 확립시킬 결의안을 갖게 될 것이다. 이 순간부터 너희는 단지 규율을 지키는 백성에서 창조주 하나님과의 사랑의 관계를 추구하는 백성으로 변해야 한다. 그리고 기억하라. 너희 뒤에는 너희가 하나님께 응답하는 모습을 지켜보고 있는 세대가 있다는 것을."

모세는 모든 계명에 우선하는 새 계명을 세우고 있다. 이 새 계명은 규율보다 더 중요한 무언가가 있음을 암시한다. 그것은 우리의 순종이 경외심보다 더 성숙한 동기에서 비롯되어야 함을 나타내면서 하나님과 맺는 관계의 중요성을 다른 모든 것보다 우위에 둔다. 모세는 사랑의 관계가 맺어지지 않은 상태에서 규율을 물려주는 것의 위험성에 대해 백성들에게 경고했다.

이러한 경고는 부모들에게 아주 효과적이고 적절하다. 대다수의 부모들은 자녀에게 규율을 만들게 된 이유를 알려주는 것이 무엇보다도 중요하다는 통념을 받아들인다. 부모들이 그 규율을 정한 이유를 설명하기만 하면 자녀들의 반응과 행동이 달라지지 않을까? 그 설명이 납득할 만하고 논리적이라면 그들은 그것을 따를 것이다. 만약 웹스터 사전, 성경 그리고 필 박사[(Dr. Phil, 미국의 심리학자이자 유명한 텔레비전 프로그램 〈닥터 필 쇼(Dr. Phil Show)〉의 진행자 – 역주)]가 모두 동의한다면 가족 간에 일치가 있어야 함이 마땅할 것이다.

그러나 진실을 말하자면, 내가 규율을 멋지게 설명했을 때 아이들이 동의하면서 한목소리로 이렇게 말했던 적은 한 번도 없었다. "아, 이제 알겠어요, 아빠! 아빠가 너무 설명을 잘해주셔서 말씀하신 그대로 할게요." 이유를 설명할 때 문제가 되는 것은 그것에 대해 토론을 할 수 있다는 점이다. 신뢰받는 관계는 토론의 대상이 될 수 없다. 불행히도 일부 부모들은 마음을 얻기 위한 싸움보다 논쟁에서 이기기 위한 싸움에 더 능란하다.

그것은 아이들이 "왜?"라고 물을 때 부모들이 대답할 필요가 없다는 말이 아니다. 해답은 건강한 관계보다 절대 더 큰 영향력을 가질 수 없다는 말이다. 부모가 할 수 있는 가장 강력한 일 가운데 하나는 관계를 소중히 여기면서 소통하는 방법을 배우는 것이다. 수천 년 전의 부모들도 오늘날 우리가 맞닥뜨리는 것과 동일한 가정 문제를 가지고 있었다. 모세는 히브리 가정에서 아이들이 규율에 대해 질문할 때가 올 것이라고 말했다. 신명기 6장 20절에서 그는 말한다. "후일에 네 아들이 네게 묻기를 우리 하나님 여호와께서 명령하신 증거와 규례와 법도가 무슨 뜻이냐 하거든."

잠깐. 당신이 부모라면 당신과 아이들 사이의 대화와 이 구절이 비슷하다고 생각되지 않는가? 이 구절에 나오는 아들의 나이가 몇 살인지는 모르지만 열세 살 정도라고 치자. 나는 유대인 부모가 모세와 상담실에 앉아서 이렇게 말하는 것이 상상이 된다. "뭐가 잘못된 건지 모르겠어요. 나는 그 아이에게 낙타를 몰도록 해주었지요. 뒷마당의 오아시스에도 출입할 수 있게 해줬고요. 자기 개인 장막도 가졌답니

가정의 본질

다. 그런데 이제는 규율에 대해서 불평하는군요. 그 아이는 어떤 축제일에도 참여하기를 싫어하고, 유월절에 대해서 질문을 합니다. 어떻게 해야 할까요?"

우리 집에서 나는 우리 아이들이 내게 "왜?"라고 물을 때 과잉 반응을 보인 적이 많았다. 나는 화이트보드를 꺼내 한가운데에 선을 긋고 이렇게 말을 시작한다. "이 선의 이쪽이 네가 잘못된 일을 했을 때 일어날 수 있는 일이고, 반대쪽이 옳은 일을 했을 때의 유익이란다. 네 아버지로서 나는 30년의 경험을 가지고 있을 뿐만 아니라 네 엄마와 하나님도 이 문제에 대해서 아빠와 동의한단다. 게다가, 이걸 어기면 너는 한 달 동안 외출 금지. 질문 있니?"(이 정도로 극단적이지는 않았을지 몰라도 우리 아이들은 내가 이랬다고 기억한다.)

모세는 이 상황에서 백성들에게 흥미로운 충고를 한다. 그는 자녀가 규정과 율법의 의미를 물으면 이렇게 말하라고 충고한다. "너는 네 아들에게 이르기를 우리가 옛적에 애굽에서 바로의 종이 되었더니(해석: 이 규율들 때문에 노예가 된 기분이라고? 아마 너는 상상도 못할 거야. 진짜 노예로 산다는 것이 어떤 건지 알려주마.) 여호와께서 권능의 손으로 우리를 애굽에서 인도하여 내셨나니 곧 여호와께서 우리의 목전에서 크고 두려운 이적과 기사를 애굽과 바로와 그의 온 집에 베푸시고 우리 조상들에게 맹세하신 땅을 우리에게 주어 들어가게 하시려고 우리를 거기서 인도하여 내시고 여호와께서 우리에게 이 모든 규례를 지키라 명령하셨으니 이는 우리가 우리 하나님 여호와를 경외하여 항상 복을 누리게 하기 위하심이며 또 여호와께서 우리를 오늘과 같이 살게 하려 하심이라"(신 6:21-24).

흥미로운 점은 모세의 대답이 그 아이의 질문에 대한 답처럼 들리지 않는다는 것이다. 모세는 오히려 하나님이 얼마나 위대하신 분이었는지에 대해 말하는 것 같다. 여기서 모세는 하나님은 신뢰할 수 있는 분이시라는 점만 제외하고는 실제적인 이유들을 제시하지 않는다. 그는 어린아이들이 하나님이 적극 개입하고 계시는 이야기의 한 부분을 차지한다는 것, 하나님이 태초부터 그들을 얼마나 사랑하시는지 계속 입증해 보이셨다는 사실을 이해하기 원한다.

모세는 미래의 세대들이 어떻게 더 큰 그림과 연결되어 있는지, 기본 설계 속에 어떻게 맞아 들어가는지, 그리고 그들이 어떤 식으로 창조주와 관계를 맺고 있는지 알기 원했다. 모세는 부모들에게 율법을 준수해야 하는 이유를 논리적으로 따지는 변호사의 역할을 하기보다 오히려 율법을 만드신 분의 성품에 초점을 맞추라고 권고했다. 모세는 규율 존중이 신뢰의 부산물임을 알았던 것이다.

마음을 얻기 위한 싸움에서 가장 중요한 것은 신뢰의 관계를 쌓는 것이다. 이것은 하나님이 이스라엘 자손들과의 관계를 통해 모범을 보여주신 중요한 자녀 양육의 원칙이다. 히브리 민족의 이야기는 변하지 않는 헌신적 사랑을 보여주고 있는 한 아버지의 모습을 기록한 것이다. 이 서사시의 요지는 하나님은 언제나 신뢰할 수 있다는 것이다.

그분은 기적적인 방법으로 이스라엘 백성들을 참혹한 노예 생활에서 구원하셨다.

그분은 이스라엘 백성들이 그분의 지시를 무시했을 때에도 그들을 사랑하기를 멈추지 않으셨다.

그분은 이스라엘 백성들이 광야 생활을 거치는 동안 줄곧 그들을 인도하셨다.

그분은 이스라엘 백성들이 의심하고 반항했을 때에도 그들을 버리지 않으셨다.

시대와 세대가 바뀌어도 계속 울려 퍼지고 있는 요지는 하나님은 언제나 자신이 사랑하시는 사람들의 마음을 얻기 위해 싸우실 것이라는 사실이다. 그것이 모세가 한 세대가 가고 새 세대가 시작되는 교차점에서 다음과 같이 말할 수 있는 이유이다. "하나님은 너희가 마음과 영혼을 바칠 수 있는 분이시다. 모든 것을 바쳐 그분을 사랑해야 한다. 그분은 영원한 신뢰를 받으실 수 있는 분이기 때문이다."

이스라엘 백성들의 미성숙하고 변덕스러운 태도는 사실상 하나님의 신실하심을 더 드러나게 해주는 효과적인 배경막이 되었다. 비슷한 방법으로 아이들의 예측 불가능하고 반항적인 행동은 부모가 일관된 메시지를 보여줄 수 있는 기회를 제공한다. 부모들이 아이들의 마음을 얻기 위해 싸우려면 이 원칙의 중요성을 이해해야 한다.

부모들이 자녀 양육에서 흔히 하는 실수는 그들의 가장 중요한 목표가 아이들이 규율을 따르게 하는 것이라고 암시하는 것이다. 부모가 자녀들에게 줄 수 있는 가장 큰 선물 가운데 하나는, 오랜 시간에 걸쳐 부모가 신뢰할 수 있는 존재라는 것을 입증하는 것이다. 인격이 형성되는 십대 시절에는 아이가 부모에게 신뢰를 얻는 것보다 부모가 아이에게 신뢰를 얻는 것이 훨씬 더 중요하다.

챕 클락(Chap Clark)은 오렌지 컨퍼런스의 강사이다. 그는 사춘기 아이들을 위해 건강한 구조를 만드는 것에 대해 뛰어난 통찰을 제시해왔다. 그는 부모들에게 이렇게 충고한다. "부모의 역할이란 일종의 마라톤 같은 것으로서, 그날 당면한 문제에 대해 그들의 아이들을 신뢰할 수 있는지 여부의 문제보다 아이들이 부모를 신뢰할 수 있는 관계를 형성하는 것이 훨씬 중요하다는 것을 인식해야 합니다."[8]

내가 처음 부모 노릇을 시작했을 때 누군가가 나에게 그러한 말을 해주었다면 얼마나 좋았을까. 그것은 직관에 관련된 문제처럼 보이지만 행동이나 아이들과의 관계에서 일관성을 유지하려면 의도적으로 계획해놓는 것이 필요하다. 때때로 아이들이 깨뜨린 신뢰에 대해 내가 어떤 반응을 보이는지에 따라 나에 대한 그들의 신뢰에 큰 영향을 미칠 수 있다는 사실은 정말 아이러니하다. 사실 나에 대한 그들의 신뢰는 내가 다음과 같은 행동을 할 때 영향을 받는다.

화를 내며 훈육할 때.
대화에서 거부하는 말을 사용할 때.
그들의 말을 무시할 때.
그들이 정말 어떤 사람인지 이해하려 하지 않을 때.
중요한 약속을 깨뜨릴 때.

우리는 부모로서 적극적으로 신뢰를 쌓기보다 아이가 자신에게 신뢰를 얻고 기대에 부응해야 한다는 것에 집착하기 쉽다. 나는 이미 성숙했고, 그들은 성숙해가고 있는 중이라고 생각할 때가 많기 때문에 이것은 어떤 의미에서 반(反) 직관적이다.

나는 아이들을 올바른 모습으로 만드는 것에만 너무 몰두하다가 일관되게 그들을 대해야 한다는 사실을 잊곤 한다. 나는 아이들과의 관계에서 아무리 작은 신뢰라도 아버지인 내가 깨뜨렸을 때 그것이 얼마나 아이들에게 큰 영향을 미치는지 깨닫는 데 오랜 시간이 걸렸다. 이 단계에서 내가 얼마나 신뢰할 수 있는 존재인지가 그들이 얼마나 신뢰할 수 있는 존재인지보다 그들의 성장에 훨씬 중요하다.

가정의 본질

수백 명의 십대들과 대학생들을 인터뷰한 결과, 그들의 가장 깊은 상처는 이 신뢰의 문제와 연관되어 있었다. 내 아이들의 마음을 얻기 위해 노력하다보면 내가 신뢰할 수 있는 존재임을 증명하는 생활 태도를 갖게 된다. 부모들은 아이 하나하나와 개인적으로 신뢰를 형성하는 것이 얼마나 중요한지 깨달아야 한다. 그것이야말로 친밀감과 사랑을 봉인하는 관계의 접착제다.

이 모든 일은 부모들이 그들의 주님이신 하나님을 마음을 다하고, 뜻을 다하고, 힘을 다하여 사랑할 때 시작된다. 모세는 순종의 비밀을 알았다. 순종은 하나님이 신뢰할 수 있는 분이심을 진심으로 믿을 때 시작된다. 그는 자신의 설교를 듣고 있는 부모들과 리더들 세대가 그들의 마음과 뜻을 다해 주님을 사랑하기로 작정한다면 삶 속에서 그것이 나타날 것을 알았다. 그 결과 하나님을 신뢰하는 사람들은 다음 세대의 신뢰를 받을 것이고 유산은 계속 이어질 것이었다.

가정의 가치 3.
몸소 실천하라

"오늘 내가 네게 명하는 이 말씀을 너는 마음에 새기고"(신 6:6).

유산의 원칙은 사랑의 전염성과 관련이 있다. 모세는 당신이 "너의 주 너의 하나님을 마음을 다해 사랑"해야 하며 "이 계명들"을 마음에 새겨야 한다고 말한다. 모세는 다음 세대에게 믿음을 전달하는 방법을 가르치려고 이스라엘의 성인들을 세워놓았다. 우리가 이것을 아는 이유는 그가 자녀들에게 이 명령을 "각인시키라"고 가르치기 때문이다. 첫째, 그는 하나님을 그들의 정체성 확립의 토대로 세운다. 그런 다음 하나님과 맺은 사랑의 관계를 기준으로 삶의 방식을 추구하라고 도전한다. 그리고 그들이 유산의 전염성을 간과하지 않도록, 자녀들에게 이 유산을 전달하기에 앞서 그것들이 부모들의 마음속에 있어야 함을 일깨운다. 당신이 부모거나 리더라면 신앙의 유산을 자녀들의 마음속에 전달하기에 앞서 그 유산이 당신 안에 있어야 한다는 기본 원칙을 알 것이다.

모세는 내 아이들이 어떤 사람이 되어가고 있는지 묻기 전에 내가 어떤 사람이 되어가고 있는지 돌아보아야 한다는 것을 시사하고 있다. 어린아이의 마음속에서 일어날 수 있는 가장 위대한 일은 부모의 마음속에서 일어난 일이었음을 교회 리더들인 우리가 진심으로 믿는다면 우리가 사역에 임하는 방식이 근본적으로 달라질 것이다. 다시 한 번 이것은 직관에 반(反)한다. 개인의 신앙을 아이들에게 전달하는 것이 목표인 사역에서 우선시해야 할 것 가운데 하나가 삶 속에서 신앙을 개인적인 것으로 만들라고 부모들을 설득시키는 일인 것이다. 우리가 아무리 원칙을 이해하고 있다고 주장해도 우리 교회들에서 하고 있는 프로그램이나 절차를 자세히 살펴보면 이 두 가지를 연결시키는 사역은 거의 없다고 볼 수 있다.

부디 이 말을 과도하게 남용되는 다음의 구절과 혼동하지 말기를 바란다. "어떤 것들은 가르쳐서 배울 수 없고 스스로 터득해야 한다." 나는 이 진부한 말을 20년 동안 들어왔는데, 이 말은 외우기 쉬워서 어떤 곳에서는 실제로 이 말을 가르친다. 그들은 믿음은 전염성이 있다고 주장하면서도 이해될 수 있는 것만 가르치는 강의실을 마련한다. 그들은 코칭(coaching)의 원리와, 모범을 보고 배우는 것을 신뢰한다고 말하지만 정작 그것을 실천하지는 않는다. 나는 부모의 역할은 여러 가지 면에서 옹호되어야 한다고 생각한다. 하지만 어느 시점에서부터는 부모들이 코치하는 방법을 코치받아야 하며, 그들이 모범을 보일 수 있도록 도와줄 진정한 본보기가 있어야 한다고 믿는다. 또 다른 문제는 아이들에게 '체득'시키려는 것이 딱히 무엇인지 아는 교회가 거의 없다는 사실이다. 그들이 아이들에게 전해주려고 하는 것이 무엇인지 구체적으로 질문을 해보면 그들의 답은 매우 모호하다. 우리는 그것이 성경에 나와 있고 하나님과 관련되어 있다는 것은 알지만 그보다 더 깊이 들어가면 애매해진다.

가정의 가치를 잘못 다루면 부모들에게 힘을 주기보다는 부모들의 사기를 꺾을 수도 있다. 나는 내 아이들이 내 안에 있는 어떤 것들은 체득하지 않았으면 좋겠다. 그런 것들에 대해서는 어떻게 해야 할까? 이것이 내가 가진 딜레마다. 한편으로 나는 내 아이들이 내가 가진 좋은 덕목을 따르게 할 준비조차 되어 있지 않은 것 같다. 나는 아직 배워야 할 것이 많다. 믿음은 충분히 견고하지 못하고, 성품은 완전무결하지 않다. 또 한편으로는 전달되지 않았으면 하는 나의 괴팍한 문제들로 인해 불안하다. 나는 이렇게 양쪽으로 싸우고 있다. 솔직히 나는 첫아이가 태어났을 때 부모가 될 준비가 되어 있었다고 주장하는 부

가정의 본질

모를 한 번도 본 적이 없다. 미국 보건 통계 센터의 보고에 의하면 처음으로 엄마가 되는 평균 연령이 25살이라고 한다.[9] 우리 부부가 첫째 아이를 낳았을 때가 바로 그 나이였다. 내가 시행착오를 통해 배웠고, 많은 실수를 했다고 말할 때 그것은 내 이야기이지, 내 아내에 대한 이야기가 아니다.

이것을 인정하라. 당신이 중년이라면 20대의 당신 모습을 생각하면 아마 민망할 것이다. 내 아내와 나는 실제로 부모 노릇을 하면서 부모로서 성숙했다. 우리는 부모로서 전문가가 된 다음에 부모가 되지 않았다. 우리는 부득이하게 우리의 이론을 아이들에게 테스트했다.

이것은 우리가 하는 다른 일들과는 다르다. 우리는 사람들 앞에서 투스텝을 추기 전에 댄스 교사를 찾아갈 수 있고, 공식 경기를 하기 전에 야구 코치를 찾아갈 수 있으며, 직업을 얻기 전에 학위나 훈련을 받을 수 있다. 하지만 자녀 양육이라는 전공과목이 있는 대학은 없다. 우리는 실제로 부모 노릇을 하기 전에 어디에 가서 부모 역할을 연습하지 않는다. 예행 연습도 없다. 단지 부모가 되는 방법을 알고 있는 것으로 치부될 뿐이다. 여기에는 다음과 같은 가정이 깔려 있다. 우리의 부모가 우리를 양육했으니 이제 우리는 우리 아이들을 양육할 수 있어야 한다. 그리고 우리 아이들은 우리를 본보기로 삼아 그들의 아이들을 양육할 것이다.

냉혹한 사실은 그런 부모들이 자녀들에게 영향을 미친다는 것이다. 그 영향은 부정적일 수도, 긍정적일 수도 있다. 하지만 당신이 하는 일이 당신 아이들에게 영향을 미친다. 내가 어떻게 하나님을 찾는지, 어떻게 아내를 사랑하는지, 다른 사람들을 어떻게 대하는지, 권위에 어떤 태도를 보이는지, 돈을 어떻게 사용하는지, 어떻게 일하는지, 어떻게 의사소통을 하는지가 그들의 가치관과 관점에 영향을 미친다. 대부분의 부모들이 직면하는 딜레마는 그들이 부모 노릇을 시작하기 전에 이 모든 것들을 바로잡을 수 있는 여유나 호사를 누리지 못한다는 것이다. 그들이 유일하게 실행할 수 있는 해결책은, 현명하고 사랑이 많은 부모라면 누구나 하는, 숨기는 것이다! 그들은 아이들이 절대 찾지 못하도록 그것들을 깊이 묻는다. 그러나 그것들은 언젠가는 표면으로 떠오르게 마련이다. 부모들이 자신의 삶 속에서 잘못된 것들을 묻어버리려는 시도는 사실상 그것 자체가 죄에 대해 변명하거나 정당화하려는 것이기에 해로운 쪽으로 그것을 부각시킬 수도 있다.

부모들에게는 자신이 어떤 사람이라고 생각해주기를 바라는 모습이 있다. 그러나 절대 그러한 모습을 아이들에게 심어주려고 해서는 안 된다. 내 말을 믿으라. 당신이 그렇게 하는 한, 당신은 아이들을 속이고 있는 것이다. 뿐만 아니라 아이들이 성인이 되면 아이들은 자신을 속이려고 한 당신을 경멸할 것이다. 아니면 당신이 당신의 고통이나 약점을 결코 인정할 수 없었다는 사실에 실망할 것이다. 어느 쪽이든 당신과 아이들 모두 낙담하게 될 것이다. 내 약점에 대해 말하자면 한 가지 재미있는 점이 있다. 내가 극복하려고 애쓰고 있는 나의 약점에 대해 털어놓았을 때 아내와 아이들이 이렇게 말한 적은 한 번도 없었다. "정말이요? 몰랐어요." 그들은 알고 있다. 그들은 매일 나를 지켜본다. 그러니 하나님께 내 삶에 역사해달라고 간청하고 있는 단점들을 인정하는 것이 낫다. 내가 어떤 사람인지 내 아이들이 봐도 괜찮다. 특히 삶 속에서 하나님이 나를 어떻게 변화시키시는지 그들이 보기를 원한다면 더 그렇다.

모세는 부모들이 완벽한 본보기나 모범이 되는 삶을 살아야 한다고 말하고 있지 않다. 그는 그들이 모든 계명을 다 지키기 전에는 그들의 신앙을 전해주려고 해서는 안 된다고 말하려는 것이 아니었다. 그가 말하는 것은 이 진리가 그들의 마음속에 새겨져야 한다는 것이었다.

즉, 열망과 열정에 관해 말하고 있는 것이다. 부모의 모든 것이 옳아야만 아이들의 삶에 긍정적인 영향을 미칠 수 있는 것이 아니다. 아이들에게 긍정적인 영향을 미치려면 있는 그대로의 삶을 보여주어야 한다. 즉, 아이들의 개인적인 성장의 문제를 최우선으로 생각하는 모습을 보임으로써 아이들이 행위를 통해 믿음을 보게 하라는 것이다.

아이들은 이미 부모의 삶에서 가장 중요한 앞자리를 차지하고 있다. 그런데 문제는 이것이다. 그들이 무엇을 보고 있는가? 그냥 쇼인가? 아니면 실생활 속에서 장애물을 뛰어넘으려는 용기와 열정인가? 부모들은 아이들에게 하나님과 더 깊은 관계를 추구하는 모습을 보여주어야 한다. 서로 사랑하고 헌신하는 부부의 모습이 어떤 것인지 보여주라. 어떻게 예수님을 최우선 순위에 놓는지 보여주라. 어떻게 세상의 물질주의와 소비주의를 거부하는지 보여주라. 부모들이 아이들의 마음속에 심어주고 싶은 것이 있다면 그것을 본보기로 보여주어야 한다.

아이들은 부모에게서 이런 모습을 볼 수 있어야 한다.
해답을 찾기 위해 고뇌하고,
자기의 단점을 직시하며,
실제적인 문제들을 다루고,
부모의 잘못을 인정하며,
결혼을 지키기 위해 노력하고,
개인적인 갈등을 해결하는 것.

아이들은 부모가 관계적, 정서적, 영적 성장을 우선순위에 놓는 모습을 볼 수 있어야 한다. 부모가 개인적인 삶에서 그것을 실천하지 않으면 자녀들도 개인적으로 그것을 실천하지 않을 것이다. 수년 동안 나는 한 부모 가정의 아이들이 어떻게 자신의 엄마나 아빠가 모든 역경을 극복했는지 이야기하는 것을 즐겨 들었다. 그들은 자신의 부모가 역경을 극복하는 모습을 모두 지켜본다. 하나님이 부모의 마음속에 구속과 회복의 이야기를 쓰고 계심을 잊지 말라. 아이들이 볼 수 있는 가장 강력한 것은 부모의 삶 속에 역사하시는 하나님이다. 본래 자신의 부모가 어떤 사람이었는지 보지 못했다면 그들이 어떤 사람으로 변해가고 있는지 알 수 없다. 그렇지 않으면 어떻게 그들이 부모의 삶을 하나님이 변화시키셨고, 계속 변화시키실 것을 알겠는가? 부모의 삶에서 이런 변화를 직접 목도한 자녀들은 미래에 대한 희망과 하나님이 그들 안에서 행하실 것에 대한 믿음을 가질 수 있다.

가정의 본질

가정의 가치 4.
리듬을 창조하라

"네 자녀에게 부지런히 가르치며 집에 앉았을 때에든지 길을 갈 때에든지 누워 있을 때에든지 일어날 때에든지 이 말씀을 강론할 것이며 너는 또 그것을 네 손목에 매어 기호를 삼으며 네 미간에 붙여 표로 삼고 또 네 집 문설주와 바깥 문에 기록할지니라"(신 6:7-9).

모세가 가정에 대해 한 말은 언뜻 보기에는 너무나 상식적으로 들린다. 그래서 왜 그가 그런 말을 했는지 의아할 정도이다. 그러다가 그것이 지극히 미래지향적인 발언임을 깨닫게 된다. 당신은 그가 장차 올 일에 대해 하나님의 계시를 받았다고 생각했을 것이다. 사실 그랬다. 그의 발언은 모든 세대를 초월해 다양한 문화로 표현되는 미래의 가정에 적용된다. 어떤 면에서 가정의 역할에 대한 발언은 당시의 히브리 민족에게보다 오늘날 우리에게 더 큰 의미를 가진다. 그때 군중 사이에 있던 부모들 중에는 이런 생각을 한 사람들도 분명히 있었을 것이다. "그건 우리가 지금까지 해오던 일 아니야? 우리는 벌써 밤낮으로 그렇게 하고 있었잖아."

그들은 선택의 여지가 많지 않았다. 하나님이 그들에게 자신의 존재를 체계적으로 상기시키기 위해 이미 마련하신 강력하고 확실한 몇 가지 실물 교육이 있었다. 일용할 양식인 만나가 있었고, 날마다 그들 위를 맴돌며 길을 인도하던 구름 기둥이 있었다. 매일 밤 잠자리에 들 때에는 불 기둥이 있었다. 그들은 매일의 삶 속에 임재하시는 하나님과 함께 방랑하는 백성들이었다. 거기에는 패스트푸드 레스토랑도 없었고, 컴퓨터, 휴대 전화, 영화관, 텔레비전, 비디오 게임, 음악회, 아이튠즈, 아이팟, 디지털 사진, 제트 스키, 월요일 밤의 풋볼, 실내 화장실, 냉방이 되는 빌딩, 스타벅스도 없었다. 그들은 정말 하나님이 필요했다. 그리고 그분은 분명히 그곳에 계셨다. 그러나 모세는 그들이 현재 살아가는 방식에 변화가 있을 것임을 알고 있었다. 그의 말을 내 방식대로 번역하면 다음과 같다. "너희가 아이들의 마음속에 이 진리를 새겨넣으려면 가정 안에서 더 의도적으로 리듬을 만들어야 할 것이다. 미래에는 너희의 주의를 산만하게 하는 것들이 많을 것이고, 하루하루를 믿음으로 사는 것의 중요성을 놓치기 쉬울 것이다."

내 생각에 모세는 가나안에 가면 가정이 다음과 같은 모습으로 바뀌어야 한다는 것을 알았던 것 같다.

일상생활에서 믿음을 전달하는 리듬을 만들어내는 일에 더 의식적으로 깨어 있고, 하나님의 능력과 임재를 일깨워주는 유형의 상징물을 설정하는 일에 더 신경을 쓰며, 하나님의 이야기를 들려주는 시기와 방법을 더 다채롭게 고안해야 한다.

과거의 히브리 가정에서는 본능적으로 이루어졌던 것이 새로운 환경 속에서는 더 의도적으로 계획되어야 했다.

모세는 분리된 믿음 - 시간이 흐르면서 하나님과의 일상의 관계가 처음에는 하루, 그 다음에는 한 주, 그 다음에는 한 달 중에서 중요하지 않은 부분이 되는 것 - 의 위험성을 인식하고 있었다. 그는 사람들이 하나님을 삶의 모든 면에 영향을 미치는 통합적인 힘으로 보는 대신 하나의 고립된 범주로 분리시키는 경향이 있음을 감지했다. 그는 언젠가 사회가 하나님을 문화와 삶의 더 작은 일부로 보게 될 것을 우려했다.

하나님을 아주 작은 존재로 규정지음으로써 하나님을 문화와 완전히 분리시키려는 것은 인간의 특성이다. 모든 것이 어떤 식으로든 하나님의 이야기와 관련이 있다고 보는 대신 우리는 우리의 신앙을 분류하고 분리하기를 좋아한다. 리더들은 영적인 것과 세속적인 것을 분리하는 인공적인 선을 긋는다. 그들은 하나님이 어떻게 역사하시고, 어떻게 역사하시지 않는지를 양적으로, 질적으로 측정하는 용어를 만들고 라벨을 붙인다. 마치 그들은 모세가 가나안에 대해 가졌던 것과 동일한 불안감을 공유하고 있는 듯하다.

어쨌든 하나님은 잊혀질 것이다.
영원한 진리는 희석될 것이다.
한 세대의 믿음은 쇠퇴할 것이다.

여러 가지 우려가 있지만 리더로서 우리는 이런 위험에 접근하고 대면하는 데에 지극히 신중해야 한다. 이스라엘의 노련한 족장이 삼갔던 일이 무엇이었는지 주의하여 보라. 모세는 단 한 번도 이렇게 말하지 않았다. "우리는 우리의 신앙을 지키기 위해 광야에 고립된 채 사는 것이 좋을 것이다. 여기서는 우리의 신앙이 안전하다." 오히려 그는 계획을 짜서 가나안을 공격하도록 했다. 그날 그가 백성들에게 전해준 것은 그들의 믿음을 지키는 데 도움이 될 리듬을 만드는 전략이었다. 그 리듬은 모든 문화의 장벽을 무너뜨리고 하나님을 드러낼 것이었다. 그리고 그 하나님의 이야기는 시간과 공간을 초월한다. 그리고 가정이 모든 세대의 마음속에 하나님의 회복의 메시지를 나타내기 위한 가장 중요한 발판으로 전략적인 역할을 맡고 있었다.

어떤 일이 일어났는지 보라. 모세는 하나님의 말씀을 가장 핵심이 되는 관계적 개체에 접착시킨 후에 그것을 외국 문화로 전했다. 하나님은 세상을 구속하시겠다는 그분의 사명을 한시도 잊으신 적이 없다.

모세는 하나님의 성품에 관련된 가장 중요한 진리들을 아이들의 마음속에 새겨넣기 위해 간절히 호소한다. 어떤 번역본은 "부지런히 가르치라"는 구절을 사용한다. 나는 어떤 사람이 히브리어로 "가르친다"라는 말은 "배우게 만든다"[10]라는 뜻이라고 주장하는 것을 들은 적이 있다. 즉, 여기서 가르친다는 것은 자료를 아이에게 전달하면 선생의 소임이 끝나는 강의나 수업 위주의 교육과 다르다. 모세가 장려하고 있는 것은 핵심 진리가 이해되고 수용될 때까지 계속되는 체계적인 교습 과정이다. 다시 말해 그는 부모와 리더들이 아이들이 실제로 터득할 때까지 가르침을 다듬고 고칠 것을 바라는 것이다.

이것은 아이들에게 영원한 진리를 가르칠 의무가 누구에게 있는지 엄정하게 밝히고 있다. 그것은 모세도 아니고, 아이도 아니고, 가르쳐야 할 것에 대해 궁극적인 책임이 있는 부모들이다.

가정은 언제나 하나님의 계획에서 없어서는 안 될 요소였다.
모세가 히브리 백성들에게 하라고 한 것은 매우 전략적인 일이었다. 그는 창조의 원칙을 이용했고, 그것을 신앙을 영속시키는 수단으로 사용했다. 그것은 대단히 분명하고 천재적이다. 이 리듬의 원칙은 시대를 막론하고 모든 문화에 다 전달될 수 있다. 모든 인간 집단은 해가 뜨면 일어나고, 낮에는 활동하고, 함께 식사하고, 밤이 되면 잠자리에 들게 마련이다. 이것이 자연스러운 흐름이다. 이것이 선험적인 삶의 패턴이며 정신에 도전을 주고 마음에 영감을 불어넣는 일관된 과정을 확립하는 리듬이다. 쉐마가 당신의 관계가 무엇에 초점을 맞추어야 하는지 알려준다면 일상의 삶에 대한 이 가르침은 당신의 관계가 꽃필 수 있게 하는 구조를 마련해준다. 모세는 하루 중에서 가르치기 적합한 때나 특정한 패턴을 분명하게 강조했다. 그의 말을 자세히 살펴보자.

가정의 본질

"집에 앉았을 때에든지 길을 갈 때에든지 누워 있을 때에든지 일어날 때에든지 이 말씀을 강론할 것이며"(신 6:7).

부모와 리더들이 자연스러운 삶의 방식과 어우러지는 것이 중요하다. 부모들이 그들의 가정에 잘 맞는 리듬을 만들어내는 것이 중요하다.

이것이 갓난아기를 체계적으로 양육하는 이유이다.
이것이 교사들이 수업에 체계를 세우는 이유이다.
이것이 학생이 수업 계획표를 지켜야 하는 이유이다.
이것이 가정이 전통을 세워야 하는 이유이다.

어린아이들은 일상의 일을 통해서 가장 잘 배운다. 그리고 가정이 올바른 리듬을 만들어낼 때 더 잘 배우고 발전하게 된다. 물론 모든 가정은 그들 나름의 스케줄에 맞추어 가장 효과적인 패턴을 찾아야 한다. 하지만 그렇다고 해도 모든 가정이 아이들의 믿음을 세우는 데 영향을 미칠 수 있는 네 가지 구체적인 경우가 이 구절에 열거되어 있다. 각각의 경우는 각기 다른 스타일과 배움에 대한 접근을 제시하는 것처럼 보인다. 흥미로운 점은, 각각의 경우는 또한 부모에게 다른 역할을 할 수 있는 기회를 제시한다는 것이다. 이것을 보면 모세가 인간 행동에 대해 연구하고 아동 발달에 대한 석사 학위를 받았다고 해도 믿을 정도이다. 다음에 대해 생각해보라.

가족이 함께하는 식사 시간은 집중된 토론을 할 수 있는 최적의 시간이다. 그 시간에 부모들은 서로 주고받는 관계 속에서 특정한 진리를 지도하거나 가르치는 역할을 맡을 수 있다. 식사 시간은 핵심 원칙들을 체계적으로 세울 수 있는 효과적인 환경이 될 수 있다. (나는 여기서 과도하게 사용된 통계, 말하자면 가족이 함께 식사하는 횟수가 많을수록 그 자녀들이 마약을 복용하지 않고 감옥에 가지 않을 확률이 높아진다는 등의 통계를 무수히 나열할 수 있었지만 하지 않겠다.)[11]

함께 걷거나 여행을 하는 것 또한 독특한 기회를 제공하는 것 같다. 이것은 아이들이 그들 나름의 삶의 계획표를 추구할 수 있는 격의 없는 대화를 하기에 편한 때이다. 이런 때에 부모들은 거부감 없는 경험을 통해 관계를 쌓을 수 있는 기회를 얻는다. 어느 정도 부모는 실제로 친구나 동료로서 아이들과 함께 인생의 의미를 해석할 수 있다. (현대 문화에서는 운전하는 시간이 그러한 시간이 될 수 있는데, 여기에는 비디오 게임, 휴대 전화, 음악 같은 몇 가지 '적들'이 있다. 그러나 창조적인 부모라면 흥미로운 질문이나 대화를 유도하는데 이 적들을 사용할 수 있을 것이다.)

아이들이 잠자리에 드는 시간 또한 가족에게 의미 있는 시간이 될 수 있다. 아이들을 방에 데리고 가지 않고 그냥 들여보내는 습관 때문에 이 시간에 이룰 수 있는 것을 놓치는 부모들이 너무 많다. 아이의 방이라는 개인적인 영역에는 부모가 아이들과 친밀한 대화를 하고 아이의 마음속 말에 귀를 기울이는 상담자가 될 수 있는 기회를 제공하는 무언가가 있다. [아이가 화가 나서 자기 방으로 가 쾅 하고 문을 닫는 것을 본 적이 있는가? 그것은 아이가 이렇게 말하는 것과 같다. "나는 엄마(또는 아빠)에게 화가 났으니까 들어오지 마세요." 아이 방으로 들어가는 문은 마음을 여는 것에 대한 중요한 은유적 상징이다.]

아침 기상 시간은 가족이 관계를 새롭게 시작할 수 있는, 아직 아무 것도 채워지지 않은 시간이다. 가족이 아침을 함께 먹든 아니면 잠시 대화를 나누든, 아침은 아이의 마음속에 중요한 감정의 씨앗을 심을 수 있는 시간이다. 신중한 몇 마디의 격려의 말을 해주거나 종이에 써서 주는 것만으로도 아이들에게 그들의 소중함을 일깨워주거나 목적의식을 심어줄 수 있다. 코치인 부모가 아이들을 중요한 경기에 내보

가정의 본질

낸다고 상상해보라. 부모들은 이렇게 자문해보아야 할 것이다. '저들이 오늘 직면하게 될 일이 무엇이든 그것을 감당할 수 있는 원동력을 주기 위해 내가 할 수 있는 말이나 행동이 무엇일까?' (대부분의 선생님들은 아이가 학교에 왔을 때 아이의 행동을 보면 집에서 잘 지냈는지 느낄 수 있다고 말할 것이다.)

만약 가족이 이미 일과로 하고 있는 시간을 이용하기로 한다면 굳이 대화를 시작하기 위해 따로 시간을 내려고 애쓰지 않아도 될 것이다. 그리고 그 보답은 엄청날 것이다. 히브리 민족의 고대 문화는 하루의 리듬뿐만 아니라 일주일과 1년의 리듬도 인식했다. 그들은 하나님을 높이고 예배하기 위해 일주일에 하루를 안식일로 구별해놓았다. 그들은 하나님의 신실하심을 돌아보고 기리기 위해 유월절 같은 절기를 지켰다. 이로 인해 그들은 한 백성으로서 그들의 이야기와 정체성의 배경이 되는 전통이 많은 문화를 발전시킬 수 있었다. 무엇보다도 그것은 가정들에게 그들의 신앙과 관계를 최우선 순위로 세울 수 있는 기회를 제공했다.

우선순위란 당신의 시간을 예정해놓는 것이다. 시간을 미리 정해 놓는 것이 바로 리듬을 만드는 것이다. 즉, 시간을 어떻게 사용할지 미리 정하는 것을 말한다. 이 원칙을 단지 가족이 시간을 함께 보낸다는 개념과 혼동하지 않는 것이 중요하다. 리듬은 두 가지 기본적인 요소, 의도성과 불변성을 필요로 한다. 그리고 그것은 견고하고 반복되는 패턴으로 정의될 수 있다. 음악에서 리듬은 일정 시간 안에 지속적으로 의도한 소리가 발생해야 형성된다. 그렇지 않으면 리듬은 존재할 수 없다.

모세가 이 구절에서 주장하고 있는 것은 그가 두 가지 중요한 것을 강조하기 때문에 리듬의 개념과 비슷하다.

첫째, 중요하고 핵심이 되는 것을 전달하고 마음에 새겨주려는 노력이 있어야 한다. 둘째, 그 노력이 반복적으로 있어야 하고 시간이 흐르면서 하나의 패턴을 형성해야 한다.

가족이 함께 보내는 시간은 서로 영향을 미치면서 의도적이어야 한다. 다음의 통찰에 대해 생각해보라. "아이들에게 유익을 주는 것은 함께 시간을 보내는 것이나 그 시간 자체가 아니라 서로 건강하고 만족스럽게 소통하며 보낸 시간이다."[12]

한동안 우리는 무엇이 더 중요한가, 즉 가족이 함께 보내는 시간의 양이 중요한가, 질이 중요한가를 놓고 토론을 거듭했다. 신명기의 이 구절에서 모세가 제안하고 있는 것은 시간의 양과 질이 모두 필요하다는 것이다. 가족이 함께 보내는 양질의 시간을 늘리면 아이들의 신앙에 긍정적인 영향을 미칠 수 있는 능력이 증대된다.

이것은 나와 우리 동네에 있는 YMCA와의 관계를 생각나게 한다. 나는 YMCA 회원이다. 내 사무실이 바로 YMCA 옆에 있다. 내가 일하는 사무실 창문에서 바로 그곳이 보인다. 나는 매일 YMCA 근처에 있다. 뭐라고 딱 꼬집어 말할 수는 없지만 나는 내가 체력을 단련할 기회가 더 많은 것처럼 느낀다. 왜냐하면 나는 매달 회비를 낼 뿐만 아니라 운동을 하고 있는 사람들 가까이에서 많은 시간을 보내기 때문이다. 거기에는 내가 사람들과 어울리거나 컴퓨터를 하면서 시간을 보내는 멋진 로비와 휴게실이 있다. 문제는 YMCA 근처에서 시간을 보낸다고 해서 내가 더 건강해지지 않는다는 것이다. 그것이 시간의 양에 대한 미신이다.

몇 년 전, 나는 몇 달 동안 전혀 운동을 하지 않아서 죄책감을 느낀 적이 있었다. 그래서 나는 어느 날 아침 일찍 일어나 운동을 하러

가정의 본질

YMCA에 갔다. 나는 그동안 운동을 하지 않은 것을 만회하고 싶었다. 마침내 내가 무언가 생산적인 일을 하고, 운동을 한다는 사실에 고무되어 나는 모든 운동 기구를 한 번씩 다 들고 난 후 처음부터 다시 한 세트를 시작했다. 나는 그렇게 몇 시간 동안 운동을 하면서 기분이 좋아져서 그곳을 나왔다. 그러나 다음 날 아침 나는 온몸을 두들겨 맞은 것 같은 통증 속에서 잠이 깼다. 손상된 근육들이 굳을 대로 굳어서 옴짝달싹할 수가 없었다. 나는 다시 정상이 되기까지 몇 주 동안 치료를 받아야 했다. 그것이 시간의 질에 대한 미신이다.

요즘 YMCA에는 'Fit Link'라는 프로그램이 있어서 운동을 시작하기 전에 컴퓨터에 접속을 하게 되어 있다. 그 컴퓨터는 운동 기구마다 달려 있는 모니터에 연결되어 있어서 당신이 든 기구의 무게와 횟수를 기록한다. 그리고 당신이 너무 빨리 진행하거나 너무 느리게 진행하면 삑 하고 경고음을 울린다. 그리고 다음에 왔을 때 지난번에 운동한 것에 근거해서 얼마나 향상되었는지 계산한 후 자동으로 무게를 늘리고 각 기구마다 해야 할 운동량을 새로 설정해준다. 운동을 빼먹으면 개인 트레이너에게 신호를 보내 개인 트레이너가 이메일을 보내거나 전화를 해서 다시 오게 만든다. 왜 그럴까? 왜냐하면 YMCA에서 일하는 누군가가 당신이 균형 있는 몸을 만들 수 있는 유일한 방법은 당신이 꾸준하게 올바른 운동을 하는 것이라고 믿기 때문이다. 마찬가지로 가족과 함께 보내는 양질의 시간의 양이 중요하다고 말하는 것도 그와 같은 의미에서 말하는 것이다.

가족이 함께 보내는 시간에 아무런 의미도, 전략도 없다면 가족이 함께 시간을 보내는 것만으로는 충분하지 않다. 그것은 단지 시간의 양과 관련된 문제가 아니다. 휴일에 며칠 동안 함께 시간을 보내거나 1년에 한 번 멋진 휴가를 간다고 해서 놓쳐버린 수많은 기회들을 만회할 수는 없다. 그리고 이것은 단지 시간의 질에 대한 문제도 아니다.

가족이 함께 시간을 보낼 때에는 분명한 의도가 있어야 하고, 함께 시간을 보내는 횟수도 일정해야 한다. 즉, 리듬을 만들어야 한다. 리더로서 우리는 모세가 그랬듯이 가정들이 일상 속에 존재하는 자연스러운 패턴에 맞추도록 격려해야 한다. 우리는 그들이 그들 나름의 리듬을 찾고, 그들의 시간을 하나님의 이야기를 기억하고 기념하는 기회로 삼도록 도와야 한다.

가족 시간

시간	소통	역할	목표
식사 시간	공적 토론	선생	가치관의 확립
운전 시간	사적인 대화	친구	삶에 대한 이해
취침 시간	친밀한 대화	상담자	친밀감 형성
아침 시간	격려의 말	코치	목표를 심어줌

가정의 본질

가정의 가치 5.
테두리를 넓히라

"이스라엘아 들으라"(신 6:4).

다섯 가지 가정의 가치를 정리하면서 다시 본문으로 돌아가보자. 서두에 우리가 너무 빨리 지나쳐 보지 못한 것이 있다. "이스라엘아 들으라." 순서로 보면 이 부분에서부터 시작해야 했지만 이 구절을 나중에 다루려고 남겨놓았다.

사람들이 신명기 6장에 대해 말하는 것을 들어보면 항상 이 은밀한 내용은 빠뜨리는 것 같다. 모세가 이스라엘 백성들에게 다음 세대에 믿음을 전달하는 가정의 중요성에 대해서 말하고 있다는 사실을 잊지 말라. 그는 모든 부모와 리더들에게 말하고 있었다. 그러나 그것은 그들만을 위한 것이 아니었다. 모세는 모든 이스라엘 백성들에게 말하고 있었다. 이스라엘의 문화는 공동체의 문화였고, 부모들만 그의 말을 듣고 있는 것이 아니라 군중 속의 다른 친척들도 듣고 있었다.

좋다. 제일 끝에 것은 제쳐놓자. 그러나 그 당시 가족이라는 단위는 우리가 종종 생각하는 것처럼 언제나 정확하게 규정되어 있지는 않았다. 그 고대의 체계를 어떻게 설명하든 간에 부모들에게는 모든 세대의 소중한 후원이 있었다. 내 생각에 모세가 "너와 네 아들과 네 손자들"(신 6:2)에 대한 일들을 말하곤 했던 이유는 모여 있는 사람 가운데 이 모든 세대가 있었기 때문이었던 것 같다. 신명기 5장을 보면 모세가 "온 이스라엘을 불러"(신 5:1)라고 나와 있다. 그의 말에는 그가 이 원칙으로 모든 백성들에게 도전을 주고 있었다는 것이 분명히 나타난다. 이 가치들은 히브리 사회의 모든 단계에서 실천되어야 할 것들이었다. 더 구체적으로 말하자면 모든 사람들은 가정이 가진 전략적 역할을 소중하게 여기고 지원을 아끼지 않았다. 히브리 사회의 가정들은 한 세대가 하나님을 신뢰하는 마음을 갖도록 양육하기 위해 가정의 역할을 믿는 다른 가정들과 긴밀한 관계를 맺고 있었다. 모세는 이 메시지를 전할 때 이것을 국가적, 부족적, 가족적 문제로 삼고 있었다.

똑똑한 리더라면 누구나 다문화적이고, 여러 인종이 섞여 있으며, 다양한 종교를 가진 현대 사회에서 히브리 민족의 문화적 모델을 재현해서는 안 된다는 사실을 분명히 알고 있을 것이다. 그것은 지금은 가능하지 않은 과거의 현실이다. 일의 사정과 상황을 파악하기 위해 히브리인의 모델을 이해해야 한다고 해서 그들을 이끌었던 원칙과 관습을 혼동해서는 안 된다. 사회는 진화해왔고 여러 가지 면에서 더 좋아졌다. 만약 구약 성경에 나오는 관례를 그대로 다시 복구해야 한다고 주장하는 사람이 있다면 그 사람에게 목사들이 절대 논하지 않는 이상한 명령들을 상기시켜주라.[13] 진정한 문제는 이것이다. 우리가 어떻게 히브리 민족의 이야기 속에 존재하는 공동체에 대한 원칙을 재발견할 수 있는가? 어떻게 리더들과 부모들을 모아 가정에서 아이들의 마음을 돌보도록 지원하는 것이 얼마나 전략적인 일인지 알게 할 것인가? 우리가 리싱크에서 말하듯이 어떻게 부모들이 '테두리를 넓히도록' 동기를 부여하고 다른 리더들을 그들의 아이들의 삶 속으로 초대해 영향력의 범위를 확장할 수 있을까?

모세는 다음과 같이 주장한다. 당신이 리더라면, 가정이 그러한 역할을 잘 할 수 있도록 지원하는 것이 왜 중요한지 인식해야 한다는 것이다. 만약 당신이 부모라면, 당신의 아이들과 하나님과의 관계의 문제는 당신만의 관심사가 아님을 인식해야 한다. 당신은 홀로 고군분투하고 있는 것이 아니다. 따라서 혼자서 이 일을 하려고 해서도 안 된다. 학령전 아이들의 부모들은 흔히 그들만이 자신의 아이들의 필요에 영향을 미칠 수 있는 유일한 성인이라는 미신을 믿는다. 그러나 십

TIME

가족 시간

MORNING TIME
DRIVE TIME
BED TIME
MEAL TIME
MORNING TIME

식사 시간
운전 시간
취침 시간
아침 시간

핵심 용어

가족 시간

신명기 6장 7절을 바탕으로 우리는 이 시간들이 모든 가정이 아이들의 신앙을 견고히 세울 수 있는 가장 중요한 시간이라고 믿는다.

"네 자녀에게 부지런히 가르치며 집에 앉았을 때에든지 길을 갈 때에든지 누워 있을 때에든지 일어날 때에든지 이 말씀을 할 것이며"(신 6:7).

식사 시간: 집에 앉아 있을 때.
핵심적인 가치관을 정리하기 위해 교사로서 집중된 토론을 한다.

운전 시간: 길을 걸을 때.
아이가 인생을 이해하도록 도움을 주는 친구로서 사적인 대화를 한다.

취침 시간: 누웠을 때.
아이의 마음속 이야기를 듣는 상담자로서 친밀한 대화를 한다.

아침 시간: 일어날 때.
가치관을 제공하고 목적을 심어주는 코치로서 격려의 말을 한다.

대 아이들을 둔 부모들은 종종 그들의 아이들이 부모가 아닌 누군가의 인정이나 조언을 갈망한다는 사실을 깨닫는다. 그러므로 사실상 선택의 여지는 두 가지밖에 없다.

- 아이들 스스로 다른 어른의 조언을 구하거나, 아니면 부모가 그 과정에 참여해 아이들을 위해 중요한 관계를 찾을 수 있다.

- 공동체가 자발적으로 형성되어 있지 않거나 역할 모델이 제한되어 있는 문화에서는 부모들이 아이들을 위해 영적 리더나 멘토들을 나서서 찾아주어야 한다.

모든 아들딸들은 인생에서 그리스도인 부모와 동일한 말을 해줄 수 있는 다른 어른을 필요로 한다. 교회 리더가 가정을 위해 할 수 있는 지혜로운 일 가운데 하나는 십대 청소년들과 아이들을 그런 영향을 미칠 수 있는 어른들과 연결시켜주는 시스템을 제공하는 것이다. 부모들이 할 수 있는 현명한 일 가운데 하나는, 아이들에게 올바른 영향을 미칠 수 있는 어른을 찾을 수 있는 사역에 참여하는 것이다.

나는 하나님이 다양한 장소에서 일하시는 것을 보기를 좋아하기 때문에 담임 목사들을 아무 때나 잘 찾아간다. 그것은 내 직업이 아니다. 그리고 어쨌거나 그것은 공식적인 일이 아니다. 다만 내가 정말 원해서 하는 일일 뿐이다. 내가 기대하는 것은 목사님과 개인적인 시간을 갖는 것이다. 나는 '가치 있는 시간'을 따지는 스타일은 아니다. 그렇지만 나는 그들과 중요한 사안들에 대해 이야기를 나눌 수 있기를 고대한다. 나는 나의 사역의 대부분을 담임 목사들 곁에서 해왔고 그들을 가까이에서 지켜볼 수 있는 특권을 누렸다. 그랬기 때문에 내가 그들이 받는 요구와 중압감을 그토록 이해할 수 있는 것 같다. 흥미로운 것은 내가 그 리더들과 나눈 대화 가운데 많은 부분이 주로 그들의 가족들에 대한 이야기라는 점이다. 대다수의 담임 목사들에게서 올바른 남편과 아버지가 되고 싶다는 뜨거운 열정과 욕구를 직접 목도하는 것은 참으로 신선한 일이다.

최근에 나는 다른 도시에 가서 리더, 남편, 아버지로서 명망 높았던 한 담임 목사를 만났다. 그는 20대들을 대상으로 사역하는 여러 지역의 신생 교회들에서 목회를 하고 있다. 그가 사는 지역에는 사람들이 그다지 많지 않아서 중학생인 그의 아들은 자기 또래의 친구가 별로 없었다. 아버지인 그 목사는 아들과 시간을 보내는 것에 대해 매우 강한 의지를 가지고 있었다. 그는 나에게 자신의 아들의 믿음을 세워주기 위해 자신이 아들과 무엇을 했는지 말해주었다. 나도 내가 우리 아들과 그렇게 할 생각을 했었다면 얼마나 좋았을까 하는 생각이 들었다. 그때 그가 나에게 자신의 아들이 고등학교에 들어가기 전에 들려줄 조언이 있는지 물었다. 그 말을 듣자마자 나는 이렇게 말했다. "전혀요. 목사님 부자의 관계를 비디오로 찍어서 다른 리더들에게 어떻게 해야 하는지 가르쳐야겠는데요."

그런 다음 나는 그에게 말했다. "목사님의 십대 아들이 하나님에 대한 사랑을 계속 키워가기를 원한다면 아이가 목사님 외에 하나님을 사랑하는 다른 어른 리더들을 알 수 있게 해주셔야 해요."

나는 그 가정에 대해 깊이 알지 못한다. 하지만 많은 청소년들을 관찰할 기회는 있었다. 중학교에 들어가면서부터 청소년들은 가정에서 멀어지기 시작한다. 그들이 뭔가 비행을 저지르고 있어서가 아니다. 원래 그 나이가 되면 그렇게 되기 마련이기 때문이다. 그 나이가 되면 독립심이 생기고, 가족이 아닌 다른 사람들의 시선으로 자기 자신을 재정의하기 시작한다. 나이가 들수록 그들의 삶 속에서 똑같은 말을 다른 방식으로 말해주는 음성을 듣는 것이 더 중요해진다. 십대 아

가정의 본질

들딸들은 그들의 세계를 향해 말하는 다른 목소리를 들을 수 있어야 한다. 이 원칙을 이해하지 못하는 부모들은 십대가 된다는 것이 어떤 것이었는지 잊어버린 사람들이다. 나는 내 아이들이 목사님, 청소년부 목사님, 또는 소그룹 인도자가 한 말을 들먹이는 것을 수도 없이 들었다. 그들은 마치 그 말을 난생 처음 듣기라도 한 것처럼 행동하곤 했다. 그럴 때면 가끔 나는 이렇게 말하고 싶었다. "나는 너한테 그 얘기를 16년째 해왔어!" 중요한 것은 그들이 다른 단계에 있고, 다른 음성을 필요로 하기 때문에 그 말을 다른 방식으로 듣고 있었다는 점이다.

우리는 부모들이 좀 더 수월하게 그 테두리를 넓히도록 도와야 한다. 이것은 가정이 받아들여야 할 중요한 가치이다. 아이들이 어릴 때에는 중요하게 보이지 않을지 몰라도 그것은 생각보다 중요하다. 공동체의 원칙을 삶의 초기에 확립하면 훗날 불필요한 다툼을 미연에 방지할 수 있다. 우리가 테두리를 확장하는 목적은 아이들이 다른 어른들을 필요로 하기 전에 신뢰할 만한 어른들을 만나게 하는 것이다. 그리고 그럼으로써 그들이 다른 어른들을 필요로 할 때 그들이 그곳에 있게 하는 것이다. 모세는 한 세대의 신앙을 지키려면 다양한 영향력이 필요하다는 것을 알았기에 이 가치를 공동체 전체에 전달했다.

성경에서 신명기 6장만큼 가정의 역할을 분명하게 정의한 구절은 없다. 모세는 할아버지이자 리더로서 전 민족 앞에 서서 가정을 하나님의 구속과 회복의 이야기를 들려줄 가장 중요한 통로로 자리매김한다. 이 중요한 과도기에 모세는 시간과 문화를 초월해야 하는 가치들을 강조한다. 나는 그가 리더와 부모들에게 다음과 같은 도전을 던지고 있다고 생각한다.

큰 그림에 계속 초점을 맞추기 위해 결말을 상상하라.
하나님을 사랑함으로써 가족의 마음을 지키기 위해 투쟁하라.
삶 속에서 하나님이 부모들에게 행하시는 것을 보게 하라.
리듬을 만들어 가족이 함께하는 시간 속에서 일상의 신앙을 양육하라.
테두리를 넓혀 아이들이 그들을 인도하는 부가적인 영향을 받게 하라.

리더로서 우리는 하나님의 드라마를 집중 조명하는 부모들의 소명을 일깨워야 한다. 우리는 하나님의 백성들과 하나님 사이에 계속 진행중인 이 사랑의 이야기를 의식적으로 아이들에게 전해주어야 한다. 우리는 가정의 가장 큰 목적이 가정 안의 관계 속에서 하나님의 사랑을 자녀들에게 보여주는 것임을 이해해야 한다.

결말을 상상하라.
그것은 그분의 성품과 연관된 무한한 하나님의 사랑이다.

마음을 얻기 위해 싸우라.
그것은 마음을 다해 신뢰하게 만드는 강권적인 사랑이다.

몸소 보여주라.
그것은 우리가 몸소 보여주는 전염되는 사랑이다.

리듬을 창조하라.
그것은 가족 생활의 리듬 속에서 발전된 일상의 사랑이다.

테두리를 넓히라.
그것은 더 넓은 테두리 안에서 우리와 다른 사람들을 이어주는 진정한 사랑이다.

모든 가정의 중심에는 한 세대를 완전하고 사랑이 충만하신 하나님의 마음으로 인도하라는 기본적인 소명이 있다.

가정의 가치

CREATE A RHYTHM
RHYTHM
WHY
FIGHT FOR THE HEART
IMAGINE
WIDEN THE CIRCLE
MAKE IT PERSONAL
FIGHT
IMAGINE THE END

결말을 상상하라
마음을 얻기 위해 싸우라
몸소 보여주라
리듬을 창조하라
테두리를 넓히라

핵심 용어

가정의 가치

많은 리더들이 '가정의 가치'에 대한 나름의 정의(定義)를 놓고 싸움을 벌이고 있다. 그런데 그들은 가족을 소중히 여긴다는 것이 무슨 의미인지 망각하고 있는 경우가 많다. 신명기 6장 4-7절을 자세히 살펴보면 초점을 잃지 않고 계속 정진할 것을 우리에게 말씀하고 있다.

결말을 상상하라
가장 중요한 것을 우선순위에 두라.

마음을 얻기 위해 싸우라
관계를 소중히 여기는 태도로 소통하라.

몸소 보여주라
자기 자신의 성장을 우선시하라.

리듬을 창조하라
함께하는 의미 있는 시간을 늘리라.

테두리를 넓히라
당신의 아이들을 위해 전략적인 관계를 찾아 나서라.

4장

오렌지 빛

자, 신명기에서 하나님이, 노랑과 빨강이 결합해 오렌지색을 만들어내듯이, 더 큰 영향력을 창출하기 위해 두 가지 영향력 – 모세와 가정 – 을 사용하셨다는 것만 기억하고 잠시 모세에 대한 이야기는 여기에서 접어두기로 하자.

모세가 무엇을 했는지 보라. 그는 하나님의 백성들에게 전략을 전달하는 하나님의 리더였고, 부모들에게 아이들의 신앙을 키우기 위해 가정에 영향을 미쳐야 한다고 도전을 주었다.

모세는 다른 일도 했다.

- 그는 바로의 집에서 성장했다.
- 그는 불타는 떨기나무와 대화했다.
- 그는 뱀의 꼬리를 잡고 들어 올렸다.
- 그는 홍해를 갈랐다.

이 책을 다 읽은 후에 나는 당신이 모세 하면 늘 생각나는 다른 무언가가 있기를 바란다.

- 모세는 하나님을 따르는 사람들에게 길을 비추라는 소명을 받았다.
- 모세는 다음 세대의 마음이 하나님을 향하도록 양육하라고 부모들을 격려했다.

빛+마음.
노랑+빨강.
이것들을 더하면 무엇이 나오는가?
오렌지.
모세는 오렌지 리더였다.

오렌지 리더: 다음 세대의 신앙을 세워주려는 다른 리더들과 부모들의 노력을 조율하기 위해 그들을 연결시키는 리더.

모세는 오렌지 사고를 한 최초의 사람 가운데 하나였을 것이다. 이 책을 읽고 있는 당신 또한 오렌지 리더일 가능성이 크다. 당신은 오렌지 리더가 되기 위해 특별히 무언가를 구입하거나, 구독하거나, 내려받거나, 어디에 접속하거나, 무엇을 입을 필요가 없다. 심지어 당신은 자신도 모르는 사이에 오렌지 리더가 될 수도 있다. 당신이 더 큰 영향력을 발휘하기 위해서 교회와 가정을 결합시키는 일을 하고 있다면 이미 어느 정도 오렌지주의(主意)를 이끌고 있는 것이다.

잠시 살펴보자
여기까지 읽었다면 당신은 다음에 나오는 설명을 이미 들었을 것이다. (만약 여기까지 읽지 않았다면 당신은 엄청난 시간을 절약했다.)

- 하나님이 교회를 만드신 목적은 교회가 빛을 발함으로써 모든 세대에게 하나님의 아들의 영광을 나타내게 하기 위함이다.
- 하나님이 가정을 만드신 목적은 다음 세대가 하나님을 사랑하는 마음을 갖도록 양육하기 위함이다.

이 둘은 모두 하나님이 목적을 가지고 계획하신 중요한 영향력을 가진 개체이다. 그리고 그들이 함께 일할 때 오렌지가 된다. 교회와 가정 모두 불완전한 사람들로 이루어진 조직이다. 바로 그런 이유에서 하나님은 세상에 하나님의 회복과 구속의 이야기를 전달해줄 발판으로 그들을 사용하기 원하신다.

우리는 함께 춤추는 법을 배우고 있다

간혹 너무 노랑의 관점에 치우쳐서 가정에 반감을 가지고 있는 듯이 보이는 리더들을 만날 때가 있다. 그들은 교회에서 일어나는 일이 지구상에서 벌어지는 어떤 일보다 더 중요하다고 생각한다. 그와 반대로 지나치게 빨강만 생각한 나머지, 교회는 그다지 중요하지 않다고 생각하는 부모들을 만나기도 한다. 그들은 가정이 우주의 중심이라고 생각하는 것처럼 보인다.

그러나 하나님은 이 세상을 창조하셨고, 교회와 가정을 창조하셨다. 따라서 그것들 모두 중요하다. 예수님은 교회를 위해 목숨을 버리셨다. 가족에 대한 아버지의 사랑이 바로 그와 같은 희생을 반영한다는 성경의 암시에 비추어 생각해보면 하나님이 두 가지 모두를 중요하게 여기신다는 것을 알 수 있다.

하나님은 제자를 육성하고 사명을 성취하기 위해 교회와 가정을 만드셨다. 다른 것은 없다. 우리는 마치 교회가 신성하다는 듯이 교회를 놓고 싸우거나, 가정이 신성하다는 듯이 가정을 위해 투쟁한다. 그러나 정말로 신성한 것은 하나님이시다. 우리는 더 큰 교회나 더 좋은 가정을 만들기 위해 싸워서는 안 된다. 교회와 가정의 사명을 위해 싸워야 한다. 우리는 다음 세대가 하나님과 더 강하고, 깊고, 진실된 관계를 맺도록 함께 노력해야 한다. 교회와 가정은 그 사명을 위한 중요한 발판이다. 그런데 그들은 모두 설 자리를 잃어가고 있다. 그들은 영향력을 발휘하기 위해 악전고투하고 있다. 그들은 어느 때보다 서로를 필요로 하지만 진심으로 헌신하기에는 서로에 대한 불신이 너무 깊다. 그들은 몇 차례 함께 춤을 추려고 해보았지만 어색하기만 했다. 누가 춤을 이끌어야 할지 몰랐다. 그래서 함께 춤을 연습하기보다 음악이 흐르는 동안 구석에 묵묵히 앉아있을 뿐이었다.

만약 …면 어떻게 될까?

… 교회가 가정이 자녀들에게 영향을 미칠 수 있다고 믿기 시작한다면?

… 가정이 교회가 그들의 아들딸들에게 영향을 미칠 수 있다고 믿기 시작한다면?

더 좋게는, 교회와 가정 모두가 같은 사명을 수행하기 위해 영향력을 합칠 수 있다고 믿기 시작한다면 어떻게 될까?

만약 교회가 가정과 함께 영향력을 발휘하기로 결정하고, 다음 세대의 신앙에 영향을 미치기 위해 미리 조율된 계획을 중심으로 가정을 결집시킨다면 어떻게 될까? 교회가 부모들이 아이들의 도덕적, 영적 발전에 중요한 역할을 담당할 수 있다는 전제 아래 프로그램을 만든다면 어떻게 될까? 교회가 가정이 한 세대의 장래에 중요한 역할을 한다는 전제를 가지고 가정을 대한다면 어떻게 될까? 아마도 가정은 신뢰할 수 있는 파트너로서 교회가 가진 잠재력을 믿게 될 것이다. 어쩌면 많은 가정들이 교회를 무시하는 이유는 교회가 그들의 관심사를 마음 깊이 새기고 있다고 생각하지 않기 때문일지도 모른다. 사실 많은 가정들이 교회에 다시 한 번 기회를 주기 위해 돌아왔다가 환멸을 느끼고 떠나고 있다.

오렌지 사고를 하는 리더들이 더 필요한 이유가 바로 그 때문이다

변화는 이미 일어나고 있다. 대화가 변하고 있고, 대화의 차원이 달라지고 있다. 출판업자들은 이러한 변화에 대해 책을 출판하려고 한다. 모두가 이러한 변화에 동참하고 있다. 모두가 자신의 교회나 공동체에 오렌지 사고를 도입했을 때 어떻게 될 것인가에 대해 그들 나름의 독특한 의견을 개진하고 있다. 중요한 것은 누군가가 이것을 이끌어야 한다는 것이다. 그러나 부디 혼동하지 말기를 바란다. 나는 "이 운동을 옹호하는"[14] 한 사람이 있어야 한다고 말하는 것이 아니다. 이 문제를 옹호하고 이끌어갈 사람이 한 사람 이상 필요하다는 것을 인식하는 것이 중요하다. 부모와 가정을 더 훌륭한 전략에 참여시키고, 매주 지역 교회에서 섬기면서 이끌어가고 있는 사람들이야말로 진정 오렌지 사고를 하는 리더들이다. 오렌지 사고는 일정한 형태의 교회에만 독특하게 존재하는 운동이 아니다. 이것은 모든 종류의 교회를 초월하여 가정의 다양한 정의에 영향을 미칠 수 있는 사고방식이다.

원칙과 실제를 혼동하지 말라

가장 중요한 것은 특정한 지역 교회에서 실제로 시행하는 것과 그것을 초월하는 원칙을 서로 혼동하지 않는 것이다. 나는 모든 리더들이 이 원칙을 최상의 방법으로 실행하고, 실제로 효과가 있는지 정직하게 평가해야 한다고 믿는다. 다시 말해서 교회와 사역의 청지기로서 끊임없이 우리가 실행하고 있는 것을 수정하고 더 나은 수준으로 향상시켜야 한다고 생각한다. 그러나 원칙을 실행하는 것보다 그것을 엄격하게 지키는 것이 더 중요하다. 왜일까?

어떠한 일을 너무 오래 추진하다보면 그것이 고루해질 때가 있다. 그럴 때, 즉 옛날만큼 효과를 보지 못하게 되었을 때, 우리는 그 원칙까지 버리는 습성이 있다. 또 어떤 일을 열정적으로 추진하는 와중에 그 핵심 원칙이 유명무실해지기도 한다. 그러다보면 실제적으로 일은 열심히 하지만 그 진의는 제대로 이해하지 못하고, 그럼으로써 여러 가지 문제들이 발생하게 된다. 또한 그 일을 어떻게 개선해야 하는지 효율적인 평가 기준이 사라지게 된다. 실행하고 있는 일을 과장하는 것 또한 훌륭한 리더들로 하여금 핵심 원칙을 저버리게 만들 수 있다. 어떤 리더가 실제적이거나 철학적인 이유로 어떤 일을 실행하는 것을 수용하지 않으면 결국 핵심 원칙도 거부하게 될 것이다. 그렇기 때문에 실행에 대해 이야기하기 전에 원칙을 분명히 하는 것이 중요하다.

내가 오레건 주에서 오렌지 투어를 하고 있을 때의 일이다. 한 젊은 교육 목사가 나에게 와서 다음과 같은 질문을 했는데, 나는 그런 질문을 일주일에 몇 번씩 듣는 편이다. "어떻게 우리 담임 목사님이 이 비전을 갖게 할 수 있을까요?"

나는 주저 없이 대답했다. "그 답은 당신이 정확히 무엇을 목사님이 받아들이게 하고 싶은지에 따라 다릅니다. 당신과 목사님이 원칙에 동의하기 전에 실제로 해야 할 일을 결정하려고 하면 절차를 복잡하게 만들 뿐입니다. 반드시 모두가 원칙을 동의하는지 확인하는 것부터 시작해야 합니다."

나는 정도의 차이는 있지만 담임 목사들 가운데 오렌지 사고를 하고 있지 않은 담임 목사를 본 적이 없다. 그렇기 때문에 대부분의 리더들이 다음과 같은 몇 가지 기본적인 전제에 동의하리라고 확신한다. 여기 가정 사역에 접근하기 위한 발판으로 우리가 세워놓은 기본 원칙들이 있다(나중에 이 장에서 '가정 사역'이라는 용어에 대해 더 설명하겠다).

- 한 사람에게 하나님과의 관계보다 더 중요한 것은 없다.
- 부모만큼 아이와 하나님과의 관계에 영향을 미칠 수 있는 사람은 없다.
- 교회보다 부모에게 더 많은 영향을 미칠 수 있는 단체는 없다.
- 아이에게 영향을 미칠 수 있는 교회의 잠재력은 교회가 부모와 협력할 때 극적으로 증대된다.
- 아이에게 영향을 미칠 수 있는 부모의 잠재력은 부모가 교회와 협력할 때 극적으로 증대된다.

교회와 가정이 어떻게 협력해야 하는지에 대해 상충되는 의견이 많다. 그럴 때 앞의 목록은 대부분의 사람들이 동의한다고 생각하는 기본적인 이슈들을 분명하게 설명하는 동시에 오렌지 사고가 중요하다고 생각하는 이유에 대한 명확한 판단 기준이 된다. 나는 열정을 가진 많은 리더들이 프로그램을 실행할 때 그것을 실행하는 이유를 신중하게 설명하지 않은 채 성급히 실행하는 것을 많이 보았다. 그들은 다른 리더들이나 부모들이 핵심 원칙을 이해하지 못할 때 자주 벽에 부딪친다. 동일한 전제를 가지고 시작했지만 적용에 있어서는 엉뚱한 방향으로 가기도 한다. 내 생각에는 교회가 원칙을 가지고 그들 나름의 리듬을 찾아 나아가는 것이 가장 좋다고 생각한다. 교회와 부모가 효율적으로 협력하려면 어느 정도 원하는 것을 서로 맞춰 나가는 작업이 필요하다. 협력은 당신의 교회와 공동체에 맞는 방식으로 이루어져야 한다. 대부분의 경우 모두가 이해하고 받아들이는 결속력 있는 계획이 결여되어 있는 상태이다.

가정 사역에 접근하는 모습은 교회마다 다르다. 과정보다 프로그램에 더 초점을 맞추는 사람들에게는 가정 사역의 의미가 다를 수 있다. 여기 그 예를 들어보겠다.

- 1년에 한 번씩 신앙이나 성장에 중요한 사건을 기념하는 행사를 기획한다.
- 홈 스쿨을 하는 가정들을 중심으로 교회를 세우는 계획을 한다.
- 모든 부서에게 가정을 위해 무언가를 하도록 도전한다.
- 연령별로 짜인 기존의 커리큘럼을 보완한다.
- 소수의 가정들과 가정 교회를 만든다.
- 교회에서 십대들이 부모와 함께 앉게 한다.

실행에 대해 논하기 전에 원칙을 분명히 하는 것이 중요하다.

가정을 위해 어떤 일을 하는 것과 가정과 함께 어떤 일을 하는 것은 다르다.

나라면 앞에 나온 것들과는 전혀 다른 방식으로 이 원칙들을 적용할 것이다. 하지만 나는 그토록 많은 교회들이 새삼 가정에 역점을 두게 된 것을 감사하게 생각한다. 엄밀히 말해서 가정을 위한 사역이라면 모두 가정 사역이라고 불리는 것 같다. 그런데 사실 그것이 문제이다. 가정 사역을 어떻게 정의하느냐는 분명 중요한 이슈이다. 가정을 위해 어떤 일을 하는 것과 가정과 함께 어떤 일을 하는 것은 다르다. 대다수 교회들은 마구잡이로 가정 사역을 하는 경향이 있다. 일부 교회들이 가정 사역이라고 부르는 것에는 가정을 위한 상담 센터부터 가정 생활 센터의 오락 프로그램이나 가정에서 읽을 수 있는 도서 목록, 가정을 위한 세미나나 워크숍에 이르기까지 모든 것이 포함된다. 교회 안의 다양한 부서들은 가정에 대한 설교 시리즈, 모녀를 위한 다과 모임, 부자를 위한 캠핑 여행, 가을 축제, 그 밖에도 가정 친화적인 사역의 일환으로 수많은 프로그램들을 계획할 수 있다. 그러나 이 모든 것으로 인해 교회 스케줄은 너무 많아지고 부서 간 경쟁 체계만 형성되는 것이 현실이다. 이렇게 프로그램이 많아지다보면 점차 당신이 발전시키기 위해 노력하고 있는 가족 관계까지 해치게 될 수 있다.

가정 사역은 당신이 가진 프로그램 목록에 또 다른 프로그램을 추가하는 것이 아니다. 가정 사역은 당신이 아이들과 십대들에게 영향을 미치기 위해서 하는 일을 기획하고 평가하는 데 쓰이는 여과 장치가 되어야 한다.

가정 사역: 교회의 리더들과 부모들이 자녀들에게 신앙과 성품을 형성시키기 위한 기본 설계도를 가지고 그것을 중심으로 함께 움직이게 하는 것.

가정 사역은 교회와 가정이 다음 세대에 영향을 미치려는 노력을 통합하는 방법을 도출하는 과정을 개발해야 한다. 우리가 진심으로 한 사람에게 하나님과의 관계보다 더 중요한 것이 없다고 믿는다면 가정과 교회의 영향력을 통합하는 것이 맞다. 이것이 모세로 하여금 신명기 6장에서 히브리 백성들을 쉐마를 중심으로 결집시키게 한 이유이다. 이것 때문에 예수님이 이 땅에 발을 내딛으셨고 십자가에 달리셨다. 이것 때문에 내가 아는 리더들과 자원봉사자들이 자신의 인생의 절정기를 사역에 바친다. 많은 논쟁들 – 예정론, 세례의 방식, 요한계시록의 상징적인 표현 – 이 있지만 우리는 천국에 갈 때까지 이런 것들에 대해 시시비비를 가리지 않을 생각이다. 우리는 앞으로 100년이 지난 후에도 여전히 중요한 것은 개인과 하나님과의 관계임을 진심으로 믿지만, 그러면서도 우리가 확실히 알지 못하는 것들에 대해 논쟁을 그치지 않는다. 우리가 이러한 문제를 해결하기 위해 할 수 있는 일이 있다.

이것과 싸우기 위해 나는 가장 단순한 교리에 의지한다. 세세한 부분은 잊어버렸지만 이것은 기억하고 있다.

예수님은 그리스도이시다.
성경이 진리라고 말씀하는 것은 진리이다.
모든 사람은 영원히 존재하는 어딘가로 갈 것이다.

이 세 가지가 진실이라면 나는 리더로서, 부모로서, 사람들을 예수 그리스도와의 더 깊은 관계로 인도해야 하는 피할 수 없는 사명을 가지고 있다.

기본적으로 이것은 오렌지 사고를 요구하는 또 다른 방법이다.

몇 년 전, 내 친구 수 밀러가 시카고에 있는 윌로우크릭 교회에서 열리는 '약속의 땅 컨퍼런스 (Promiseland Conference)'에서 강연을 해달라고 나를 초청했다. 그녀는 컨퍼런스에서 어린이 사역자들이 가정 사역에 대해 알아야 할 것이 무엇인지 설명해달라고 내게 부탁했다. 그때 나는 어린이 사역자들에게 할 말이 너무 많아서 30분 분량으로 압축하기가 어려울 것 같다고 생각했던 기억이 난다. 그런데 할 말을 계속 생각하다가 다음과 같은 세 가지 생각이 떠올랐다.

1. 아이들은 하나님과의 관계를 발전시키는 데 도움을 줄 수 있는 부모를 필요로 한다

당신이 아이와 하나님과의 관계가 어떤 것보다도 중요하다고 진심으로 믿는다면 당신은 다음의 말이 얼마나 중요한지 알 것이다.

부모만큼 아이와 하나님과의 관계에 영향을 미칠 수 있는 사람은 없다.

지금까지 말했듯이 부모는 자녀들의 삶에 영적 영향을 미친다. 부모는 그들이 원하든 원하지 않든 자신의 자녀들에게 영적 리더들이다. 부모는 그들과 하나님과의 관계를 통해 아이들에게 하나님과의 관계에 대해 가르친다. 부모는 그들이 아이들과 관계를 맺는 방법을 통해 아이들이 하나님을 경험하는 데 영향을 미친다. 아이들은 부모가 그들을 대하는 방식에 근거해서 하나님이 어떤 분이시며, 어떤 방법으로 역사하시는지에 대해 자신의 관점을 형성한다. 그리고 하나님은 이것을 아신다. 하나님이 우리와 어떤 관계를 맺기 원하시는지를 설명하기 위해 아버지의 이미지를 사용하시는 것도 이런 이유에서이다. 당신은 당신과 당신 부모님과의 관계를 바탕으로 하나님의 모습을 상상한다. 당신의 아버지가 강하고, 포용적이며, 사랑이 많았다면, 당신은 하나님을 그런 존재로 보는 데 어려움을 느끼지 않을 것이다. 당신의 아버지가 냉담하고, 무관심하며, 요구가 많았다면, 당신은 아마 하나님의 성품 가운데 어떤 면은 이해하기 힘들 것이다.

부모만큼 아이와 하나님과의 관계를 주의 깊게 살필 수 있는 사람은 없다.

어떤 목사나 리더나 자원봉사자나 선생도 부모보다 아이의 삶에서 일어나고 있는 일을 더 잘 관찰할 수는 없다. 부모들은 아이들이 영적으로 어느 지점에 있으며 다음 단계는 무엇이어야 하는지에 대해 대답할 수 있는 유일한 위치에 있다. 그럴 수 있는 이유는 단순하다. 바로 시간이다.
노스포인트 교회가 시작된 지 얼마 되지 않았을 때 어린이, 청소년 사역자들은 어린이, 청소년 프로그램의 우선순위를 어떻게 정해야 할지 씨름하며 시간을 보내고 있었다. 테이블에 모여 앉아 출석을 점검하고 계산기를 두드리다가 우리는 냉엄한 현실을 깨달았다. 교회에 꾸준히 출석하는 사람이라도 1년 동안 아이들에게 영향을 미칠 수 있는 시간은 겨우 40시간밖에 되지 않았다. 휴일, 아픈 날, 안전 문제, 스포츠, 휴가, 그 외 다른 요소들을 고려해보니 우리가 정작 아이들과 보낼 수 있는 시간은 정말 제한되어 있다는 사실을 알게 되었다. 비디오 게임을 하고 수학을 공부하는 데 400시간 정도를 쓰는 4학년 아이가, 우리 리더들과 선생님들과 교회에서 보내는 시간은 40시간 정도였다. 같은 날 우리가 계산한 또 다른 수치도 충격적이었는데, 보통 부모가 아이들과 보내는 시간이 1년에 3,000시간이었다. 그 후 10년 동안 우리는 우리 교회의 리더와 부모들에게 3000/40 원칙을 끊임없이 상기시켰다. 그리고 이로 인해 우리는 오렌지 사고를 바탕으로 한 사역 형식을 고안해내게 되었다. 리더, 부모, 다른 교회들을 훈련시킬 때마다 우리는 이 시간의 차이를 보여주기 위해 기발한 아이디어를 짜내곤 했다.

윌로우크릭 교회에서 강연할 때 나는 강대상 위에 40개의 플라스틱 공이 담긴 바구니를 올려놓았다. 그리고 부모들에게 얼마나 많은 시간이 주어졌는지 보여줄 때가 되면, 강당의 사방에서 플라스틱 공을 가득 채운 수십 대의 쇼핑 카트가 나타나 강대상으로 올라온다. 그러면 사람들은 작은 바구니와 쇼핑 카트의 차이를 보고 깜짝 놀란다. 나는 강연의 나머지 시간을 우리가 왜 우리의 시간과 자원을 그 40시간에 올인 하면 안 되는지 설명하는 데 할애한다. 리더로서 우리는 그 3,000시간에 영향을 미치는 일에 에너지의 일부를 사용하는 방법을 배워야 한다. 지난 몇 년 간 우리는 여러 기관과 교회가 가정과 동역해야 하는 이유를 설명하기 위해 다양한 예를 사용해 왔다. 아이의 마음에 영향을 미치는 데 있어 교회가 가진 시간을 단순히 가정이 가진 시간의 양 – 대부분이 계획되지 않은 시간인 – 과 비교할 수는 없다.

2. 부모들은 그들이 영적 리더가 되도록 도와줄 교회를 필요로 한다

대부분의 부모들은 이미 그들이 아이들의 도덕적, 영적 발달에 책임이 있다고 믿고 있다. 비그리스도인 부모나 그리스도인 부모 모두 직관적으로 이 점을 인식하고 있다. 부모들이 본능적으로 자녀들의 인격과 신앙 성장에 관심과 책임감을 느끼고 있다는 것을 보여주는 설문 조사는 수없이 많다. 모든 교회는 자신의 아이들을 할 수 있는 한 최선의 방법으로 키우려고 하는 부모들로 가득 차 있다. 여기 바나 그룹(Barna Group)이 몇 년 전에 발표한 통계가 있다.

- 85퍼센트의 부모들이 자녀들에게 신앙을 가르칠 주된 책임이 자신들에게 있다고 믿는다.
- 96퍼센트의 부모들이 자녀들에게 가치관을 가르칠 주된 책임이 자신들에게 있다고 주장한다.[15]

또 다른 흥미로운 통계에 의하면 미국의 대다수 성인들은 예배에 참석하지 않는다고 한다. 그런데 그 통계에서 예외인 사람들이 18세 이하의 자녀를 둔 부모들이다. 이 부모들 중 3분의 2 가량이 적어도 한 달에 한 번 교회에 간다. 그리도 이들 중 43퍼센트는 적어도 일주일에 한 번 교회에 간다.[16] 이 부모들이야말로 자녀들과 있을 때 어떻게 신앙에 대한 대화를 이끌어야 하는지에 대해 지도가 필요한 – 그리고 찾고 있는 – 사람들이다.

18세 이하의 자녀를 둔 부모 3명 중 2명이 적어도 한 달에 한 번 예배에 참석하고 있다고 하지만, 대부분의 부모들은 보통 주중에 영적인 이슈에 대해 이야기하는 시간을 거의 갖지 않는다.

그런데 학령기 아이들을 둔 부모들이 다른 성인들보다 예배에 참석하는 비율이 월등히 높은 이유는 무엇일까? 내 생각에는 그들이 아이들의 영적, 도덕적 발달에 대한 책임을 통감하는 단계에 있기 때문인 것 같다. 그들은 팔을 흔들며 이렇게 말하고 있는 것 같다. "여기 우리가 있어요. 우리는 아이들과 가정을 가지고 있어요. 이 일은 원래 우리가 하기로 되어 있는 일인 것 같아요. 우리는 부모 노릇을 제대로 하고 싶어서 교회에 오는 거예요." 당신의 교회 근처에 사는 부모들도 더 좋은 부모가 되기를 간절히 원한다. 그리고 그들을 교회에 나오게 하는 것은 그다지 어렵지 않아 보인다. 그런데 문제가 있다.

오직 다섯 명 가운데 한 명만 교회로부터 아이들의 영성에 영향을 미치는 부모의 책임에 대해 논의하자는 제의를 받아본 경험이 있다고 한다.[17]

어째서 교회로 돌아오고 있는 많은 부모들이 교회가 아이들을 영적으로 인도하는 데 도움을 준 적이 없다고 주장하는 것일까? 그것은 아마도 교회가 노랑의 관점에서만 생각하도록 프로그램이 짜여 있기 때문일 것이다. 우리는 부모들과 어떻게 협력해야 할지 잘 알지 못한다. 우리가 가진 프로그램과 자료는 우리가 아이들과 함께하는 40시간에 초점이 맞추어져 있다. 어떤 교회들은 부지불식간에 부모들이 가정에서 영적 리더가 되는 것을 방해했다. 그들은 부모들이 자기 아이들의 영적 성장에 대해 책임지려 하지 않을 것이라고 생각한 것이다. 그래서 그들은 부모의 역할을 대신하려고 애써왔다.

이것은 논리적인 추론이다. 많은 부모들이 아이들의 영적 성장에 책임을 지지 않는다. 그래서 우리는 부모들이 그 책임을 지지 않으면 우리가 책임을 져야 한다고 생각한다. 왜냐고? 왜냐하면

보통 교회

보통 교회가 한 생명에게 영향을 미칠 수 있는 시간은 1년에 40시간뿐이다.

보통 부모

보통 부모가 한 생명에게 영향을
미칠 수 있는 시간은 1년에 3,000시간이다.

너무나 많은 것이 여기에 달려 있기 때문이다. 그렇지 않은가? 아이와 하나님과의 관계가 무엇보다도 중요하다면, 그리고 부모들이 자기 아이들의 신앙을 우선순위에 두지 않을 거라면, 교회가 대신 책임을 떠맡아야 하지 않을까? 우리는 옳은 일이라고 생각되는 일을 한다. 우리는 영적 리더가 되어야 할 부모들을 대체할 프로그램들을 실행한다. 우리는 부모들로 하여금 아이들의 영적 성장을 교회가 책임져야 한다고 점점 믿게 만든다. 그러면 부모들은 시간이 흐르면서 "교회에 데려다주면 된다"는 식의 태도를 갖게 된다. 그들은 가정이 아니라 교회가 아이들의 영적 성장을 책임져야 할 주체라고 단정짓는다.

부모와 교회 중 어느 쪽이 더 문제인지 판단하는 것은 그리 쉽지 않다. 부모가 책임을 지지 않으려고 하기 때문에, 교회가 부모의 책임을 떠맡으려고 하는 것이 문제일까? 아니면 교회가 부모들로 하여금 교회가 그 일을 책임져야 한다고 생각하게 하기 때문에, 부모들이 더 이상 책임을 지지 않으려고 하는 것이 더 큰 문제일까?

우리는 하나님이 부모들에게 책임을 주셨다면 그것을 할 수 있는 능력도 주셨다고 믿어야 한다. 그것이 하나님이 일하시는 방식이다. 하나님이 부모들을 창조하실 때부터 그들에게 하라고 주신 일을 마치 그들이 할 수 없다는 듯이 프로그램을 만든 것이 바로 우리이다. 아마 교회가 부모들에게 줄 수 있는 가장 큰 선물은 하나님이 그들이 할 수 있게 해놓으신 일을 할 수 있다는 확신과 용기를 주는 일일 것이다. 우리는 신명기 6장에서 히브리 부모들을 위해 모세가 했던 것처럼 해야 한다. 우리는 부모들이 자녀들을 영적으로 인도하도록 도전해야 한다.

어떤 리더들은 이렇게 묻는다. "그렇지만 부모들이 해야 할 일을 하지 않으면 어떻게 하지요?" 나는 갓난아기를 품에 안고 분만실을 걸어나오면서 이렇게 말하는 부모를 본 적이 없다. "이 아이의 인생을 파멸시키고 말 거야!" 아이에게 무관심한 부모들도 분명히 있다. 그러나 그런 부모들은 극히 보기 드문 예외이며, 일반적인 경우는 아니다. 내 경험에 의하면 대부분의 부모들은 아이를 제대로 양육하고 싶어한다. 단지 방법을 모를 뿐이다.

부모들은 무언의 질문들, 심지어 그들 자신도 그들이 질문을 던지고 있다는 사실을 의식하지 못하는 질문들을 교회에 던지고 있다. 다른 필터를 통해 부모들을 보려면 어떤 부모가 문을 열고 걸어 들어올 때마다, 그들이 당신에게 다음과 같은 세 가지를 요청하고 있다고 상상하라.

교회 리더들은 실제적이고 실천 가능한 영적 리더십을 재정의하기 유리한 입장에 있다.

- 계획을 제공해달라. 대부분의 부모들은 자녀 양육에 있어서 수동적이다. 그러나 그들 중 많은 사람들이 능동적인 태도를 갖고 싶어한다. 부모들은 자신들을 지원하고, 지속적인 영향을 미치며, 적합한 정보를 꾸준히 제공하는 시스템을 마련해주는 계획을 원한다.
- 방법을 보여달라. 아이들이 영향을 받아야 하는 것만큼이나 부모들도 영향을 받아야 한다. 그들은 자신들을 가장 좋은 다음 단계로 이끌어주는 과정에 참여하기 원한다.
- 오늘 무엇을 해야 할지 말해달라. 진심으로 부모들과 동역하기를 원한다면 그들에게 구체적인 지침을 주어야 한다.

부모들에게 '영적 리더'가 되는 방법을 가르쳐주려면 그 말의 진정한 의미를 말해주어야 한다. 교회 리더들은 전해 내려오는 말을, 그 말의 정확한 의미를 생각해보지도 않고 사용하는 것으로 유명하다. 당신이 나에게 영적 리더십의 명확한 정의를 이메일로 보내야 한다면 뭐라고 써서 보내겠는가? 그런 정의를 써본 적이 있는가? 교회 리더들은 실제적이고 실천 가능한 영적 리더십을 재정의하기 유리한 입장에 있다. 내가 알기로 대부분의 부모들은 영적 리더십이라는 말이 자신들에게 어울리지 않는다고 생각한다. 그래서 그것이 그들이 할 수 있는 일인지 확신하지 못하고 있다.

몇 년 전 나는 전국의 사역 리더들이 주최한, 부모들과 자녀 양육에 대한 아이디어를 나누는 모임에 초대되었다. 모임이 시작되자 주최측 진행자가 걸어 나와 화이트보드에 디모데후서 3장 17절을 썼다. "이는 하나님의 사람으로 온전하게 하며 모든 선한 일을 행할 능력을 갖추게 하려 함이라." 그는 매직을 집더니 "하나님의 사람으로 온전하게 하며"를 크게 썼다. 그런 다음 그는 우리나라의 모든 사람들을 '하나님의 사람으로 온전하게' 만들려면 위기에 처한 미국의 가정 문제를 해결해야 한다고 말했다.

그가 사람들이 그 구절을 대표하는 사람이 되도록 돕는 일에 유용한 아이디어를 내놓는 것이 이 모임의 목적이라고 설명을 이어가는 동안 나는 점점 마음이 불편해졌다. 화이트보드 위의 글씨는 정말 컸다. 마치 글씨들이 나를 노려보고 있는 것 같았다. 마치 그가 그 말만 계속 반복하는 것처럼 느껴졌다. 나는 이런 생각을 했다. 내 아내가 나에 대해 '온전하게 되었다'거나 '하나님의 사람'이라고 말하는 것을 들어본 적이 없는데. 우리 아이들은 중학생이다. 내가 '하나님의 사람으로 온전하게' 될 때쯤이면 그들은 이미 부모가 되어 있을 것이다. 나는 내가 그렇게 될 수 있을 것 같지도 않고 그게 무슨 뜻인지도 잘 모른다. 나는 그런 전형적인 교회에 다니는 많은 부모들이 그렇게 느낄 거라고 종종 생각한다. 너무나 높고 도달하기 어려운 기대를 설정하면 부모들은 좌절을 느끼고 떠날 수 있다.

몇 년 전 우리는 부모들에게 영적 리더십의 정의를 다음과 같이 제시했다.

영적 리더십: 아이들의 영적 성장을 돕는 주된 책임을 맡는 것.

영적 리더십이란 아이들이 영적으로 성장하는 과정에서 다음 단계로 나아가도록 함께 돕는 것을 의미한다. 부모들이 그 일을 할 자격이 없다고 느끼게 될 때 문제가 발생한다. 그러므로 부모들이 실천할 수 있는 방법을 제시하도록 하자. 이는 부모가 아이들의 숙제를 돕거나 아플 때 돌보아주는 것과 별로 다르지 않은 일이다. 어떤 부모도 "네 숙제를 도와줄 수 없단다. 나는 교육학을 전공하지 않았거든"이라거나 "나는 의사가 아니니까 네 약을 챙겨줄 수 없어"라고 말하지 않을 것이다. 교회는 부모들에게 방법, 아이디어, 말, 격려를 제공함으로써 부모들이 하나님이 원래 그들에게 계획하신 일을 할 수 있다는 자신감을 갖게 할 수 있다.

3. 교회에는 아이들보다 가정을 위한 일을 더 많이 하는 리더들이 필요하다

우리가 해야 할 중요한 질문은 이것이다. "교회가 이 일을 하지 않는다면 누가 할 것인가?" 부모들과 동역하고 그들로 하여금 가정에서 영적 리더십을 책임지도록 격려하는 리더십은 어디서 나올 것인가? 부모가 아이들의 삶에 긍정적인 영향을 미치도록 도울 수 있는 기관은 어디일까? 공립 학교 또는 사립 학교? 정부? 우리가 두 개의 영향력을 합친다고 말할 때 의미하는 것은 양쪽 모두에게 영향을 미친다는 뜻이다. 이것은 교회가 어떤 일을 하며 어떻게 가정과 호흡을 맞출 수 있는지에 대해 재고해보아야 한다는 뜻이다.

어쩌면 당신이 당신 가족을 위해 할 수 있는 가장 전략적이고 효율적인 일은 당신이 지금 하고 있는 무언가를 중단하는 것일지도 모른다.

리더들 중에는 이렇게 생각하는 사람들도 있을 것이다. "그렇지만 당신들이 이해 못하는 것이 있어요. 우리는 지금 하고 있는 사역 외에 다른 사역을 할 여력이 없어요. 더 이상의 사역자도, 자원도, 자원봉사자들도 없어요. 연중 계획표에 무언가를 더 추가하는 것은 불가능합니다." 나도 동의한다.

이 책을 읽으면서 당신이 오렌지 사고를 할 수 있는 가장 중요한 순간이 바로 지금이다. 어쩌면 당신이 당신의 가족을 위해 할 수 있는 가장 전략적이고 효율적인 일은 당신이 지금 하고 있는 무언가를 중단하는 것일지도 모른다. 가정을 위해 더 많은 일을 한다는 것은 실제로 아이들을 위한 프로그램을 줄인다는 의미일 수도 있다. 몇 년 전 내가 공동 집필한 「성공하는 사역자의 7가지 습관(The Seven Practices of Effective Ministry, 도서출판 디모데)」에 '초점을 좁히라'는 제목의 장을 보면 하고 있는 일을 줄이는 것의 중요성, 즉 그럼으로써 더 큰 영향을 미칠 수 있다는 내용이 나온다.[18] 거기에는 우리가 몇 가지를 정말 잘하기 위해 하지 않기로 결정한 일들의 긴 목록이 실려 있다. 그로 인해 노스포인트 교회는 단순하고 초점을 잃지 않을 수 있었고, 놀랍게 성장할 수 있었다. 당신의 가장 큰 적 가운데 하나는 복잡성이다. 많은 사역자들이 프로그램이 많을수록 더 많은 사람들에게 다가갈 수 있다는 충고와 지도를 받았다. 나는 매주 교회 리더들을 만나 이야기를 나누는데 그들은 무언가를 중단하면 다른 사역이 번창할 것이라는 데에 동의한다.

미네소타에서 오렌지 리더들과 모임을 할 때 한 교육 목사가 나에게 대단히 중요한 질문을 했다. "우리가 부모들과 동역하는 일에 더 집중한다면 학생 사역의 질이 떨어지지 않을까요?" 이쯤에서 우리는 비즈니스적인 측면에서 이 문제를 다시 생각해야 한다. 당신이 1년에 학생들과 함께 할 수 있는 시간은 40시간이다. 부모들에게는 3,000시간이 주어진다. 그 40시간에 쏟는 시간과 자원을 80퍼센트로 줄인다면 어떻게 될까? 그리고 그 나머지 20퍼센트를 3,000시간에 투자한다면? 당신 교회의 부모들 중 50퍼센트가 실제로 반응을 보여 자신의 아이들과 일주일에 한 시간을 함께한다고 치자. 당신은 절반의 아이들에게 당신의 영향력을 두 배로 늘렸다고 볼 수 있다. 계산해보라. 부모들과 동역하는 것이야말로 학생들에게 더 큰 영향을 미칠 수 있는 최상의 방법 중 하나이다.

효과가 없는 것을 없애는 데에는 리더십이 필요 없다. 그것은 어렵지 않은 일이다. 그것은 이미 죽어 있기 때문이다. 장로와 집사들에게 그것에 대해 한두 번 불평하고 합의를 얻어낸 다음 그것을 없애면 그만이다. 정말 용기 있는 리더십이 필요한 일은 잘 되고 있는 것을 없애는 일이다. 대체로 최선을 가로막는 것은 이미 어느 정도 잘 되고 있는 것이다. 복음서에서 예수님이 말씀하신 가지치기의 예를 보면 다른 부분이 번성하려면 살아 있는 것을 잘라내야 한다는 것을 볼 수 있다.

가정을 위해 더 많은 일을 하기 위해 교회가 할 수 있는 최선의 방법은 아이의 마음속에 지속적인 영향을 미치는 것이다. 리더인 당신이 당신의 사역을 거쳐가는 사람들의 삶에 영향을 미칠 수 있는 시간은 제한되어 있다. 언젠가 그들은 떠나게 마련이다. 몇몇 사람들과는 한동안 관계가 이어질 수도 있겠지만 대부분은 그렇지 않을 것이다. 그러나 부모는 평생 영향을 미칠 수 있다. 부모는 생일, 졸업, 결혼, 휴일에 그들과 함께한다. 부모는 새 아기의 출생으로 다시 시작되는 인생의 순환을 축하하기 위해 병원에 찾아온다. 부모는 기본적으로 평생 영향을 미친다. 그러므로 당신이 부모들에게 영향을 미칠 때, 그들과 하나가 될 때, 그것은 아이들에게 가장 큰 영향을 미치는 관계에 영향을 미치는 것이다.

가정을 위한 사역에 더 매진하려면 교회의 사역이 '노란색 사고'에서 오렌지 사고로 바뀌어야 한다. 오렌지 사고를 하면 사물을 보는 방식이 달라지기 때문에 대화의 내용이 바뀐다. 일단 오렌지 필터로 사물을 보는 습관을 가져라. 그러면 당신은 그것의 창조성과 새로운 관점으로 인해 당신이 사물을 보는 관점이 얼마나 빨리 변화되는지 보고 놀라게 될 것이다.

노란색 사고는 대부분의 시간과 자원을 아이들을 위한 프로그램을 개발하는 데 투자한다.
오렌지 사고는 부모와 아이들을 위한 프로그램을 개발하는 데 양질의 시간과 자원을 투자한다.

노란색 사고는 "아이들에게 무엇을 가르칠 것인가?"에 대한 답을 모색한다.
오렌지 사고는 "우리가 아이들에게 가르치려고 하는 것을 어떻게 부모들도 가르칠 수 있게 할 수 있을까?"에 대한 답을 모색한다.

노란색 사고는 교회의 프로그램 중에서 부모들에게 알리고 싶은 것을 활성화시킨다.
오렌지 사고는 부모들이 가정에서 하기 바라는 것에 초점을 맞춘다.

노란색 사고는 교회에서 일어나는 일이 가정에서 일어나는 일보다 더 중요하다고 생각한다.
오렌지 사고는 가정에서 일어나는 일이 교회에서 일어나는 일만큼 중요하다고 믿는다.

간혹 교회 리더들이 가정과 잘 동역하지 못하는 이유가 몇 가지 있다. 그리고 부모들이 교회와 잘 동역하지 못하는 이유가 몇 가지 있다.

그들은 각기 자신들의 사리사욕에 사로잡혀 있다.
그들은 함께 일하는 것이 그다지 중요하지 않다고 생각한다.
그들은 사고방식을 바꾸는 것을 힘들어한다.
그들은 각자의 목표에 몰두해 있다.
그들은 다른 사람들이 자신들의 목표를 향해 나아가는 데 도움이 될 때에만 자신들에게 의미를 부여하는 습성이 있다.

노란색 사고를 하는 리더들이 빨강과 동역하는 방법을 모색하면 언제나 노랑이 우선순위에 놓인다. 그들의 궁극적 목표는 노랑의 대의를 빨강의 그것보다 우위에 놓고 추진하는 것이다. 그리고 일이 잘못되면 그들은 그들의 노란 손가락으로 빨강을 가리키면서 일이 그렇게 된 것을 탓한다. 그리고 노랑은 노랑의 일을 돋보이게 하거나 지원하는 방법에 있어서만 빨강의 중요성을 찾는다.

마찬가지로 빨간색 사고를 하는 부모들은 오로지 그들의 이슈를 위해서만 노랑과 함께하며, 자신들이 더 짙은 빨강이 되는 데 이바지하거나, 위기의 순간에 도움이 될 때에만 노랑의 역할을 지원한다. 그리고 그 빨강의 세계에서 일이 잘못되면 빨간 손가락으로 모든 노랑을 가리키며 비난한다.

노란색 사고를 하는 사람들은 절대 빨강의 필요를 노랑의 그것보다 우위에 두지 않는다.
빨간색 사고를 하는 사람들은 절대 노랑의 필요를 빨강의 그것보다 우위에 두지 않는다.

둘 중 하나가 아니다. 모두여야 한다

빨강과 노랑은 모두 해결해야 할 양극단이 있음을 인식해야 한다. 둘은 이것 아니면 저것이라는 식의 태도에 빠지기 쉽다. 그러나 둘 사이의 긴장은 정상적인 것이며 양쪽이 함께 갈 수 있음을 믿기 시작하면 강력한 연합을 이루는 데 더 힘을 실어줄 수 있다. 교회는 부모들을 손가락질하며 이렇게 말하곤 한다. "세상의 문제를 해결하려면 가정이 바로 서야 돼." 부모들은 아이들을 교회에 데려다놓고는 교회가 아이들의 행동을 바꾸지 못하면 교회를 손가락질하며 이렇게 말한다. "세상의 문제를 해결하려면 교회가 바로 서야 돼."

긴급 뉴스를 알려주겠다. 우리는 교회다. 우리는 가정이다. 우리는 스스로에게 손가락질하고 있다. 고쳐야 할 것이 있다면 그것은 아마도 양쪽 모두와 약간 또는 많이 관련이 있을 것이다. 이것이 딜레마다. 가끔 이해하기 어려울 때도 있다. 부모이자 리더인 나도 이로 인해 이율배반적인 사고방식을 갖게 된다.

리더의 입장에서 볼 때, 보통의 가정이 아이들의 영적 성장에 주된 책임을 질 수 있다고 믿는지 누군가가 나에게 묻는다면 나의 솔직한 대답은 '아니요'이다. 부모의 입장에서 볼 때, 보통의 교회가 아이들의 영적 성장에 주된 책임을 질 수 있다고 믿는지 묻는다면 나는 이 역시 '아니요'라고 대답할 것이다.

내가 교회 리더의 모자(노랑 모자)를 쓴다면 나는 교회들에게 이렇게 말할 것이다. "당신들은 가정이 무엇을 하건 간에 아이와 하나님과의 관계를 격려하기 위해 당신들이 변화시켜야 할 것을 변화시키십시오." 왜 그렇게 해야 하는가? 너무나 많은 것이 여기에 달려 있기 때문이다.

내가 부모의 모자(빨강 모자)를 쓴다면 나는 부모들에게 이렇게 말하고 싶다. "당신들은 교회가 무엇을 하건 간에 아이와 하나님과의 관계를 격려하기 위해 당신들이 변화시켜야 할 것을 변화시키십시오." 왜 그렇게 해야 하는가? 너무나 많은 것이 여기에 달려 있기 때문이다. 그러나 내가 오렌지 모자를 쓴다면 나는 두 가지 다 가능하다는 것을 안다.

교회와 가정 둘 다 옳다. 둘은 모두 중요하다. 양쪽은 서로 보완하거나 경쟁하는 체계가 될 수 있다. 교회와 가정이 서로에게 어떤 영향을 미치는지 고려하지 않고 각각 따로 다룰 수도 있고, 아니면 교회와 가정 모두를 변화시키기 위해 허심탄회하게 논의를 시작하겠다고 작정할 수도 있다. 그럼으로써 당신은 교회와 가정이 협력하고 더 나은 결과를 만들어내게 할 수 있을 것이다.

모든 아이들에게 필요한 것

A REALLY BIG GOD
NOSY PARENTS
SOMEONE
UNCOMMON SENSE
SOMEONE ELSE
ANOTHER VOICE
REAL

참으로 크신 하나님
다른 사람
또 다른 음성
비범한 통찰
관심이 많은 부모

핵심 용어

모든 아이들에게 필요한 것

참으로 크신 하나님: 어떤 상황에서도 신뢰할 수 있는 하나님

아이들은 성장하면서 하나님은 그들이 맞닥뜨린 어떤 일도 해결하실 수 있을 만큼 크신 분임을 알아야 한다.

다른 사람: 그들이 믿는 것을 믿는 다른 사람

아이들은 믿음 안에서 성장하도록 그들을 격려해줄 친구들을 필요로 한다.

또 다른 음성: 부모들과 똑같은 말을 하는 또 다른 음성

아이들이 자랄수록 삶 속에서 다른 성인들을 영적 멘토와 리더로 갖는 것이 더 중요해진다.

비범한 통찰: 아이들이 현명한 선택을 하도록 도와주는 비범한 통찰

하나님의 관점과 진리는 아이들이 그것을 통해 세상을 바라보고 결정하는 필터가 되어야 한다.

관심이 많은 부모: 아이들이 영적으로 어느 지점에 있는지 아는, 아이에게 관심이 많은 부모

아이들은 시간을 함께 보내려고 의식적으로 노력하고, 아이들의 영적 성장에 적극적으로 참여하는 부모를 필요로 한다.

5장

스키플 족(Skeeples)과 롬 족(Lomes)

우리 가운데에는 오렌지 사고가 아이들을 위해 할 수 있는 것을 다소 광신하는 사람들이 있다. 그래서 우리 아이들 모두가 이해할 수 있는 방식으로 그 개념을 설명하는 것이 타당할 듯하다. 당신은 너무 박식해서 이 장을 뛰어넘으려고 했을지도 모르겠다. 그러나 그러지 말라. 그것은 어쩌면 당신이 오렌지 혁명에 참여하기에는 너무 노랗다는 것을 보여주는 것일 수도 있다.

그렉 페인(Greg Payne)의 창의력과 뛰어난 글 솜씨 덕분에 적정량의 오렌지가 어떻게 세상을 변화시킬 수 있는지 당신의 상상력을 자극하는 이야기가 탄생했다.

스키플 족은, 의심의 여지 없이, 노랑 족이었다. 길 부츠(Gill-boots)부터 실 햇(Sill-hats)에 달린 전등까지 온통 노란색이었다. 그들은 또 뛰어난 크렐런커(Crelunkers), 즉 동굴 탐험가들이었다. 그들은 크라벳(Cravat) 동굴에 갇힌 사람들을 돕기를 좋아했다.

아무리 어둡고 위험한 동굴이라도 실 햇에 달린 큼지막한 노란 전등은 밝은 빛을 발했다. 그들은 그 노란 탐조등으로 동굴의 구석구석을 비췄다. 그들은 동굴에 빠진 사람들을 구조하기 위해 세상에 태어났다.

그러나 스키플 족들은 냉담했다. 그리고 대체로 다른 종족들과 잘 어울리지 않았다. 그들은 틸리 산(Mount Tilley)에서 살았고 평평한 암석 위에서 잠을 잤다. 그들은 만약의 사태에 대비해 항상 구조 장비를 가지고 있었다. 그들은 매일 구조 훈련을 하고 경보를 울렸다.

롬 족들은 다정하고 포옹을 잘 하기로 유명했다. 그들은 틸리 산 기슭에 살았다. 이 멋진 피조물들을 보았을 때 가장 먼저 눈에 띄는 것은 그들의 빨간색 몸과 얼굴이었다.

그리고 그 다음으로 눈에 띄는 것은 잘 구운 토스트 같은 따뜻함이었다. 그 따뜻함은 세상을 더 따뜻하게 만들었지만 그들은 으스대지 않았다. 그 따뜻함이 롬 족에게 주어진 최상의 모습이었기 때문이다.

롬 족들은 틸리 산 기슭에 모여 살았고, 스키플 족들은 산 위에 살았다. 어리석게도! 그들은 서로 아옹다옹할 때도 있었지만 대체로 잘 지냈다. 그들은 오랜 세월 가까이 살았지만 서로에게 냉담했다.

틸리 산은 대단히 멋진 곳이었다. 스키플 족과 롬 족 모두 에플리피탓들(Eph-lip-i-tots)로 인해 가장 감사한다는 점에서 의견이 일치했다.

에플리피탓들은 안아주고 싶을 만큼 귀엽게 생겼다. 그들이 웃음을 보이면 모두가 '경외감에 흠뻑 빠져' 이렇게 말했다. "아, 나는 에플리피탓들을 사랑해. 그들이 자라는 것을 지켜보는 게 행복해. 저 앙증맞은 빨간 손과 쪼글쪼글한 빨간 발가락은 정말 사랑스러워."

틸리 산에서의 삶은 흥미진진하고 재미있었다. 롬 족들은 대체로 그늘에서 놀았고, 스키플 족들은 일광욕을 즐겼다. 그들은 이렇게 말하곤 했다. 그들이 가진 모든 문제는 결국 한 가지로 귀결되는데, 에플리피탓들이 걸핏하면 길을 잃고 헤매는 것이 문제라고.

에플리피탓들은 어렸다. 그들은 배워야 할 것들이 많았다. 그들은 걸어 다니고 돌아다니고 싶어했다. 하지만 종종 그들의 작은 발은 크라벳 동굴로 향했고, 동굴 속 어디론가 굴러떨어지곤 했다(그리고 일부는 돌아오지 않았다).

에플리피탓들과 그들의 사랑스러움에 대해서라면 나는 할 이야기가 정말 많다. 가장 유명한 이야기는 틴킷 팟튼(Tinkit Potten) – 그 귀염둥이! – 에 대한 이야기이다. 틴킷은 남에게 잘 베풀고, 노래를 잘 했으며, 절대 으스대지 않았다. 그는 머리부터 발끝까지 온몸이 빨간색이었는데, 매력이 넘쳤다.

여느 에플리피탓들처럼 틴킷도 창조된 본래의 목적이 있었다. 틴킷은 잠시 우리에게 허락된 보물이었다. 그에 대해서는 스키플 족과 롬 족 모두 같은 생각이었다.

어느 날 틴킷이 걸어 나가자 롬 족들은 깜짝 놀랐다.

그들은 중얼거렸다. "틴킷이 동굴 쪽으로 가고 있네. 무슨 일이지?"

그들은 처음에는 소곤거리다가 나중에는 소리를 질렀다.

"틴킷 팟튼, 돌아와! 안 돼! 조심해!"

롬 족들은 뒤에서 울부짖었다. "제발, 틴킷. 돌아와!"

그러나 어린 틴킷은 그 위험한 길을 계속 걸어갔다.

그때 스키플 족들의 경보가 울렸고, 그들은 구조 장비를 챙겼다.

"출동!" 그들은 소리를 지르며 구불구불한 길을 달려 내려갔다.

틴킷은 크라벳 동굴 속으로 굴러떨어졌다. 틴킷의 선명한 빨간색 몸이 시커멓고 끈적끈적한 오물로 뒤덮였다. 눈 깜짝할 사이에 틴킷의 몸에 끈끈이가 들러붙었다. (끈적끈적한 것으로 가득 찬 그 끔찍한 동굴을 틴킷이 발견하지 못하고 지나쳤다면 얼마나 좋았을까.)

그 순간 두 롬 족이 틴킷이 있는 동굴 안으로 쏜살같이 뛰어들어갔다.(정말 용감했다.) 그러나 동굴 안은 칠흑 같이 어두웠고, 상황은 심각했다. 그들은 생각했다. '틴킷을 무사히 구출할 수 있을까?'

그들은 롬 족 특유의 따뜻한 기운으로 동굴을 가득 채워서 틴킷을 구조할 계획을 세웠다. 그 끈끈이가 녹아서 틴킷의 팔을 놓아주면 틴킷은 이 끔찍한 동굴에서 빠져나올 수 있고, 그들은 경보를 멈출 수 있을 것이다!

그러나 문제가 있었다. 롬 족의 마음에서 아무리 뜨거운 사랑의 기운이 나와도 그들은 틴킷을 볼 수 없었다. 동굴이 너무 캄캄했던 것이다! 두 롬 족은 결국 동굴에서 나올 수밖에 없었다.

"도움이 더 필요해!" 무리 가운데에서 누군가가 말했다. 그 순간 무겁고 우울한 침묵이 흘렀다. 그들은 누구를 불러야 할지 알았다. 그러나 그들이 너무 교만했던 것일까? 롬 족들이 스키플 족들을 부르다니? 그것은 있을 수 없는 일이었다.

롬 족들은 크라벳 동굴 밖에 묵묵히 서 있었다. 그들은 잠잠히 자신의 발을 보고 있었다. 어떤 사람들은 빨간 모자를 들고 있었다. 바로 그때, 부르지도 않은 크렐런크(Crelunk)의 밧줄이 내려왔다. 바위 위로 밝은 노란색 모자가 나타났다.

스키플 족들이 비탈길에서 내려왔다. 그들은 실 햇을 쓰고 전등을 비출 준비를 모두 갖추고 있었다. 그들은 구조 작업을 수행하기 위해 노란색 줄을 설치했다. 드디어 일이 해결되려나보다!

그런데 롬 족들 가운데에서 문제가 생겼다.

"당신들 도대체 어디 있었던 거요? 너무 늦었잖소!" 그들은 '우' 소리를 내며 스키플 족들을 비난했다. 그러자 스키플 족들 가운데 일부가 일을 중단하려고 했다. 그러다 깊은 동굴 속에 빠진 아이에게 생각이 미쳤다.

스키플 족들은 작업을 계속했다. 그들은 오직 일에만 집중하며 불을 밝혔다.

"우리에게 맡겨주세요. 아이를 꺼내줄 테니 뒤로 물러서세요. 아이의 흔적을 찾아냈어요."

스키플 족들은 모두 자신감 있는 태도로 일했다. 그들이 사용하는 방법은 입증된 방법이었고, 그들의 동기는 순수했다. 그들이 비춘 불빛은 동굴을 구석구석까지 환하게 밝혔다. 캄캄한 동굴 속에서 틴킷이 오래 견디지 못한다는 것을 그들은 잘 알고 있었다.

어린 틴킷은 깊은 동굴 속에 빠졌고, 그것은 변할 수 없는 사실이었다. 스키플 족들은 그 무시무시한 장소의 지도를 만들었다. 동굴 안이 밝아지자 그들은 그곳을 들여다보았다.

"아이를 끌어올리기만 하면 성공입니다!"

구조 작업은 아주 간단해 보였다. 그러나 끈끈이는 생각했던 것보다 강력했다.

빨간색 롬 족 아이는 크라벳의 비열한 수법 속에 갇혀 있었다. 한 스키플 족이 침통한 표정으로 동굴에서 나왔다.

"조사를 마쳤습니다." 그는 무리에게 다음과 같이 말했다.

"그런데 상황이 좋지 않군요. 아이가 동굴 속에 갇혀 있는 게 보입니다. 지금도 그런 상태예요. 그런데 아이를 꺼낼 수 없어요. 도무지 방법을 모르겠어요."

일부 롬 족들의 입술이 떨렸다. 아무도 어떻게 해야 할지 몰랐다.

그때 웅얼거리는 기도 소리 속에서 누군가의 목소리가 들렸다.

"그렇다면 우리가 둘이 아닌 한 팀이 되어보면 어떨까요? 그 아이를 동굴에서 꺼내기 위해 함께 힘을 합쳐봅시다."

아무도 누가 소리쳤는지 알지 못했다. "하지만 그럴 수 없어요!"

한 스키플 족이 시선을 돌리더니 모자를 벗었다.

"이건 전통에 어긋나요." 그는 돌아서서 침을 뱉었다.

"빨강과 노랑을 섞자구요? 크라벳 옆에서?"

바로 그때 그랜파우(Grandpaw, 할아버지) 롬 족이 말했다. "자, 이제 됐어! 나는 빨강 족의 이야기도 들었고 노랑 족의 이야기도 들었고, 그 진부한 이야기도 다 들었어. 우리는 틴킷을 구해야 해. 허튼소리는 하지 말게! 그러니 이제 누가 한 팀이 될 텐가? 아니면 내가 화를 내야 되겠나?"

그랜파우 롬 족이 자신의 자리로 돌아갔을 때 주변은 더 조용해졌다. 하지만 처음에 내세웠던 자존심은 점점 사라지기 시작했다. 모두 조용히 서서 한 스키플 족이 그랜파우 롬 족을 따르기를 기다렸다. 그때 한 스키플 족이 그랜파우 롬 족을 따라갔다.

스키플 족과 롬 족은 두 명씩 들어와 동굴을 가득 채웠다. 이것은 너무나 중요한 일이어서 새로운 무언가를 시도하지 않을 수 없었다. 롬 족들은 그들의 마음에서 따뜻한 기운을 뿜어내 그들 특유의 열기로 동굴 안을 덥혔다. 스키플 족들은 대낮처럼 동굴을 밝혔다.

빨간 롬 족들과 노란 스키플 족들이 한 팀이 되다니? 어떻게 그럴 수 있었을까? 이 방법으로 틴킷이 자유롭게 될 수 있을까? 크라벳 안에는 서서히 따뜻한 기운이 돌기 시작했다. 그리고 롬 족들은 동굴 안을 볼 수 있었다. 에플리피탯이 그들을 화합하게 만들었다.

그때 그랜파우 롬 족이 앞으로 나와 틴킷의 손을 잡았다. 그러자 옆에 있던 대장 스키플 족도 거들었다. 그들은 틴킷의 팔을 잡아당겼다. 그러자 놀라운 일이 벌어졌다. 틴킷의 몸이 오렌지 빛으로 빛났다. 대단히 선명하고 멋진 색이었다!

동시에 어두운 동굴 분위기가 바뀌었다. 오렌지 빛은 그랜파우 롬 족에게 전해졌고, 스키플 족들에게도 전해졌다.

대장 스키플 족이 오렌지 빛으로 빛나자 롬 족들이 소리쳤다. "와!"

그리고 마침내 크라벳의 끈끈이가 오렌지색으로 변했고, 틴킷 팟튼이… 움직였다!

틴킷의 한쪽 팔은 스키플 족이, 다른 한쪽 팔은 그랜파우 롬 족이 잡았다. 그들은 틴킷을 들어올려 엄마에게 건네주었다. 엄마가 아이를 숨이 막힐 정도로 꽉 껴안았다. 그러자 오렌지 빛은 그 자리에 모인 아이의 아주머니, 사촌, 형제들에게로 퍼져나갔다.

그 멋진 날, 동굴은 오렌지 빛으로 가득 찼다. 그리고 틸리 산은 밝은 오렌지 빛으로 가득 찼다. 크라벳 동굴은 이제 다른 통로들까지 밝아졌다. 동굴 속에 빠진 채 두려움에 떨고 있는 다른 아이들이 보였다.

그러자 대장 스키플 족이 말했다. "여러분, 소매를 걷으십시오." 그리고 놀라운 구출 작전이 시작되었다. 동굴에 갇혀 있던 수많은 에플리피탓들이 구조되고, 부모들이 근심과 걱정에서 벗어났다. 그날은 스키플 족과 롬 족 모두에게 상상하지 못한 날이었다.

그날 동굴 입구 바로 앞에서 파티가 열렸다. 구조된 에플리피탓들은 한 명도 바로 집으로 가지 않았다. 오렌지색 롬–돔(Lome-dome) 아래에서 그들은 춤추고, 노래하며, 오렌지 펀치와 오렌지 쿠키와 오렌지 아이스크림을 먹었다.

스키플 족과 롬 족은 손바닥을 마주쳤고, 서로에 대한 비난을 멈췄다. 그들은 이 멋진 날을 '에플리피탓 해방의 날'이라고 이름 붙였다. 스키플 족과 롬 족은 오렌지의 중요성을 알게 되어 기뻤다. 얼마나 기뻤는지는 틴킷 팟튼에게 물어보라.

Part Two
오렌지 사고의 다섯 가지 필수 요소

하나님의 이야기에 담긴 메시지를 드러냄으로써
다음 세대에 영향을 미치기 위해,
가정과 믿음의 공동체가 힘을 합할 수 있는 전략을 세우라.

오렌지 사고의 다섯 가지 필수 요소

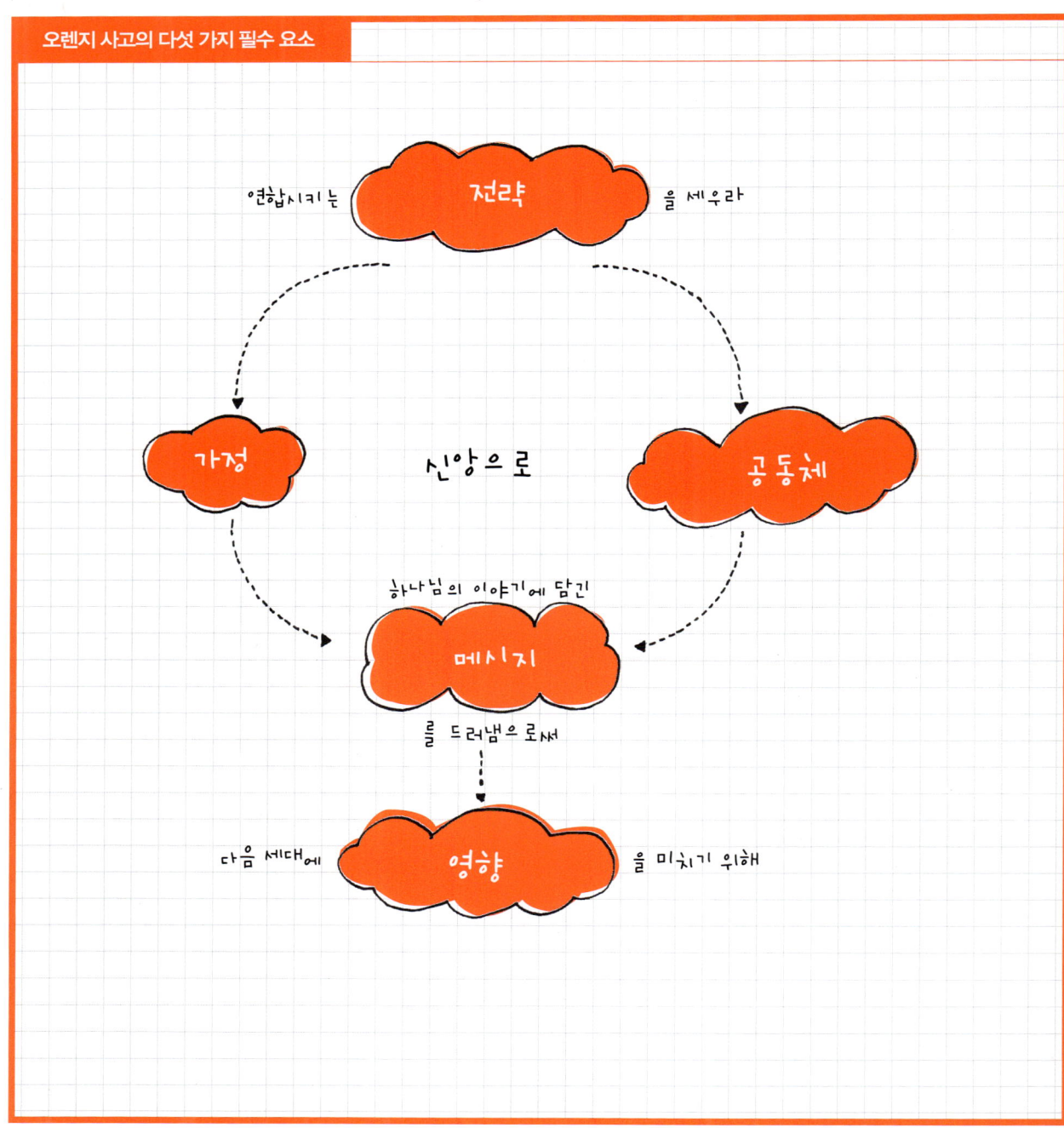

다음 세대의 영성을 형성시키는 데 가장 큰 책임이 있는 두 개체는 다음과 같다.

교회
가정

이 둘의 영향력을 합하면, 각각 개별적으로 미치는 영향력보다 월등히 큰 영향력을 발휘할 수 있다.

당신 교회의 모델이나 스타일에 상관없이 오렌지 사고의 토양이 될 문화를 조성하는 데 유용한 핵심 원칙들이 있다.

교회와 가정을 조율하는 당신의 능력은 다음과 같은 일을 어떤 방식으로 처리하느냐와 밀접한 관련이 있다.

… 리더로서 사람들과 만나고 함께 일하는 방식
… 진리를 다듬고 제시하는 방식
… 부모들을 적극적으로 참여하게 만드는 방식
… 멘토와 코치를 담당할 리더들을 모집하는 방식
… 아이들과 십대들을 섬기는 일에 참여시키는 방식

이 이슈들은 상호 의존 관계에 있다. 이것들은 가정과 교회의 영향력을 통합하는 데 가장 중심이 되는 틀을 제공한다. 이 책의 나머지 부분에서 우리는 다음과 같은 다섯 가지 오렌지 사고의 핵심 요소들에 대해 검토해보고자 한다.

전략을 통합하라. 시너지 효과를 창출하기 위해.
메시지를 정제하라. 중요한 것이 무엇인지를 알고 더 분명히 하기 위해.
가정을 재활성화시키라. 일상 속에서 신앙의 틀을 세우기 위해.
공동체를 강화하라. 가능성을 높이기 위해.
영향력을 발휘하게 하라. 다음 세대를 결집시키기 위해.

이 책의 나머지 부분에서 여러 가지 예와 실제가 논의되겠지만, 주의하라. 이 원칙들은 교회나 사역의 규모나 스타일에 맞추어 적용될 수 있다는 사실을 놓치지 말라. 시간을 들여 당신의 팀과 이 개념을 당신의 교회에 맞게 고치고 보완하라.

이 책의 나머지 부분을 읽지 않을 경우를 대비해, 한 문장으로 개념을 설명해주겠다.

**하나님의 이야기에 담긴 메시지를 드러냄으로써
다음 세대에 영향을 미치기 위해,
가정과 믿음의 공동체가 힘을 합할 수 있는 전략을 세우라.**

필수 요소 1

전략을 통합하라

교회와 가정,
그 두 영향력을 결합하면
시너지 효과가 발생한다

6장

전략을 통합하라
리더들과 부모들이 힘을 합하여 동일한 목적을 가지고 인도하라

알고 있는가?

로널드 레이건(Ronald Reagan)이 대통령 후보로 출마했을 때, 아내인 낸시 레이건(Nancy Reagan)은 행운을 빌기 위해 유세용 전용기(나중에는 미국 대통령 전용기)가 이륙하자마자 복도에 오렌지를 굴리는 전통을 시작했다. 그리고 그 전통은 지금도 많은 정치가들이 답습하고 있다.

1968년 유망한 젊은 록 음악 애호가 클리퍼드 쿠퍼(Clifford Cooper)가 진공관 기술과, 오렌지색 비닐에 싸인 나무 상자들을 이용해 자기만의 기타 앰프를 만들었다. 아이러니컬하게도 밀리어네어(백만장자)라는 그의 밴드가 파산했을 때, 쿠퍼는 현금을 확보하기 위해 연습실 창가에 그 앰프를 팔려고 내놓았다. 오늘날 유투(U2), 앨라니스 모리셋(Alanis Morissette), 마돈나(Madonna), 키드 락(Kid Rock) 같은 아티스트들이 아직도 오렌지 앰프를 사용하고 있다[블루맨 그룹(Blue Man Group)도!].

아이스크림 벤처 기업가인 하워드 디어링 존슨(Howard Deering Johnson)은 새로운 고속도로를 이용하는 여행자들을 위해서 1930년대에 체인 레스토랑을 개업하기로 마음먹었다. 그 오렌지색 지붕을 얹은 케이프 코드 스타일의 레스토랑은, 인적이 드문 길에서 맛깔나는 식사와 안전한 장소를 찾는 사람들에게 전국적인 랜드마크가 되었다.

당신이 무슨 생각을 하고 있는지 안다. 지금 말한 것들은 아무 연관성이 없어 보인다. 그것들이 교회와 가정, 또는 신명기와 요한계시록, 또는 스키플 족과 롬 족과 무슨 연관이 있는가?

연관성을 생각할 수 있는가?

무작위성, 리더십, 오렌지

오렌지 사고에 열정을 가진 리더들은 사람들을 더 분명한 길로 인도하기 위하여 분명한 계획이나 목적 없이 행해지는 현재의 사역을 세심히 살펴볼 것이다. 당신이 리더라면, 당신의 임무는 당신이 인도하는 세계를 위해서 이 무질서로부터 의미를 찾아내는 것이다.

아마 당신 교회에도 이미 이런 오렌지 리더들이 있을 것이다. 그들은 매주 혼동을 질서로 바꾸는 일을 한다. 그들은 중요한 실제 사역에 헌신한다. 그들은 교회에 나타난 십수 명의 사람들과 제일 먼저 연결된다. 이 리더들은 인생의 중대한 기로에 서 있는 사람들을 만나 방향을 제시해준다. 그런 사람들을 본 적이 있는가? 그들이 누구인지 아는가? 그들은 숱한 고비와 인생의 폭풍을 헤쳐나가며 다른 사람들을 인도하는 사람들이다. 그들은 모두에게 중요한 메시지를 전달하기 위해 누구보다 일찍 일어난다.

당신의 담임 목사일까? 아니다.
찬양 인도자일까? 아니다.
교사들일까? 아니다.
유아부 리더들일까? 아니다.

그들은 매주 주차장에서 당신을 맞이하는 사람들이다.
그들은 한 가지 가장 중요한 도구를 자유자재로 다룬다.
오렌지색 안전콘을.

그렇다. 주차장에서 방향을 인도하는 데 쓰이는 원뿔 모양의 물건 말이다. 그것은 수많은 연구 끝에 오렌지색으로 결정되었다. 심지어 도로 교통 표지 디자인 매뉴얼이라는 것도 있다. 소량의 오렌지색 열가소성 수지와 고무가, 2톤이나 되는 차량의 방향을 통제할 수 있다는 사실은 정말 놀랍다. 수백 대의 차량이 이 오렌지색 콘들이 배열된 방향에 따라 움직인다.

당신의 리더십도 이와 흡사하다. 당신이 교회 리더라면 당신은 특정한 방향으로 가정을 이끌어야 할 위치에 있을 것이다. 그러므로 그들을 어디로 인도하고 싶은지 시간을 들여 생각해야 한다. 당신이 싫든 좋든 주차장의 안전콘이 몇 개만 잘못 놓여 있어도 많은 사람들이 혼란에 빠질 것이다. 그리고 더 나아가 심각한 사고로 이어질 수도 있다. 당신을 비롯한 리더 모두가 동일한 방향으로 사람들을 인도하고 있는지 확인해야 한다.

인도자들이 제각기 다른 방향으로 사람들을 인도하면서 안전콘들을 여기저기 흩어놓는다면, 주차장은 아수라장이 될 것이다. 충돌 사고를 방지하려면 책임을 맡은 사람들이 수시로 의사소통을 해야 한다. 시너지 효과를 최대한으로 창출하고자 한다면, 우리는 종종 오렌지색 옷을 입고 오렌지색 안전콘의 사용법을 아는 사람들처럼 사고해야 한다. 그들은 두 가지 기본 원칙을 터득한 사람들이다.

안전콘의 기본 목적은 사람들에게 가야 할 방향을 알려주는 것이다.
안전콘은 더 큰 영향력을 발휘하기 위해 여러 개가 함께 사용되도록 설계되었다.

성경에 나오지 않는 용어 사용에 반감을 갖는 일부 리더들은 '전략'이라는 용어를 불편하게 생각할 수도 있다. 성경에 전략이라는 용어가 나오지는 않지만 그 개념은 성경에 있다고 생각한다. 어떤 리더들은 이렇게 주의를 줄 것이다. "군대나 기업에서 사용되는 단어가 교회와 가정 사이에 더 단단한 다리를 놓는 일과 무슨 상관이 있습니까?" 성급히 이 아이디어를 삭제하지 말고 전략에 대한 다음의 정의를 생각해보라.

전략이란 목적을 염두에 둔 행동 계획이다

이것은 당신이 무엇(또는 어떤 사람)이 되고 싶은지 분명히 알고 있고, 창의력과 지성을 사용해 그 목표에 도달하는 방법을 모색하고 있다는 의미이다. 당신은 어디에 안전콘을 배치해야 사람들을 당신이 목표한 곳으로 인도할 수 있는지 알고 있다.

'통합된 전략'이라는 표현은, 당신의 행동 계획과 다른 사람의 행동 계획이 일치하는 것을 말한다. 그것은 다음 세대의 마음을 얻으려는 동일한 목표 아래, 아이들을 인도하는 교회와 가정의 영향력이 결합된다는 것을 의미한다. 즉, 전략을 통합

당신을 비롯한 리더 모두가 동일한 방향으로 사람들을 인도하고 있는지 확인해야 한다.

> 나는 우리 리더들이 같은 입장에 서지 않는 한, 부모들이 교회와 뜻을 같이 할 것을 기대할 수 없다고 생각했다.

시킨다는 것은 리더와 부모들이 동일한 목적을 가지고 아이들을 인도하는 것이다.

통합된 전략이 없다면
부모들은 어떻게 교회와 협력해야 할지 고심하고,
자원봉사자들은 목적의식의 결여로 환멸을 느끼며,
리더들과 교역자들은 사일로식 사고방식(사일로는 곡식을 저장하는 창고로, 사일로식 사고방식이란 부서별로 자신들의 이익만을 챙기는 사고방식을 일컫는다 - 역주)에 빠지고,
당신의 사역을 평가하고 발전시킬 수 있는 지속적인 토론의 장은 사라질 것이다.
또한 프로그램들은 고립되어 서로 충돌하고,
과다한 프로그램과 경쟁 체계로 인해 교회와 가정의 영향력이 희석될 것이다.

나는 우리 교회가 부모들과의 동역을 더 의식적으로 추진해야 한다고 확신했던 날을 뚜렷하게 기억한다. 아이디어 회의를 하던 중, 나는 문득 우리 교회의 많은 리더들의 의견이 일치하고 있지 않다는 의외의 사실을 깨달았다. 나는 우리 리더들이 같은 입장에 서지 않는 한, 부모들이 교회와 뜻을 같이 할 것을 기대할 수 없다고 생각했다. 경쟁적인 체계와 고립된 교역자들이 부서를 이끌고 있는 상황에서 연령별 그룹 사역에 가정을 참여시키려고 한다면, 그 결과는 그다지 성공적이지 못할 것이다.

오렌지 사고를 하려면 교회와 가정이 한 팀을 이루어 다섯 가지 다른 영역에서 지속적인 작업을 해야 한다. 우리는 앞으로 이 점에 대해 이야기하고, 그것의 실행 방법과 관련된 아이디어를 제공할 것이다. 당신 교회의 규모나 스타일에 상관없이 교회의 영향력과 가정의 영향력을 통합할 수 있는 방안들을 찾을 수 있을 것이다.

통합된 전략 개념을 예시하는 데 도움을 줄 만한 또 다른 오렌지 리더가 있다. 그는 로널드 레이건에 필적할 정도로 유명한 사람이다. 다음의 특성들을 보고 그가 누구인지 알아맞혀보라.

- 훌륭한 직업과 정치적 영향력이 있었음.

- 많은 돈을 조달할 수 있는 능력이 있었음.
- 군의 영향력에 대한 큰 존경과 감사가 있었음.
- 역사상 가장 큰 자원봉사 그룹 가운데 하나를 동원했음.
- 유명한 공동체 조직자임.
- 수백만 명의 사람들을 감동시키는 방법을 알고 있었음.

틀렸다. 그는 버락 오바마(Barack Obama)가 아니다. 그는 느헤미야다!

그의 이야기를 생각해보라. 그의 고향이 어려움에 처해 있다. 공동체 전체가 비전을 잃었기 때문에 다음 세대는 환멸을 느끼고 위기에 처했다. 적들이 그들의 생존을 위협한다. 그의 일기를 보면 히브리 민족은 "수치를 당하"(느 2:17)며 살고 있었다. 느헤미야는 예루살렘을 재건하기 위해 왕에게 청원하고, 지원을 얻어내며, 자금을 확보한다. 그리고 휴가를 내 파괴된 도시로 간다. 정황을 상세히 검토한 후, 느헤미야는 리더로서 도시의 재건 계획을 실행하기 위해 사람들에게 도전을 준다. 위협하고 있는 적과 불가능한 조건들에도 불구하고, 사람들은 다시 모여서 52일만에 성벽을 재건한다.

그의 이야기 속에는 교회의 영향력을 회복하기 원하는 당신이 마음에 새겨두어야 할 중요한 요소들이 분명하게 나타나 있다.

- 느헤미야는 분명한 계획을 세웠다.
- 그를 움직인 원동력은 하나님의 이야기가 입증되어야 한다는 열정이었다.
- 그는 리더들을 감동시켜 참여하게 만들었다.
- 그는 가정을 규합해야 할 필요성을 인식했다.
- 그는 영향력의 중요성을 예증했다.

나는 가정과 교회를 재건하기 위해 고군분투하고 있는 이들을 위해서, 느헤미야에게서 얻을 수 있는 몇 가지 적용 사항을 조명하고자 한다. 느헤미야의 일기를 읽을 때 제일 먼저 눈에 띄는 것은 전략적 사고이다. 그는 왕에게 청원하고, 얼마나 많은 시간과 돈이 필요할지 추산하며, 이런저런 다른 소소한 요소들을 예측한다. 그는 마음속에 목적, 즉 재건된 성벽과 회복된 도시에 대한 비전을 가지고 있다. 그는 그곳에 도착해서 비밀리에 성벽의 상태를 점검하고 행동 계획을 세운다. 일이 시작되고, 성문별로 다른 집단이 담당으로 배정된다. 상세한 지시가 여러 리더들에게 주어졌다. 느헤미야는 그냥 임무를 수행하고 있는 것이 아니었다. 그는 전략을 가지고 있었다. 그는 통합된 전략을 가지고 있었다.

계획이 있었다.
목표가 있었다.
협력이 있었다.
일치가 있었다.

어디에나 오렌지색 안전콘이 있었다. 모두가 어디로 가야 할지, 무엇을 해야 할지 알았다. 사람들은 자신의 기술과 재능을 사용하고 있었다. 모든 세대가 참여했다. 도시의 안팎이 분주하게 돌아가고 있었다. 성벽이 올라가기 시작했다.
  느헤미야는 하나님이 주신 사명을 완수하기 위해서는, 가장 중요한 어떤 일이 일어나야 한다는 사실을 알았다. 다음 세대에게 영향을 미치는 사명에 대해 생각할 때 언제나 기억하라.

성공을 좌우하는 궁극적인 것은,
사명의 성취 가능성이 아니라
전략의 효율성이다.

전략의 중요성을 역설한다고 해서 하나님을 의지할 필요가 없다는 뜻은 결코 아니다. 오히려 당신과 나는 하나님이 우리에게 주신 사명을 잘 준비해서 제대로 해내야 할 책임이 있다. 느헤미야는 말했다. "하나님이 우리를 위하여 싸우시리라"(느 4:20). 그럼에도 불구하고 이스라엘 백성들은 한 손에는 연장을, 다른 한 손에는 무기를 들고 성벽에서 일했다. 그렇다면 정작 싸움을 하는 사람은 누구였는가? 하나님과 이스라엘 백성들 모두이다. 하나님은 이스라엘 백성들이 준비되고, 계획을 세우며, 스스로를 위해서 싸우기를 바라셨다. 하나님이 그 임무를 뒷받침해주신다고 해서, 나태해지거나 전략을 실행하려는 의지가 없어도 된다는 말은 아니다. 우리는 리싱크 그룹을 통해 다음 세대에 영향을 미치는 비전에 참여하는 수천 개의 교회들과 함께 일한다. 분명 그들 모두 누구나 이해할 수 있는 사명 선언문을 공들여 만들었을 것이다. 그것은 그들 교회의 벽에 걸려 있을 수도 있고, 매주 공개적으로 선포될 수도 있다. 그러나 내 말을 믿으라. 당신이 지구상에서 가장 어마어마한 사명을 가지고 있다고 해도, 사명을 가지고 있는 것과 그것을 성취하는 것은 별개의 문제이다.

느헤미야가 나타나기 전에 히브리 리더들은 속수무책으로 무너진 돌담에 둘러싸여 있었다. 그들은 성벽이 재건되어야 한다는 것을 알고 있었고, 분명히 그 도시를 보호하고 싶어했다. 그런데 무엇이 문제였을까? 그 임무는 그들에게 버겁게 느껴졌다. 아무도 그것을 위해 구체적인 계획을 세우지 않았다. 아무런 전략도 없었다. 간혹 자원봉사자들이 무엇을 해야 할지 잘 모르거나, 부모들이 관심이 없고 참여하지 않는 것처럼 보이거나, 좋은 의도를 지닌 기관들이 헛수고를 하게 되는 경우가 바로 이런 이유 때문이다. 그들에게는 혼란을 질서로, 혼동을 확신으로 바꿔주는 느헤미야와 같은 인물이 필요했다.

교회가 전략을 통합하지 않아도 된다고 생각하는 것은 가슴 아픈 일이다

개인적으로 나는 느헤미야가 그 일이 위험 부담이 크다는 사실을 알고 있었다고 생각한다. 그는 리더들이 치욕적인 상황을 수동적으로 이어가고 있는 모습을 다음 세대가 지켜보면서, 자신들의 차례를 기다리고 있는 것을 보았다. 그는 가정과 어린아이들이 보호받지 못하고 취약한 상태에 있다는 사실에 개인적으로 부담을 느꼈고, 그런 상태가 지속된다면 결국에는 하나님에 대한 인식에 영향을 미치게 될 것을 알았다. 그래서 그는 적극적으로 전략적인 해결 방안을 모색했다. 당연히 그는 기도했고 하나님의 말씀에 귀를 기울였다. 그러나 그는 기도만 한 것이 아니다. 그는 행동했다. 그는 평가하고, 사람들을 규합하고, 모집하고, 행동했다. 그는 통합된 전략을 가지고 있었다. 그는 하나님이 그에게 무엇을 원하시는지 알아낸 다음, 모든 리더와 일꾼과 부모들에게 그 일을 하도록 촉구했다. 가정과 교회의 벽이 허물어지고 있는 동안 옴짝달싹하지 않고 있는 것은 매우 위험하다. 그리고 그 사실을 알고 있는, 하나님을 믿는 지혜롭고 현명한 사람들로 가득 찬 교회는 변명의 여지가 없다. 우리에게는 위험을 무릅쓰고 혁명을 이끌어줄 현대판 느헤미야가 필요하다. 하나님의 도우심과 통합된 전략이 있다면, 우리는 무너진 것을 회복하고 되찾기 위한 하나님의 이야기에 적극 참여하게 될 것이다. 모두가 확고한 중심점을 가질 것이다. 리더들과 가정은 뜻을 같이하게 될 것이다. 교회와 가정 모두 혼자 하는 것보다 훨씬 많은 것을 함께할 수 있을 것이다.

전략을 통합하면 모두의 초점이 확대된다

느헤미야는 전 민족을 결집시키고, 분명한 사명을 극대화하는 데 전념했다. 그가 전달한 전략은 모든 리더와 부모, 모든 부족과 가정을 성벽 건설을 위해 분담된 역할에 연결시키는 것이었다. 우리가 아주 분명한 전략을 세움으로써 리더들과 가정이 어떻게 그 임무에 연결되는지 정확히 이해하게 된다면 어떻게 될까?

몇 년 전, 나는 느닷없이 오토바이가 사고 싶었다. 우리 동네에 있는 오토바이 대리점을 들여다보다가 내 안의 무언가가 꿈틀했다. 설명하기는 어렵다. 고등학교와 대학교 시절 나는 소형 혼다 모페드(초경량 오토바이)를 타고 다녔다. 나는 중년의 나이에 오토바이를 시작한 나 자신에게 300킬로그램짜리 야마하 브이 스타(Yamaha V Star)를 선물했다. 나는 대리점 지배인에게 키를 건네받은 후, 도로로 나가기 전에 주행 연습을 하기로 했다. 그날 오후 아버지가 그 새 야마하를 트레일러로 교회 주차장까지 실어다주셨다. 나는 교역자들이 대부분 집으로 돌아가는 것을 확인할 때까지 아버지를 기다리시게 했다. 나는 북쪽 조지아 산맥으로 오토바이를 몰고 떠나기 전에, 근무 시간이 지난 안전한 교회 주차장에서 오토바이 주행 기술을 익히기로 했다. 20년 넘게 오토바이를 타지 않았던 터라 생각했던 것보다 더 어려웠다. 오토바이를 탔을 때 편하지가 않았다. 나는 처음 몇 주 동안 교회 주차장에서 800킬로미터를 주행했다.

나는 가족들과 동료 교역자 몇 사람이 안전콘 사이로 오토바이 연습을 하는 내 모습을 함께 지켜보고 있다는 것을 까맣게 몰랐다. 어느 날 몇 사람이 나를 몰래 훔쳐보고 있었다는 것을 실토하고는 나에게 최후통첩을 했다. "자네가 자격증을 가진 사람에게 교습을 받기 전에는 오토바이를 타고 산에 가게 할 수 없다고 우리 모두가 의견을 모았다네. 자네는 아직 숙달되지 않았어."

그 후 아내가 나를 교습소에 등록시켰고, 강사는 우선 내가 얼마나 잘 타는지를 보기 위해 주행 테스트를 했다. 그는 길게 뻗은 포장도로 위에 여섯 개의 콘을 배열했다. 나는 한쪽 끝에서 출발해서 콘을 넘어뜨리지 않고 지그재그로 콘 사이를 통과해 반대편 끝까지 가야 했다. 어렵지 않아 보였다. 나는 출발했고 직관에 따라 움직였다. 조심스럽게 첫 번째 콘을 돌았다. 첫 번째 콘을 무사히 통과하고나서 두 번째 콘을 보았다. 바로 그 순간 내가 두 번째 콘에서 예상보다 훨씬 멀리 떨어져 있다는 것을 알았다. 나는 간신히 두 번째 콘을 돌았다. 경로에서 벗어나고 있다는 것을 알아채고, 다음 콘을 돌기 위해서 최대한 빨리 방향을 틀었지만 세 번째 콘을 발견했을 때는 그것을 향해 돌진하고 있었다.

강사가 다시 시작하라는 신호를 주었다. 나는 출발선으로 돌아갔다. 내가 콘의 각도를 제대로 예측하지 못해서 일종의 착시 현상에 속았던 것이 분명했다. 다시 시작하면서 나는 첫 번째 콘에 집중하며 두 번째 콘까지의 거리와 각도를 계산했다. 나는 똑같은 실수를 거의 동일하게 반복하면서 간신히 두 번째 콘을 통과하고, 세 번째 콘을 깔아뭉갰다. 강사가 나를 향해 걸어왔다.

그가 다가오자 나는 내가 잘못했다고 생각하는 점을 설명하면서 이번에는 속도를 늦출 거라는 뜻을 내비쳤다.

그는 미소 지으며 말했다. "콘을 보면 안 돼요."

나는 어리둥절해서 물었다. "그럼 어디를 봐야 하죠?"

그가 말했다. "나를 보세요."

나는 생각했다. '말도 안 돼. 콘 사이를 지나가야 하는데 그걸 보지 말라고?'

그때 그가 설명했다. "종착 지점에 초점을 맞추고 머리를 한 방향으로 고정시켜야 합니다. 그러면 가야 할 곳을 보면서 곁눈으로 콘들을 다 볼 수 있어요. 그래야지만 콘들이 어떻게 배열되어 있는지 제대로 판단할 수 있지요."

나는 다시 시도했고 놀라운 일이 일어났다. 내가 한곳에 시선을 고정시키자 모든 것이 변했다.

그렇게 하는 게 직관에 배치되는 것 같았지만, 결과는 놀라웠다. 그에게 시선을 고정시키자 정말 내가 통과할 지점 안에 있는 모든 콘이 한눈에 들어왔다. 나는 콘을 하나도 건드리지 않고 완벽하게 통과할 수 있었다. 그것도 단 한 번에. 그게 가능했던 이유는 내 앞에 있는 콘들이 최종적으로 내가 가야 할 지점과 어떻게 연결되어 있는지 측정할 수 있었기 때문이었다.

오랜 시간 나는 처음 오토바이를 몰던 방식으로 사역을 했다. 내 앞에 있는 것에 너무 집중하는 바람에 두 가지를 보지 못했다.

- 사역을 궁극적으로 어디로 이끌어가야 하는지.
- 모든 것이 어떻게 연결되어야 하는지.

나는 한 가지 프로젝트를 마칠 때까지 그것에 집중한 다음, 그 다음에 해야 할 일을 찾곤 했다. 그리고 대체로 그 다음 일은 내 예상보다 훨씬 빨리 닥쳤다. 그러다보면 어느 순간 환멸을 느끼고 지치게 된다. 현재 당신과 당신의 사역은 어떠한가?

교회와 가정이 한 팀으로서 할 수 있는 가장 중요한 논의 가운데 하나는, 당신들이 진정 이끌어가고자 하는 목적지를 정하는 것이다. 다음 세대들이 결국 어디로 향하기를 원하는가? 당신들의 사역을 거친 청소년이나 아이들이 궁극적으로 어떤 사람이 되기를 원하는가? 그것에만 초점을 맞추고 그것에 비추어 그 외의 모든 것을 바라보고 지원하라. 당신 교회의 모든 사역과 가정이 그 목표에 동의한다면 어떻게 될까? 그것이 당신이 하는 일을 어떻게 변화시킬까?

예수님은 늘 초점을 잃지 않으면서 목적을 분명하게 밝히셨다. 그분은 정말 중요한 것에 주의를 집중하셨다. 바리새인들이 나타나 질문을 퍼붓기 시작했을 때 내가 그곳에 있었으면 좋으련만. (그들은 간혹 내가 읽는 블로그의 블로거들을 생각나게 한다. 바리새인들은 블로그에 의견을 개진하는 것을 좋아했을 것 같다. 블로거들이 모두 바리새인이라는 말이 아니다. 단지 바리새인들은 분란의 소지를 제공하고는 뒤로 물러나서, 그것이 일으키는 연쇄 반응을 지켜보는 것을 좋아했을 것 같다는 생각이 들었을 뿐이다.) 바리새인들은 영적인 일이나 신학적 지식을 이용해 힘을 과시하는 것을 좋아했다. 그들은 그들의 정체성을 위협하는 사람의 신임을 떨어뜨릴 수 있는

통합 전략

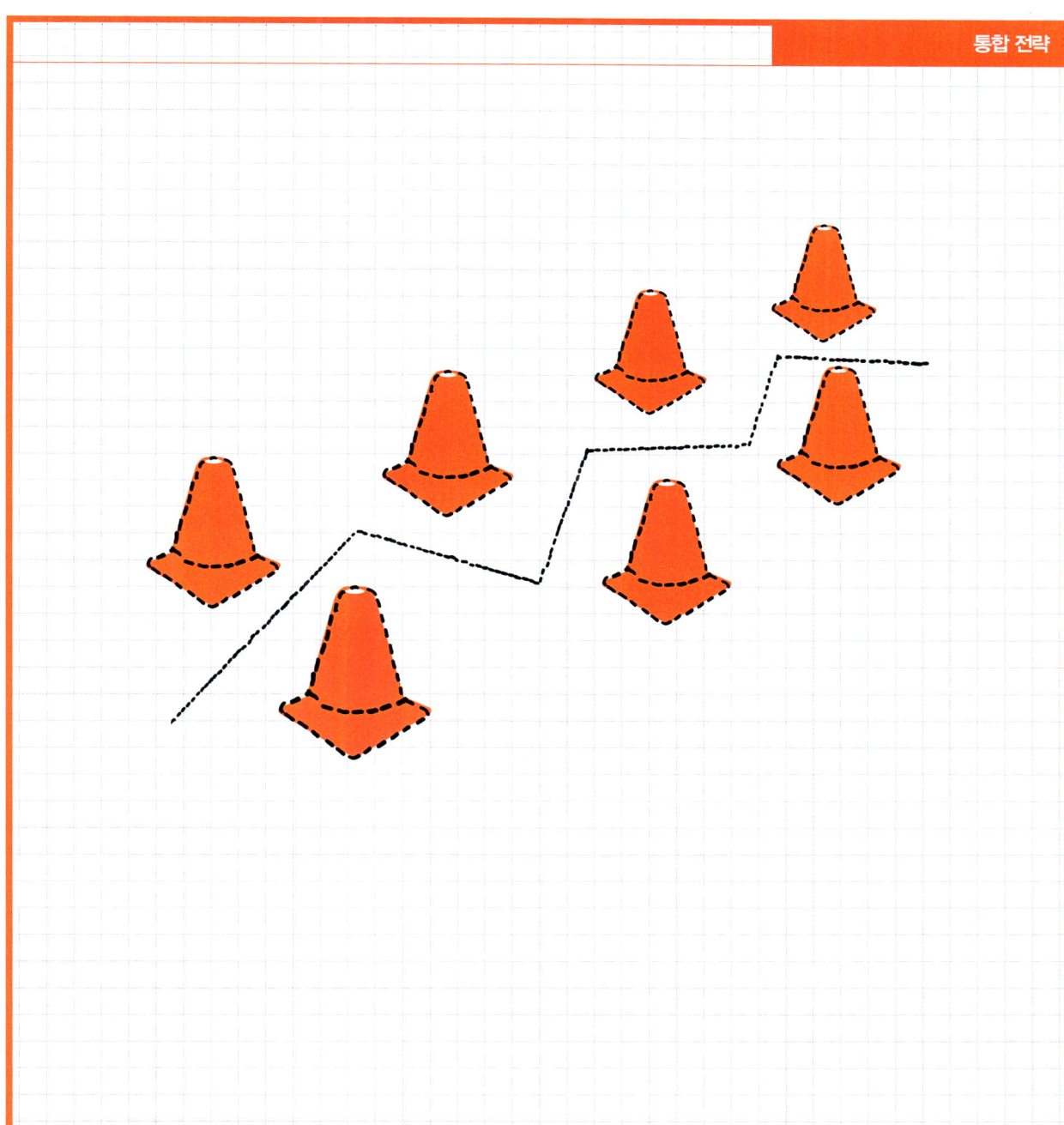

한 팀으로서 할 수 있는 가장 중요한 논의 가운데 하나는 당신들이 진정 이끌어가고자 하는 목적지를 정하는 것이다

기회가 오면, 언제라도 포문을 열곤 했다. 그 예가 마태복음 22장에 상세히 기록되어 있다. 예수님이 사두개인들의 할 말을 잃게 만드셨던 사건 후에, 바리새인들은 모여서 예수님을 넘어뜨릴 계획을 꾸몄다.

"그 중의 한 율법사가 예수를 시험하여 묻되 선생님 율법 중에서 어느 계명이 크니이까"(마 22:35-36).

하나님이 그 상황을 어떻게 보셨을지 생각해보라. 여기 육신을 입은 하나님이신 예수님이 계신다. 그리고 그분은 율법의 전문가로 알려진 바리새인으로부터, 그분을 함정에 빠뜨리기 위해 계획된 교묘한 질문을 받고 있다. 아마 그 바리새인은 자신이 하나님께 말하고 있다는 사실을 꿈에도 몰랐을 것이다. 예수님은 그분이 1,500년 전 산 위에서 모세에게 직접 말씀하셨던 계명을 끄집어내신다. 신명기에서 이 계명에 새로운 의미가 부여되었고, 이제 예수님은 이 구절을 한 차원 높은 단계로 끌어올리실 참이다. "네 마음을 다하고 목숨을 다하고 뜻을 다하여 주 너의 하나님을 사랑하라 하셨으니 이것이 크고 첫째 되는 계명이요."

상황 파악이 되는가? 예수님이 바리새인들에게 모세의 말을 들이대신 것이다. 이제 그들은 난감한 처지에 놓였다. 예수님은 쉐마를 끄집어내셨을 뿐 아니라, 그것을 또 다른 차원으로 끌어올리셨다.

그 다음에 무슨 일이 벌어졌는지 모르지만, 나는 이랬으리라 생각한다. 몇몇 사람들은 박수를 쳤을 것이다. 제자들은 안도의 한숨을 내쉬었을 것이고, 바리새인들은 난감해하는 기색이 역력했을 것이다. 극적인 침묵이 흘렀으리라.

그러고나서 예수님은 말씀하셨다. "그리고"

도마는 전전긍긍했다. 그는 이미 불안해하고 있었다. 그는 아마 이렇게 생각했을 것이다. "뭐? 쉐마 다음에는 '그리고'가 올 수 없어. 예수님이 제발 모세가 한 말을 함부로 들먹이지 않으셨으면 좋겠는데. 저들이 엄청 열 받을 거야."

그러나 예수님은 계속 말씀하셨다. 그분은 이 점을, 특별히 바리새인들에게 꼭 짚어주고 싶으셨던 것이다. "둘째도 그와 같으니 네 이웃을 네 자신 같이 사랑하라 하셨으니 이 두 계명이 온 율법과 선지자의 강령이니라." 말하자면, 예수님은 성스러운 쉐마에 성경 구절 하나를 덧붙이신 것이다. 그분은 우선순위에 두어야 할 세 가지 중요한 관계를 확립하신다. '하나님, 다른 사람들 그리고 자기 자신.' 그분은 모든 사람들에게 그들과 하나님과의 관계가 그 밖의 다른 모든 것에 어떻게 영향을 미치는지 들으라고 하신다. 이것은 예수님이 이렇게 권면하시는 것과 같다. 너희가 하나님께 시선을 고정하면, 주변 시야로 하나님의 나머지 계명들을 볼 수 있을 것이다.

다음 장에서는 가르치는 내용과 방법에 이 원칙을 어떻게 적용할지에 대해 좀 더 구체적으로 말해보겠다. 이 시점에서는 이 구절이 시사하고 있는 다소 민감한 의미를 이해하는 것이 중요하다. 모든 진리가 동일하게 형성되지는 않는다. 부모들과 리더들을 포함하여 모든 사람들을 팀으로 묶을 때에는 정말 중요한 것이 무엇인지 분명하게 밝히면서 집중해야 할 영역을 제한해야 한다. 이것은 부모들과 리더들에게 모든 것이 함께 어우러지는 방법을 효율적으로 평가하는 데 사용할 수 있는 강력한 도구를 제공한다. 그리고 모든 사람이 합심할 수 있는 확실한 '목표'를 확립하게 한다.

통합된 전략은 모두의 노력을 조율한다

내가 성장한 교회는 경쟁 체제를 부채질하는 부서 구조를 갖고 있었다. 그 복잡한 운용 체계를 이해하려면 도표를 그려야 한다. 제일 먼저 세로로 세 개의 평행선을 그린 후, 각각의 선 위에 '유아 · 유치부', '유년 · 초등부', '중 · 고등부'라고 쓰라. 이것은 연령별 부서를 나타내는 것이다.

그런 다음 그 세로선을 가로지르는 평행선 네 개를 그리라. 그 선들 왼편에 '음악', '교육', '선교', '오락'이라고 적으라(주의: 음악은 공간이나 예산 배정에 있어서 언제나 우선순위를 차지했기 때문에 맨 위에 적어야 한다. 별도로 음악부 교역자 조직표도 있었다).

자, 이 일곱 개의 선으로 이루어진 표는 일곱 부서를 나타낸다. 모든 연령별 프로그램을 운영하는 교육 목사가 있었고, 연령별 프로그램은 다른 네 개 부서의 영향을 크게 받았다. 우리 교회처럼 대형 교회에서는 그 일곱 개의 선들이 각각 전임이나 시간제 교역자를 나타냈다. 일부 소형 교회에서는 제일 위의 가로선만 유급 전임 교역자(이미 말했듯이 음악 목사)를 나타냈다. 그 외의 사람들은 시간제 교역자이거나 자원봉사자들이었다. 조직표에서 가로선의 역할이 세로선보다 비중이 더 높았다는 것도 주목해야 한다.

　이러한 방식으로 교역자들을 배치하면, 어린이나 청소년 부서는 모두 전체 교회의 시각에서 볼 때 중요하다고 생각되는 부서들의 지배를 받거나 영향을 받았다. 그리고 두 개의 선이 교차하는 지점마다 경쟁이 벌어질 가능성이 잠재했다. 모두 열두 개의 교차점이 있었기 때문에 모든 사람들이 같은 어린이, 부모, 자원봉사자, 예산, 일정, 시설을 놓고 경쟁하고 있는 것처럼 보였다. 연령별 부서 사역을 맡은 사람들은 우선순위가 더 높다고 간주되는 부서에 중요한 것을 내어주기 일쑤였다. 행정 담당 교역자는 세로선보다 가로선의 행사에 더 큰 비중을 두기 위해, 달력에 적힌 행사들을 A, B, C 등급으로 나누는 '연중 행사 기획 회의'를 개최하기도 했다.

　그 외에도 몇 가지 '불문율'이 있었다. 가로선 사람들은 아무도 세로선 행사에 참여하지 않았다. 그러나 세로선 사람들은 모두 가로선 행사에 참여해야 할 뿐 아니라, 그 행사가 진행되는 동안 어린아이들을 돌봐주어야 했다. 그리고 여자들은 가로선의 어느 부서에서도 직책을 맡을 수 없었다.

　가정과 동역을 시도하는 교회들이 공통적으로 갖는 어려움 가운데 하나는 복잡성이다. 지난 장에서 언급했듯이 더 많은 일을 하기 위해 일부러 더 적게 일해야 할 때가 있다. 만일 당신이 부서간 경쟁을 부추기는 사고방식을 고수한다면, 사일로식 사고방식으로 운용되는 교회의 문제점 가운데 하나가 지나치게 많은 프로그램이라는 사실을 깨닫게 될 것이다. 우리는 서로 경쟁할 뿐 아니라, 가정이라는 개체와도 경쟁하고 있다. 나는 교회나 리더들이 "우리는 모든 리더들에게 가정에 영향을 끼칠 수 있는 방안을 모색하라고 도전합니다"라고 말할 때마다 민망해진다. 그들이 하고 있는 것은 아마 수많은 리더들로 하여금 가정의 영향력을 희석시키는 더 많은 프로그램을 만들게 하는 일일 것이다. 문제는 교회가 가정을 위한 프로그램을 운영하지 않는 것이 아니다. 문제는 가정을 위한 전략적 프로그램이 없다는 것이다.

　가로선과 세로선의 사일로들로 이루어진 다음의 도표를 생각해보라. 다소 과장되었을 수는 있지만, 실제로 가정의 역할을 보완하는 사역 팀을 개발하기보다는 가정을 위한 마구잡이식 프로그램을 양산하기가 더 쉬운 것이 사실이다.

경쟁 체계

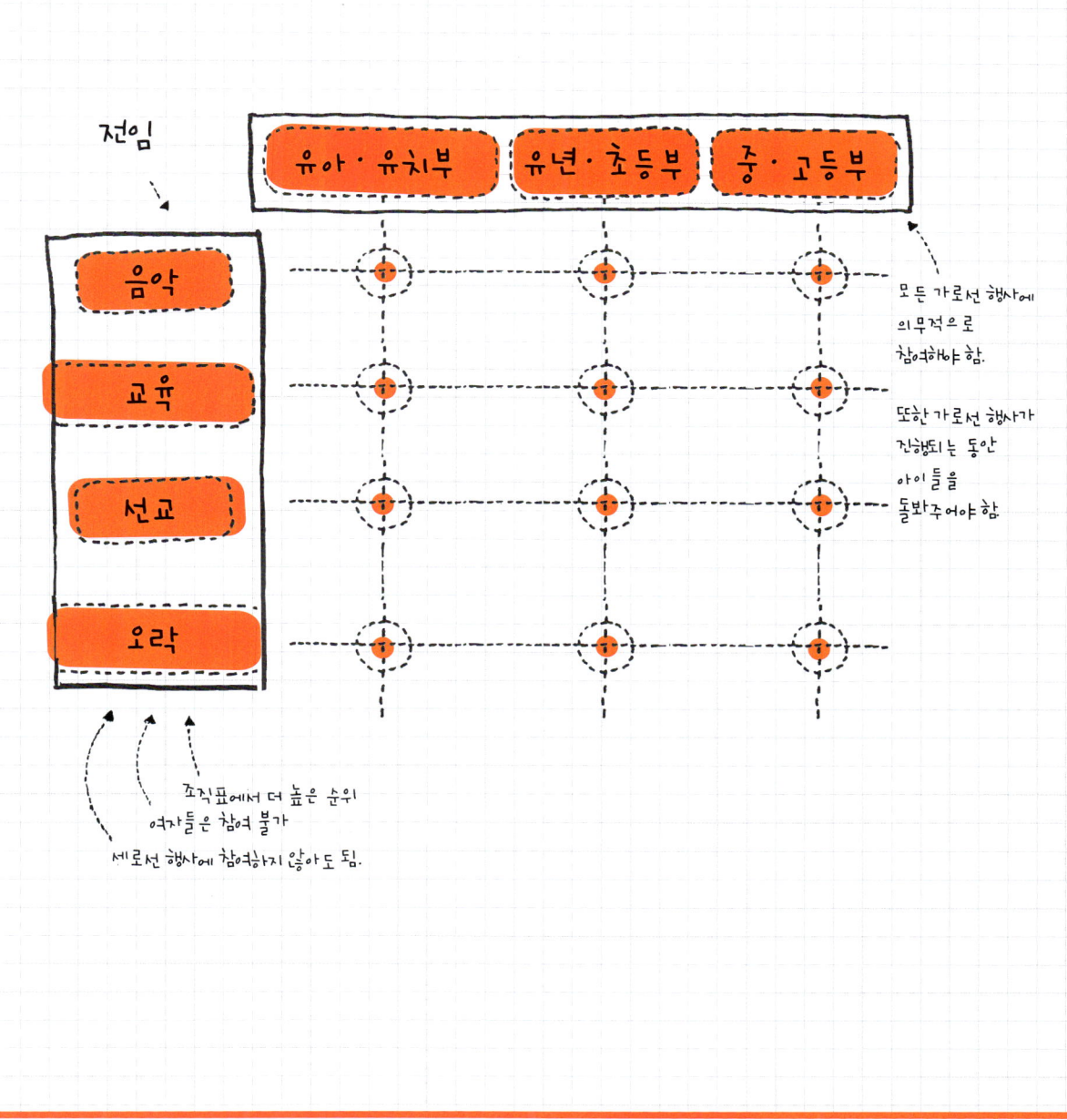

> **문제는 교회가 가정을 위한 프로그램을 운영하지 않는 것이 아니다. 가정을 위한 전략적 프로그램이 없다는 것이 문제다.**

보충 설명 6.1

몇 년 전, 나는 가정을 위해 무언가를 더 해보고 싶어하는 한 대형 교회에서 이틀을 보냈다. 이틀에 걸쳐서 이런저런 아이디어를 논의하다보니, 이 교회의 체계가 시간이 흐르면서 너무 복잡해졌다는 것이 분명히 드러났다. 연중 계획표에 이 모든 복잡성이 집약되어 있었다. 너무나 혼잡했다. 그들은 실제로 가정을 위해 많은 사역을 하고 있었다. 문제는 그것이 수많은 다른 부서의 지원을 받는 임의적인 활동이라는 점이었다. 요컨대, 그들은 그들 나름의 도표를 가지고 있었다. 나는 그것을 '부서 모델'이라고 부르는데, 모든 부서마다 각기 가정을 위한 그들만의 프로그램을 가지고 있었다.

그들이 발전할 수 있는 유일한 방법은 프로그램을 만들 때 '초점을 좁히는 것'과 연중 활동 계획표에 짜넣는 십수 가지 사역들로부터 가정을 분리시키는 것이었다. 그들이 부모들과 전략적인 동역을 하기 원한다면, 실제로 그것을 전략적으로 추진할 수 있는 열정과 영향력을 가진 팀에게 권한을 넘겨주어야 했다. 담임 목사와 리더들은 그들이 온종일 가정과 동역하고 있다고 주장할 수 있다. 그러나 문제는 이것이다. 정확히 누가 동역하고 있는가? 누가 전략을 가지고 있는가? 누가 세부 사항까지 관리할 수 있는 합당한 사람(또는 사람들)인가?

10년 전, 노스포인트 교회를 시작했을 때 우리 모두는 더 단순한 체계의 필요성을 인식했다. 나는 연령별 그룹 사역자를 위한 다른 모델을 그렸다. 확신하건대 당시에 나는 내가 수년 동안 일해왔던 사일로식 체계에 반발했을 뿐 아니라, 다른 부류의 팀에 속하고 싶어했다. 나는 내가 알고 있던 도표 대신 가로세로 기둥이 없는 도표를 그렸다. 그것은 서로 중복되는 세 개의 타원으로 이루어져 있다. 이 도표의 기본 개념은, 특정 연령 그룹 사역에 집중하는 스페셜리스트들로 이루어진 팀을 구성하고, 그와 동시에 그들이 한 팀이 되어 중심에서 모든 연령을 섬기는 것이다. 각 부서의 책임자는 우리가 다른 사람들에게 어떤 영향을 미칠 것인지를 논의하는 주례 회의에서 스페셜리스트로서뿐만 아니라 제너럴리스트로 활동할 수 있었다. 이것은 패트릭 렌시오니(Patrick Lencioni)가 때때로 팀에 속한 사람들은 일상적으로 사용하는 그들의 '기능성 모자'를 일반적인 모자로 대체해야 한다고 설명했던 것과 같은 종류의 도표이다.[19]

보충 설명 6.2

목표는 어린아이들이 태어나서 고등학교를 졸업할 때까지 경쟁적인 프로그램이나 전략을 만들 어떤 부서도 만들지 않는 것이다. 이 팀은 부모들과 동역하는 방법에 대한 마스터 플랜을 주도하

부서 모델

모든 부서가 독자적으로 가정 사역을 하고 있다.

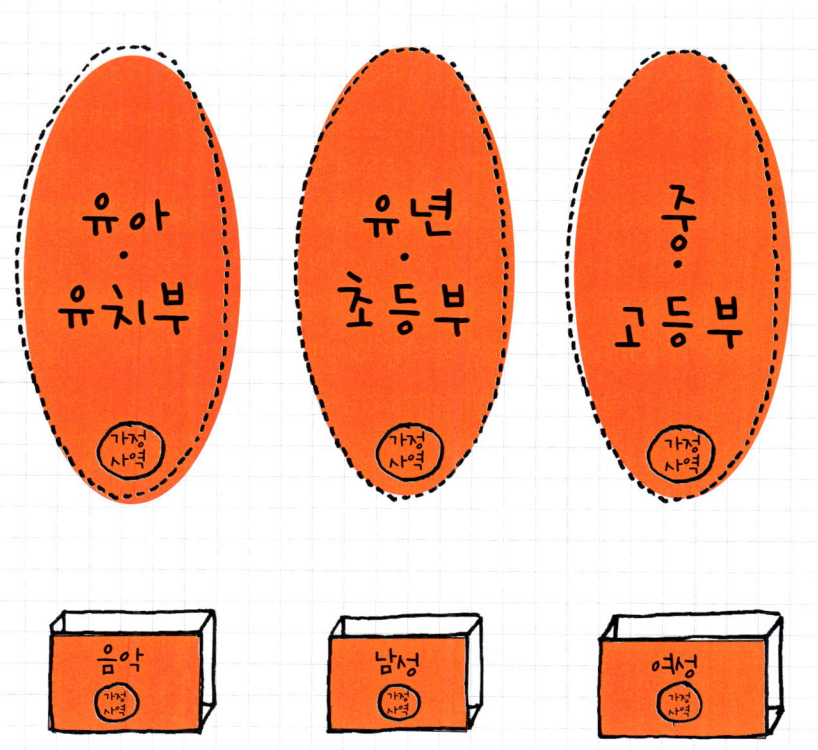

가정을 위한 프로그램은 종종 같은 시간과 자원을 놓고 경쟁하는 독자적인 부서들에 의해 결정된다.

모두를 지속적으로 같은 방에 있게 하지 못하면, 절대 모두가 같은 뜻을 가질 수 없는 법이다.

면서, 아이들과 청소년들에게 일어나는 모든 일을 주관한다. 우리는 '가정 사역 팀'이라는 용어를 사용했다. 명칭이 딱 들어맞는 것은 아니지만, 관건은 '통합 모델'이다. 모임과 관계에 대한 투자는 우리 전략의 가장 중요한 두 가지 요소였다. 모든 사람들이 한 팀으로서 같은 뜻을 갖기 전에는 통합된 전략을 가질 수 없다. 모두를 지속적으로 같은 방에 있게 하지 못하면, 절대 모두가 같은 뜻을 가질 수 없는 법이다. 사일로식 사역에서 벗어나려면 공동의 목적 의식이 있어야 한다. 그렇기 때문에 영역 나누기식 사고방식이 창조적이고 열정적인 유능한 리더들이 능력을 발휘하기에 충분한 환경이 되지 못하는 것이다.

내가 완곡하게 말하고자 하는 요지는 이것이다. 대개의 경우, 유소년과 청소년 리더들은 협동을 잘 못한다. 그들이 임무를 수행할 때 도움이 되는 그 각각의 개성이 협동을 방해하는 요소로 작용할 수 있기 때문이다. 유능한 리더들 사이에서 종종 드러나는 이러한 갈등은 그들의 사역을 전반적으로 건강하게 유지하는 데 매우 중요한 역할을 한다. 이것은 더 효과적인 해결책을 낳을 수 있는 일종의 창조적인 긴장을 발생시킨다. 그러나 그런 류의 대화와 갈등은 모두가 한마음이 되어 소기의 목적과 통합된 전략을 유지할 때에만 건강하다. 그들이 정기적으로 함께 활동하지 않는다면 교회와 가정 모두 실패할 수밖에 없는 게 냉혹한 현실이다.

보충 설명 6.3

다음과 같이 하기 위해서는 통합된 팀이 반드시 필요하다.
- … 유치부부터 청년부까지의 콘텐츠와 프로그램을 위한 포괄적인 계획을 실행하기 위해서.
- … 부모들이 자녀들의 삶 속에서 영적 리더의 역할을 적극적으로 수행할 수 있도록 도전하고 준비시켜줄 일관된 계획을 소통하기 위해서.
- … 교역자와 리더 모두가 연령별 그룹 사역 간의 상호 의존성을 인식하고 존중하며 가르침을 받는 문화를 형성하기 위해서.
- … 중요한 이행기(유치원, 초등학교, 중학교 1학년, 고등학교 1학년, 대학교)에 아이들을 잘 이동시키기 위해서.
- … 자원봉사자들(청소년들을 포함해서)이 다양한 사역과 선교 활동에 참여하도록, 그들을 모집하고 동원하고 훈련시키기 위해서.

통합 모델

통합 팀이 가정 사역을 책임진다.

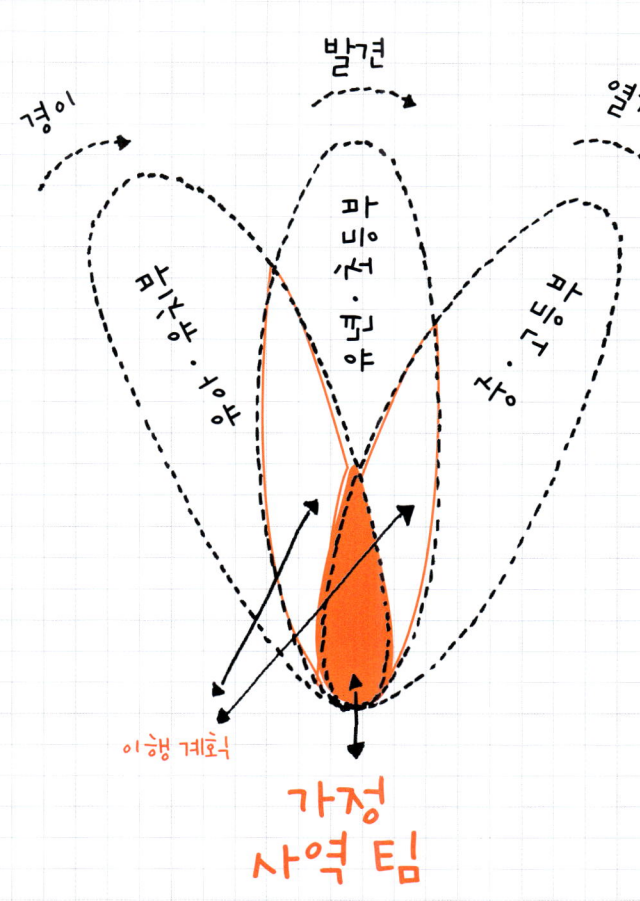

모든 일을 함께 책임진다.
가정을 위한 프로그램은 일원화된 전략과 연결되어 있다.

> 가정과 동역하는 최상의 방법은 통합된 전략을 세워서 부모들과 리더들이 동일한 목적을 가지고 다음 세대를 이끄는 것이다.

… 부모들과 성인 리더들을 결집시키는 전략을 수행하는 데 필요한 공동의 언어와 개념을 확립하기 위해서.
… 유소년과 청소년들에게 영향을 미치는 단체 사역에 영향을 주는 체계(예산, 시설, 프로그램)를 운영하고 개선하기 위해서.

'보충 모델'에서 볼 수 있듯이, 어떤 사역들은 팀 외부에서 가정 사역을 이끌 사람을 찾을 수도 있지만, 우리는 그 팀이 통합된 접근을 해야 한다고 믿는다. 가정과 동역하는 최상의 방법은 통합된 전략을 세워서 부모들과 리더들이 동일한 목적을 가지고 다음 세대를 이끄는 것이다. 영향력을 통합하는 계획을 실행할 수 있는 가장 효율적인 방법은 통합된 팀이 그것을 추진하는 것이다. 반드시 교역자가 아니어도 괜찮다. 노스포인트 교회 초창기에는 이 팀의 리더들 가운데 많은 이들이 자원봉사자들이었다. 그들은 같은 목적을 지닌 리더로서, 어린아이들과 십대들에게 영향을 미치기 위한 노력을 방해하는 숱한 이슈들을 붙잡고 씨름했다.

통합된 전략은 모두의 능력을 증대시킨다
통합된 전략은 리더나 부모로서의 당신의 능력을 증대시킨다.

느헤미야는 백성들을 통합해 성벽을 건설하기 위해, 궁을 떠나 성벽을 재건할 도시로 갔다. 백성들이 마음을 합해 일하도록 이끌 수 있는 유일한 방법은 그들과 그곳에 함께 있는 것이었다. 그는 자신의 능력을 초월하는 일을 사람들을 통합해서 해내겠다는 의지가 있었기에 더 큰 이야기에 참여할 수 있었다. 나는 홀로 하는 사역을 신뢰하지 않는다. 내가 협력하고 싶은 리더들과 함께 일했을 때 내 능력이 증대되었다는 것을 안다. 성벽 재건이 느헤미야의 내면에 일으킨 변화는, 그와 함께한 다른 리더들의 내면에 일어난 변화 못지않게 의미가 깊었다. 당신이 다른 훌륭한 리더들과 힘을 합쳐 일한다면 당신은 더 훌륭한 리더가 될 수 있다. 올바른 사람들과 연합해서 일하면 능력이 증대된다.

보충 모델

연령별 그룹이 아닌, 외부 사람이 가정 사역을 맡는다.

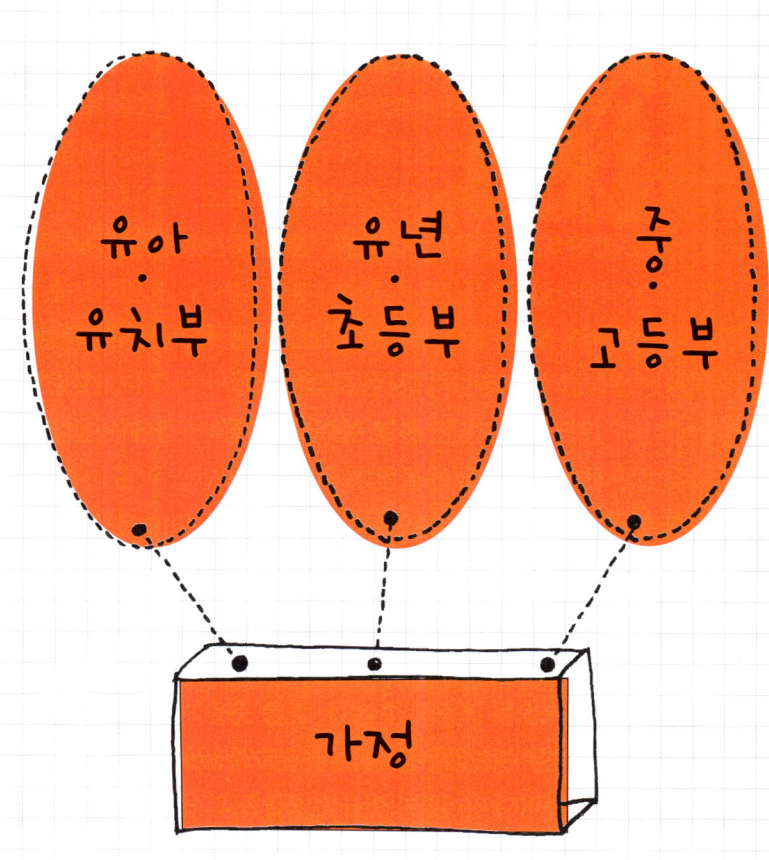

가정 사역은 독립된 부서들과 협력하는 별도의 부서가 진행한다.

> 그는 백성을 연합시키고 그들이 할 수 있는 일만이 아니라 그보다 더 많은 일을 하도록 동기를 부여했다.

통합된 전략은 다른 리더들의 능력을 증대시킨다.

시너지란 당신 교회의 부서가 서로 연결되어 있고 실제로 서로에게 에너지를 공급할 때 그들 안에서 일어나는 것이다. 한 사역의 성공은 다른 사역의 성공을 끌어낸다. 만약 각각의 사역들이 독립적인 리더들에 의해 고립된 섬과 같이 진행된다면, 소중한 무언가가 헛되이 쓰인 것이다.

이러한 사역은 흐르는 강물이기보다 느릿느릿 흐르는 늪이 되기 쉽다. 사람들은 영역 싸움과 단편적인 전략에 환멸을 느끼고 실망하게 된다. 열정은 시든다. 조율되고 통합된 계획이 없으면 시간이 갈수록 이렇게 될 수밖에 없다. 또한 각 사역은 독자적으로 자기들의 사역을 모니터하도록 권고받기 때문에 점점 더 고립된 사일로가 된다.

모두를 한 방향으로 이끄는 목적성이 없을 때, 개개인은 본류에서 갈라진 지류로 외로이 떠내려가게 된다. 시간이 지나면서 그들은 본류에서 점점 더 멀리 떠내려간다. 이 이탈은 포착하기 어렵다. 처음에 그들은 독자적으로 탐색할 수 있는 자유를 즐기면서 그들만의 계획표를 따른다. 그러다가 물살이 느려지고 정체된다. 그들은 조금이라도 나아가기 위해서 더 세게 노를 젓고 더 열심히 일해야 한다. 그들은 불모의 섬으로 흘러드는 얕은 개울에 빠진다. 그들은 같은 물살을 타면서 얻을 수 있는 시너지와, 일원화된 팀의 움직임에서 얻을 수 있는 추진력을 잃어버린다.

느헤미야는 공동체의 능력을 초월하는 일을 하기 위해 백성들을 통합했다. 잃어버릴지도 모르는 다음 세대를 위해, 그는 백성들을 연합시키고 그들이 할 수 있는 일만이 아니라 그보다 더 많은 일을 하도록 동기를 부여했다. 그들의 수고와 모든 사람들을 깜짝 놀라게 할 하나님의 계획을 결합시켰다. 느헤미야는 알았다. 누군가는 기꺼이 비전을 품고 전략을 실행해야 했다는 것을. 당신은 사람들이 같은 뜻을 품도록 조종할 수 없다. 같은 뜻을 가지고 함께 살아야 한다. 문제는 누가 각양각색의 리더들을 관리할 것인가가 아니라, 누가 총괄적인 과정을 모니터하고 있는가이다. 우리는 그 과정에서 훌륭한 리더들이 있다면 그들을 간섭하지 않고, 그들이 그들의 일을 하게 놔두어도 된다는 생각을 받아들였다. 문제는 그들이 홀로 그 일을 할 때, 그들의 능력과 팀이 가지고 있는 기하급수적인 능력을 제한하게 된다는 점이다.

이는 마치 그들에게 주차장의 안전콘을 하나씩 주면서 이렇게 말하는 것과 같다. "이건 이제

임의적인 활동

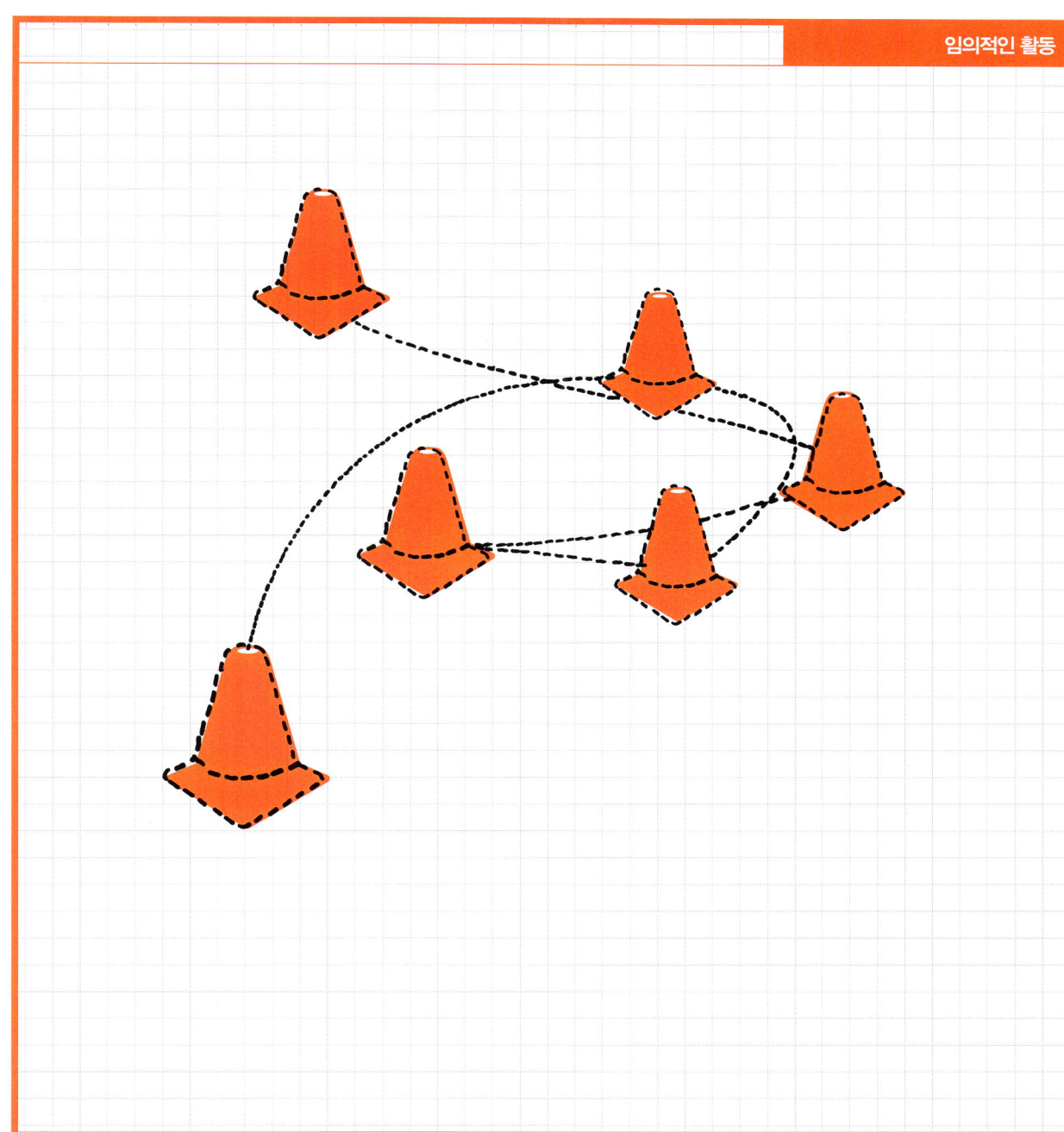

당신 겁니다. 당신이 놓고 싶은 곳에 이것을 놓으십시오. 당신이 안전콘을 잘 다루리라고 믿습니다." 만약 콘들이 교회 주차장에 중구난방으로 흩어져 있다면, 당신은 어떤 생각이 들 것 같은가? 아마 이렇게 말하지는 않을 것이다. "자, 저걸 보니 이제 어디로 가야 할지 알겠군!" 당신은 무언가가 잘못되었다고 생각할 것이다. 트럭이 안전콘을 들이받거나 주차장에서 아이들이 그것을 가지고 놀지도 모른다. 왜 이렇게 됐을까?

대답은 간단하다.

안전콘은 하나씩 따로 사용되도록 만들어진 것이 아니기 때문이다. 그것이 차곡차곡 쌓을 수 있는 모양으로 만들어진 이유가 있다. 그것은 전략적으로 배열되었을 때 가장 효율적이다.

이것은 신뢰의 문제가 아니다. 안전콘은 신뢰할 수 있다!

이것은 협동의 문제이며 시너지의 문제이다.

통합된 전략은 가정의 능력을 증대시킨다.

두 개의 영향력이 결합하면, 그 두 개가 따로 영향을 미치는 것보다 월등히 더 큰 영향력을 만들어낼 수 있다는 사실을 기억하라. 나는 솔직히 만약 교회가 부모들과의 동역을 진지하게 받아들인다면, 아이의 마음에 미치는 영향력이 두 배 이상일 거라고 믿는다. 부모의 마음을 조금만 움직이면 다음 세대를 변화시키는 데 큰 도움이 될 수 있다. 당신의 사명을 생각하고 가정의 사명을 기억하라. 타락한 세상에 하나님의 사랑을 나타내는 데 도움이 될 수 있는 다른 가능한 동역이 무엇이 있는가?

보충 설명 6.4

당신은 모든 사람의 능력을 증진시킬 수 있는 잠재력을 가지고 있다. 어떤 면에서 이것은 교회와 리더라는 청지기직이 갖는 원칙에 관한 것이다. 데이브 램지(Dave Ramsey)에게 물어보라. 그가 말하길 쟁기를 끄는 벨기에산 말 한 마리가 약 3.6톤의 무게를 끌 수 있다고 한다. 이것은 트럭 한 대의 무게이다. 이제 통합된 전략의 힘이 어떤지 살펴보자. 두 마리가 함께 끌면 어떻게 될까? 두 마리의 말이 함께 끌면 그것의 3배, 즉 10.8톤 정도를 끌 수 있다고 한다. 이러한 면에서 그 말들은 안전콘과 비슷하다. 힘을 합치면 역량이 증대된다.

통합된 전략을 개발하는 것은 어렵다. 리더들이 같은 뜻을 갖도록 하려면 많은 노력이 필요하다. 리더들과 부모들을 사역의 동역자가 되도록 훈련시키는 일은 많은 에너지를 필요로 한다. 당신은 그것이 그럴 만한 가치가 있다고 믿는가? 다음 세대가 상처받고 마음이 상한 사람들에게 하나님의 마음을 보여주는 본보기가 되기를 원하는가? 당신 교회의 역량이 증대되기를 얼마나 원하는가? 가정들의 역량이 증대되기를 얼마나 원하는가?

보충 설명 6.5

통합된 전략 안에서 리더들과 부모들을 목적을 가지고 훈련시키고, 거기서 창출되는 가능성에 대해 생각할 때, 이 벨기에산 쟁기 끄는 말들에게서 영감을 얻으라. 기억하라. 그들은 혼자서 3.6톤을 끌 수 있다. 그리고 두 마리의 힘을 합치면 세 배의 힘을 발휘할 수 있다. 그런데 두 마리의 벨기에산 말이 통합된 전략 아래에서 함께 훈련받으면, 함께 14.5톤을 끌 수 있다. 나는 이것을 시너지 효과라고 부른다!

성벽 건설은 쉽지 않은 과업이었다. 이스라엘 백성들은 52일 만에 그 일을 해냈다. 모두 불가능한 일이라고 생각했다. 사실 그랬다. 그것은 그들의 능력 밖의 일이었다. 그러나 하나님과 함께하면 해낼 수 있는 일이었다.

필수 요소 2

메시지를 정제하라

교회와 가정,
그 두 영향력을 결합하면
중요한 것이 증폭된다

7장

메시지를 정제하라
핵심 진리를 매력적이고, 현실에 적합하며, 기억에 남는 경험으로 만들라

토머스 제퍼슨(Thomas Jefferson)이나 조지 워싱턴(George Washington) 혹은 다른 유명한 미국의 헌법 제정자들 못지않게, 웨일즈에서 이민 온 한 농부가 미합중국의 건국에 기여했다는 사실을 아는 사람들은 거의 없다.

1784년 윌리엄 알렉산더(William Alexander)가 최초로 오렌지색 당근을 식민지 시절의 미국에 들여왔다. 그 뒤 대중들의 식생활에 필수 영양소인 카로틴이 더해지면서 수십만 명이 목숨을 건질 수 있었다. 베타 차단제 발달에 필요한 비타민 부족으로 인해 식민지의 유아 사망률은 50퍼센트를 훌쩍 넘었다. 웨일즈의 작은 마을에 살았던 윌리엄은 그 처음 보는 기적의 야채가 어린 딸의 생명을 구하는 것을 목격했다. 이 사실을 혼자서만 간직하고 싶지 않았던 농부는 가족들과 그 오렌지색 작물을 가지고 신세계로 이주했다. 알렉산더는 씨앗을 가득 담은 가방 하나와, 그 비극적인 상황을 역전시킬 수 있다는 희망을 가지고 메사추세츠 만에 상륙했다.

그는 자신이 발견한 지식으로 다른 사람들을 돕기 위해서 부지런히 일했다. 그의 노력이 극적인 결과를 보여주기까지는 오랜 시간이 걸리지 않았다. 1.6제곱킬로미터가 넘는 새 당근 농장이 개간된 결과, 보스턴 한 지역에서만 1785년에 12,000명이었던 인구가 1820년에는 150,000만 명으로 증가했다. 이 신생 국가는 식생활이 향상되자 사망률이 떨어졌고, 서부의 새로 개척된 황무지를 채워야 할 적기에 출생률이 치솟았다. 그러나 윌리엄 알렉산더는 1822년 무일푼 신세로 죽음을 맞이했다. 그의 사심 없는 수고의 유일한 대가는, 미래 세대의 건강에 그가 미친 영향을 아는 것뿐이었다.

당신은 윌리엄 알렉산더에 대해서 들어본 적이 없을 것이다. 왜냐하면 그런 사람은 없었으니까. 위에서 말한 이야기는 완전한 허구이다. 이 이야기는 그렉 페인(5장 '스키플 족과 롬 족' 이야기의

저자, 리싱크 그룹의 재능 있는 작가 중 한 명)이 상상한 이야기의 일부이다. 책 속에 이야기를 끼워넣는 것만으로 그 이야기가 사실처럼 보인다는 게 재미있지 않은가? 당신은 책을 쓰는 사람들은 좀 더 책임감이 있을 거라고 생각했을 것이다.

교회 리더로서 당신은 정보를 다루는 방법에 있어서 높은 차원의 책임을 지고 있다. 우리는 우리가 말하는 것이 옳은지 그른지를 놓고 갑론을박하면서 많은 시간을 보낸다. 하지만 우리가 말하려고 하는 것이 정말 중요한지에 대해서는 생각하지 않을 때가 많다. 당신이 작가, 커뮤니케이터, 교사, 리더라면 당신은 영향을 미칠 수 있는 청중을 가지고 있을 것이다. 만약 당신이 진실이 아닌 것을 믿을 만한 것으로 보이게 만들 수 있다면, 진실을 잘 다듬어 적용하게 만들 수도 있을 것이다.

메시지를 정제하는 개념을 더 상세히 설명하는 당근에 관한 비화가 있다(이 이야기는 실화이다). 16세기까지 당근은 여러 가지 색깔이었다. 빨강, 노랑, 보라, 심지어는 흰색도 있었다. 일부 네덜란드인들이 애국심을 고취시키기 시작하던 17세기 전까지 오렌지색 당근은 존재하지 않았다. 네덜란드인들이 그들의 왕 윌리엄 오렌지 공(William of Orange)을 추앙하기 위해 노란색과 빨간색 당근을 교배시켜 오늘날의 오렌지색 당근을 생산했다.

처음에는 분명히 오렌지색 당근을 마뜩잖아 하는 사람들이 있었을 것이다. 그들은 아마 이런 말을 들었을 것이다. "이건 진짜 당근이라고 할 수 없어", "이렇게 생긴 걸 당근이라고 할 수는 없지", "이건 우리 부모님들이 먹던 그 당근이 아니야." 그럼에도 불구하고 당근의 색은 그 이후로 영원히 바뀌었다. 요점은 이렇다. 당근색이 변했다고 해서 당근의 근본적인 특성이 변한 것은 아니다. 다시 말해서 오렌지색 당근은 검은색 당근과 영양 성분이 같다. 두 당근의 유일한 차이점은, 오렌지색 당근이 검은색 당근보다 사람들에게 인기가 더 많았다는 것이다.

마찬가지다. 가르치는 내용을 다르게 포장하면 어린이들과 청소년들을 당신의 사역에 더 많이 참여시킬 수 있다. 그렇다면 당신은 그렇게 하겠는가? 더 많은 아이들이 귀를 기울일 수 있다면 그것을 오렌지색으로 칠하겠는가? "진리를 희석한다"거나 "너무 피상적이다"라고 말하기 전에, 본질은 타협하지 않으면서 색깔을 바꿀 수 있다는 사실을 기억하라. 청중들의 필요에 초점을 맞춘다고 해서 메시지가 희석되는 것은 아니다.

원칙은 분명하다. 더 많은 사람들에게 당근을 먹이고 싶다면 색깔을 바꾸라. 더 많은 학생들에게 진리를 들려주고 싶다면 진리를 표현하는 방법을 바꾸라.

재미있는 방법으로 전달해도 괜찮다.
어린이들이 이해할 수 있는 언어를 사용하는 것이 현명하다.
진리를 가르치는 방법에 따라 진리가 들릴 수도 있고, 들리지 않을 수도 있다는 진술은 신빙성 있는 말이다.

다음 세대에게 진리를 각인시키기 위해 할 수 있는 것은 무엇이든 해야 한다. 필요하다면 약간의 렌치 드레싱(마요네즈와 버터 밀크를 섞어 만든 흰색의 샐러드 드레싱 - 편집자 주)을 첨가할 수 있다. 그래서 그들이 당근을 좋아하게 된다면 그럴 만한 가치가 있다. 반대로 아이들에게 계속 다른 색깔의 당근을 먹으라고 설득하면서, 도대체 왜 아이들은 자라면서 건강한 음식에 대한 식성이 개발되지 않는지 의아해할 수도 있다. 나는 앤디 스탠리(Andy Stanley)와 레인 존스(Lane Jones)가 쓴 「변화를 위한 소통(Communicating for a Change)」에 나오는 다음의 인용구를 좋아한다.

말하는 방식은 말하는 내용만큼 중요하다.

부모들은 본능적으로 이 원칙을 알고 있다. 설탕 한 스푼이면 약이 쏙 넘어간다는 사실을. 부모들은 아이들을 설득하려면 무엇이 필요한지 알면서도 성경의 진리를 전달하는 방법은 잘 모를 때가 있다. 영향력을 결집시키기 위해서 할 수 있는 가장 중요한 일 가운데 하나는, 당신이 말해야 하는 내용에 부모들도 동조하게 하는 것이다. 교회와 가정이 '무엇이 가장 중요한가'에 대해서 한 목소리를 내도록 메시지를 다듬을 수 있다면 어떻게 될까? 더 나아가 진리가 더 큰 영향력을 발휘하도록, 진리를 표현하는 방법을 다시 생각해볼 수 있다면 어떻게 될까?
아이들과 유대감을 가지면서, 동일한 내용을 쉽게 적용할 수 있는 방법으로 가르치는 부모와 리더들이 있다면 어떨지 상상해보라. 나는 요한계시록이나 아가서에

한 세대에게 진리를 각인시키기 위해 할 수 있는 것은 무엇이든 해야 한다.

대한 담임 목사님의 설교를 2학년 아이들에게 맞추는 것에 대해 말하는 것이 아니다. 핵심 진리를 전달하는 데 있어서 가정과 교회가 함께 일할 수 있는 방법이 있다는 걸 주장하는 것이다. 오렌지색으로 채색할 수 있는 방법이 있으며, 우리는 메시지를 다듬는 것 또한 그 방법의 일환이라고 생각한다. 우리는 교회와 가정이 성경에 계시된, 삶을 바꾸는 원칙의 청지기들이라고 믿기에 그 메시지를 다듬기 원한다. 우리가 메시지를 말하는 방법, 즉 그것을 함께 말하는 방법에 따라서 그 메시지가 어린이와 청소년들의 마음속에서 증폭되는 양상이 크게 달라진다.

전략의 통합은 부모와 리더들을 같은 목적 아래에 통합시키는 것이다. 이것은 다음 세대를 위해 교회와 가정이 동역하는 데 뜻을 같이하여 더 매진하라는 부르심이다. '전략'을 실행할 때는 같은 목적을 가지고 인도해야 한다. '메시지'를 전할 때는 같은 목적을 가지고 가르쳐야 한다.

"메시지를 정제하라"는 말 속에 깔린 우리의 의도는, 모든 부모와 리더들이 아이들의 마음속에 새겨넣기 위해 분명하게 설명해야 하는 성경적인 원칙들이 있다는 것이다. 교회와 가정 모두 아이들에게 끊임없이 하나님의 이야기를 상기시키는 환경을 조성할 수 있는 잠재력을 가지고 있다. 교회는 하나님의 빛이 되라는 부르심을 받은 믿는 자들의 모임 속에서, 그 이야기의 요소들을 전달할 수 있다. 가정은 날마다 아이들을 보살피면서, 아이들의 마음속에 하나님의 메시지를 지속적으로 예시할 수 있다. 이 두 가지 환경을 동시에 사용함으로써 우리는 이 메시지를 기억 속에 각인시키고, 영향을 미칠 수 있는 방법으로 다듬는 것이다.

다음의 목록은 유소년과 청소년들을 위해 메시지를 다듬는 방법에 관하여, 내가 오랜 세월에 걸쳐서 터득한 가장 중요한 원칙들을 요약한 것이다. 이 원칙들 가운데 많은 부분이 리싱크에서 가르치려는 내용을 스토리보드로 만들 때 사용하는 과정으로 이루어져 있다. 이 원칙들은 포괄적인 커리큘럼, 어린이 캠프, 청소년들을 위한 시리즈 또는 특별한 경험을 계획하는 데 사용될 수 있다. 이 원칙들은 내가 여기에 나열한 대로 순차적으로 사용할 수도 있고, 아니면 특별한 상황에 맞추어 개별적으로 사용할 수도 있다. 나는 이 외에도 앤디 스탠리와 레인 존스가 쓴 「변화를 위한 소통」을 읽어볼 것을 강력히 추천한다. 나는 이 책을 메시지 개발을 주제로 한 최고의 책 가운데 하나로 꼽는다.

적게 말하라 – 무엇을 말할 것인가?

전달하려고 하는 것을 가장 중요한 개념으로 단순화시키라.

우리는 십여 년 동안 리더들에게 이 원칙의 중요성을 가르쳐왔다. 우리는 노스포인트 교회를 개척하기 시작했을 때부터, 아이디어 기획 팀과 커뮤니케이터들에게 우리의 목표는 '더 많은 것을 더 적은 내용으로 가르치는 것'이라고 말했다. 교회 리더로서 당신이 아이들과 함께할 수 있는 시간은 제한되어 있기 때문에 더 적게 말해야 한다. 모든 것을 이른바 축소 불가능한 최소치 – 가장 중요한 성경의 핵심 진리 – 로 줄여야 한다. 이 단순한 진리를 아이들에게 가르칠 때, 우리는 이것을 '핵심'이라고 부른다.

적게 말한다는 것은 미리 '이 아이가 어떤 사람이 되기를 원하는가?'라는 질문을 바탕으로 무엇을 가르칠지 결정해야 한다는 뜻이다. 기억하라. 교회 리더로서 당신이 한 아이를 가르칠 수 있는 시간은 1년에 평균 40시간뿐임을. 그러므로 내 친구이자 동료인 수 밀러가 말하듯이, "어린이와 함께하는 모든 주간을 최고의 시간으로 만들어야 한다."[20]

내용의 우선순위를 정하거나 더 많은 것을 가르치기 위해 더 적게 가르치는 것은, 모든 성경 말씀은 하나님의 영감에 의해 쓰였지만 모든 성경 말씀이 똑같이 중요하지는 않다는 전제를 바탕으로 한다. 어떤 성경 구절을 가르치기로 결정할 것인지는 리더인 당신에게 달려 있다. 오랫동안 나는 학생들에게 성경을 하나도 빠짐없이 가르치는 것이 내 임무라는 잘못된 통념에 사로잡혀 있었다. 부담 갖지 말라. 성경 66권을 차례대로 압축해서 끝까지 가르칠 때까지 일주일에 한 시간씩 가르치라. 아이들이 결석하거나 오바댜서를 반쯤 가르쳤을 때 새 아이들이 들어오더라도 신경 쓰지 말라. 성경 전체를 체계적으로 가르치는 게 당신의 목표라면, 그들이 중년이 되었을 때쯤 진도를 따라잡을 수 있을 테니까.

나는 그러한 방법이 어린아이나 십대들의 세계에 도움이 되지도 않고, 적합하지도 않다는 사실을 깨닫기까지 모든 커리큘럼을 다 시도해보았다. 앤디 스탠리는 이 두 가지 상이한 접근 방식을 다음과 같이 또 다른 방법으로 강조한다. "아이들에게 성경을 가르친다. 혹은 성경을 가지고 아이들을 가르친다." 이 둘은 같은 말로 들리지만 그 함의는 완전히 다르다. 전자는 아이들이 들

아이들에게 성경을 가르친다. 혹은 성경을 가지고 아이들을 가르친다.

던 말던 성경을 가르친다는 의미이고, 후자는 성경을 아이들에게 맞게 적용하여 가르친다는 뜻이다. 아이들에게 성경을 가르치는 것은, 거의 언제나 기껏해야 혼란이고 최악의 경우 거부로 끝나게 마련이다. 그러나 성경을 가지고 아이들을 가르치면, 우리는 아이들의 마음을 다루는 것부터 시작해 가장 적절한 성경 구절을 사용해 그들의 마음을 다듬어나갈 수 있다.

혹, 성경의 우선순위를 정하는 것이 힘들면 쉐마의 개념과 마태복음 22장을 돌이켜 생각해보라. 예수님이 바리새인들에게 시험당하시는 이야기를 다시 읽으라. 예수님이 받으신 질문을 기억하는가? "율법 중에서 어느 계명이 크니이까?" 예수님이 대답하지 않으신 말씀이 대답하신 말씀 못지않게 의미심장하다. 그분은 이렇게 말씀하지 않으셨다. "그건 어리석은 질문이다. 왜냐하면 모든 계명은 똑같이 중요하기 때문이다." 대신에 그분은 한 계명을 다른 계명들 위로 높이셨다. "네 마음을 다하고 목숨을 다하고 뜻을 다하여 주 너의 하나님을 사랑하라 하셨으니 이것이 크고 첫째 되는 계명이요 둘째도 그와 같으니 네 이웃을 네 자신 같이 사랑하라." 예수님은 모든 것을 가장 중요한 한 가지로 압축하셨다.

모든 것은 이 세 가지 가장 중요한 관계로 귀결된다. 아이들이 성장해서 하나님과 올바른 관계를 추구하기 원한다면, 그분의 사랑을 다른 사람들에게 증거하고, 그들의 삶을 하나님이 원하시는 바대로 소중히 여기라. 아이들이 가정이나 교회에서 체득한 가장 주된 특성과 가치가 이것이라면, 당신은 성공했다고 생각하지 않을까? 그 가치와 특성을 중요한 개념으로 농축시키면 어떤 이야기, 원칙, 진리를 가르쳐야 하는지 더 쉽게 분별할 수 있다.

생각 키우기

잠시 오렌지 사고를 해보자. 만약 당신 교회의 부모와 리더들 모두가 아이들이 기억하기를 바라는 원칙 목록을 갖고 있다면 어떨까? 아마 영향력 있는 두 집단이 아이들에게 전달한 메시지는, 아이들의 마음과 삶 속에 이해되고 뿌리내리면서 서로의 영향력을 증폭시킬 것이다. 시간을 내서 사역 팀의 다른 멤버들과 이 원칙 목록을 브레인스토밍하라. 목록이 간단해야 한다는 사실을 잊지 말라!

중요한 것을 말하라 – 왜 그것을 말하려고 하는가?
현실적으로 적합한지를 판단해 내용을 미리 정하라.

고백할 것이 있다. 나는 이 장에서 '적합'이라는 단어를 벌써 두 번 사용했다. 당신이 세어보았는지 알아보려고 그랬다. 이 말에 대해서는 지나치게 논란이 많은 것 같다. 그렇더라도 나는 이 다음에 나오는 500마디의 말 속에 이 단어를 열두 번도 더 말하려고 한다는 것을 미리 알려야겠다. 한정된 수의 단어 중에서 나는 이 단어가 정말로 필요하다고 생각한다.

그 사실을 염두에 두라. 여기서 잠시 내가 적합이라는 단어를 통해 전달하려는 의미를 설명해야 할 것 같다. 메시지를 정제하는 중요한 이유 가운데 하나는 그것을 개인적으로 적합하게 만들기 위해서이다. 나는 특별히 강조하기 위해 개인적이라는 말을 첨가했다. 정말 중요한 것은 이것이다. 아이들은 우리 사역과 가정 안에서, 성경의 특정 진리들이 그들의 삶과 관계 속에서 어떻게 적용되는지 지켜보면서 성장한다는 사실이다. 성경의 메시지가 개인적인 현실에 적합해야 한다고 말하는 이유가 바로 이것이다. 이것은 우리가 시간을 초월하는 진리를, 어린아이들과 청소년들이 하나님과 개인적인 관계를 맺고, 그것을 일상의 삶에 적용하는 데 도움이 되는 방식으로 가르칠 때 가능해진다.

교회들이 지나치게 현실 적용에 몰두하고 있다는 걱정을 들으면 마음이 불편해지는 건 나뿐인가? 나는 교회의 메시지가 자신의 상황과 너무 잘 맞아서 교회에 가지 않는다는 비그리스도인들을 만나보지 못했다. 나는 교회에 대해 '지루한', '고루한', '어울릴 수 없는', '정죄하는' 등의 수식어는 들어보았지만 '현실에 적합한'이라는 말은 듣지 못했다. 진리가 지나치게 현실과 잘 맞아서 문제가 되는 경우보다, 도리어 교회가 현실과 동떨어져 있다고 주장하는 사람들로부터 나오는 부정적인 영향을 본다. 솔직히 나는 교회가 삶을 변화시키는 진리를 사람들의 삶에 연결시키는 데 많은 시간을 쓰는 탓에 사람들이 교회를 떠난다고 생각하지 않는다.

나는 하나님과 교회에 대한 인식 때문에 괴로워하는 대학생들과 꽤 많은 시간을 보낸다. 더 이상 교회에 나가지 않는 이들은 그들이 진리를 배우지 못했기 때문에 떠났다고 말하지 않는다. 오히려 그들은 교회가 그들에게 가르친 것이 그들의 현실에 적합하지 않았기 때문에 떠났다고 말

진리가 지나치게 현실과 잘 맞아서 문제가 되는 경우보다, 도리어 교회가 현실과 동떨어져 있다고 주장하는 사람들로부터 나오는 부정적인 영향을 본다.

한다. 당신이 진리를 현실에 맞게 적용시키고 있는지 살피기 위해 할 수 있는 단순하지만 강력한 질문은 이것이다! "이 메시지가 그들에게 도움이 되는가?" 만약 당신이 무언가를 말하는 방식이 누군가가 하나님을 더 명확하게 보거나 이해하고, 진리를 더 효율적으로 적용하는 데 도움이 되지 않는다면, 당신은 그것에 현대적 의미를 부여하지 못하고 있는 것이다.

대부분의 교회들은 영원한, 그리고 삶을 변화시키는 진리를 현실에 맞게 또는 유용한 방식으로 전달하지 못함으로써, 그 진리 속에 존재하는 가능성을 사장시키는 나쁜 습관을 가지고 있다. 우리는 묻지도 않은 질문에 대답하는 것으로 악명이 높다.

그것은 마치…
추위에 떠는 사람에게 마실 물을 주고,
타이어가 펑크난 사람에게 부스터 케이블을 건네주며,
피를 흘리고 있는 사람에게 이야기를 들려주는 것과 같다.

우리가 교회의 리더건, 부모건, 교사이건(그리고 우리가 유아, 어린이, 십대들 중 누구를 사역하고 있건), 모두 이러한 질문을 하는 법을 배워야 한다. "이것이 현재 그들이 지나고 있는 삶의 계절에 정말 유용하고 적합한가?" 기억하라. 모든 성경 말씀이 똑같이 중요하지는 않다는 것을. 나는 이 말이 논란의 여지가 있다는 것을 안다. 이 말의 진의는 무엇일까?

내가 당신에게 한 아이를 가르칠 수 있는 시간을 딱 한 시간 주면서, 히브리 민족의 족보를 다룬 열일곱 구절과 "자녀들아 주 안에서 너희 부모에게 순종하라"는 구절 중에서 하나를 택하라고 하면 무엇을 택하겠는가? 그 구절들이 가진 개인적인 적절성이 다르기 때문에, 각각의 구절이 가진 비중도 다르다. 이제 한 아이의 삶 속에 내릴 거대한 닻을 결정하고, 적합한 발달 단계에 맞춰 그것이 그들의 삶 속에 자리 잡게 할 방법을 찾으라.

모든 성경 말씀이 모든 삶의 단계에 동일하게 적용되는 것은 아니다. 유아들에게 요한계시록의 짐승에 대해 가르치지 않고, 초등학교 2학년에게 다윗과 밧세바의 이야기를 설명하지 않는 데에는 이유가 있다. 반면에 고등학생들을 지도한다면 성적 순결에 대한 모든 시리즈를 가르쳐야 할 것이다.

부모와 리더들이 큰 그림에 집중하는 데 유용한 몇 가지 핵심 원칙에 맞추어 메시지를 정제하는 것이 중요하다. 유아부터 청소년에 이르기까지, 당신이 전달하는 내용의 기초를 보여주기 위해서 동일한 용어를 사용하면, 당신이 말하고자 하는 큰 그림이 더 분명해진다. 이는 모든 사람들 – 교역자, 리더, 부모 – 이 총괄적인 계획의 중요성을 이해하는 데 도움이 된다.

생각 키우기

당신 주변의 아이들 가운데 다양한 환경에 속해 있는 다섯 명의 이름을 적어보라(예컨대, 홀어머니와 사는 남자 중학생, 막 이사온 8살짜리 소녀 등). 그리고 각각의 이름 옆에 몇 가지 특징을 적으라. 이제 당신이 이 주간에 전할 메시지의 '요점'을 그 아이들에게 일대일로 가르쳐야 한다고 상상해보라. 아이들에게 특별히 해줄 말을 한 가지씩 생각해보라.

명확하게 말하라 – 어떻게 말할 것인가?

원칙의 능력을 전달할 수 있는 어휘를 다듬으라.

전국의 리더들이 나에게 공통적으로 가장 많이 하는 말 가운데 하나가 이것이다. "내가 오랫동안 말하려고 했던 것을 말씀해주셔서 고맙습니다." 나는 보통 답례로 우리 팀에게 그 공을 돌린다. 훈련을 위한 행사나 자료를 개발하면서, 문장 하나를 만들기 위해 몇 시간씩 논의하는 것이 우리에게는 드문 일이 아니다. 우리는 올바른 문구와 최선의 어휘를 찾기 위해 싸우고, 옥신각신하며, 얼굴을 붉히고, 재정을 쓴다. 우리는 딱 맞는 단어 하나를 찾느라 온종일을 보내는 것으로 유명하다. 우리는 '말하고자 하는 것을 어떤 방식으로 말하느냐'가 정말 중요하다고 믿는다. 우리는 리더들과 부모들에게 그들이 한목소리를 내는 데 사용할 수 있는 도구를 제공함으로써, 그들의 음성이 오래 기억에 남을 수 있게 되기를 바란다.

보충 설명 7.1

다음의 예를 생각해보라.

"당신들이 힘을 합치면 더 효율적으로 영향력을 발휘할 수 있을 것이다."
"결합된 두 개의 영향력은 결합하지 않은 두 개의 영향력보다 훨씬 큰 영향을 미친다."

"학생들이 귀를 기울이기 원한다면, 그들에게 지식을 제시하는 방법을 연구해야 한다."
"상상력을 자극하는 것은 새로운 지식이 아니라, 그것을 표현하는 방식이다."

이 두 쌍의 진술은 기본적으로 동일한 메시지를 전달하고 있지만, 간결한 문구와 신중한 단어 선택으로 인해 각각 두 번째 문장들이 훨씬 더 기억에 남는다. 단어 배열 방식에 따라서 똑같은 의미를 담고 있는 문장이 강력한 영향력을 가질 수도 있고 그 반대가 될 수도 있는 것이다.

물론, 무엇이든 도가 지나치면 안 된다. 그리고 어휘 선택에 따른 위험성도 존재한다. 일례로 교회 광고판을 들 수 있다. 나는 언젠가 이런 문구를 읽은 적이 있다. "생명의 빵을 모르는 당신은 토스트입니다!" 그리스도와의 관계 속에서 성장하는 것이 중요하다는 걸 강조하려는 의도라는 것은 알겠다. 그런데 과연 그것이 교회에 다니지 않는 사람들의 마음을 움직일 수 있었는지는 의문이다. 이런 문구도 보았다. "신도석에서 기도가 끊기면 강대상에서 능력이 사라집니다." 이 문구를 보자 대뜸 강대상과 신도석을 구별하는 문제에 대해서 강연하고 싶다는 생각이 들었다. 그러면 또 다른 책을 한 권 더 써야 할 판이다. 나의 추측으로는 이 교회 목사가 설교나 강연에 대한 불평을 너무 많이 들은 나머지, 자신의 설교 준비 부족에 대한 앙갚음이나 변명으로 그 문구를 올린 것 같다. 부디 신중하고 창조적으로 언어를 사용해달라고 여러분에게 간청하고 싶다. 언어는 강력한 힘을 가지고 있다. 우리의 메시지는 중요하다. 우리가 말하는 방식에 따라서 오래 기억에 남거나, 나쁜 인상을 주거나, 또 어떤 경우에는 아무 인상도 남기지 못할 수도 있다.

우리는 사람들이 강력한 언어를 재빨리 포착해서 담아두는 미디어가 주도하는 세대 속에서 살고 있다. 사람들이 페이스북에 적어놓은 인용 문구를 읽어보라. 장황하고 긴 문장들은 별로 없다. 시나 영화의 명대사, 유명 인사들의 말, 잭 바우어(Jack Bauer)의 말 등을 보게 될 것이다. 우리가 속해 있는 문화는 말하고자 하는 것을 어떻게 말해야 할지를 끊임없이 재개발하고 있다. 작가들이 지적 재산권을 놓고 파업을 벌이고, 그것을 지키기 위해 수백만 달러가 쓰이는 이유는 모두 언어가 가진 힘 때문이다. 우리는 상표를 붙이고, 노래하고, 입고, 영화를 만들고, 몰아붙이고, 사고팔고, 권리를 주장하고, 말하는 데 언어를 사용한다. 언어를 효과적으로 활용하기 위해 노력해야 할 두 개체가 있다면 그것은 교회와 가정이다. 우리가 해야 할 말은 그 무엇보다도 중요하기 때문이다.

우리는 우리의 말을 새롭게 표현하는 일에 적극적으로 나서서 사람들이 그 말을 듣고 마음속에 간직하도록 해야 한다. 내 생각에 대부분의 교회와 기독교 리더들은 이 문제를 충분히 중요하게 생각하지 않는 것 같다. 교회에 나오는 사람들은 같은 소리를 너무 많이 들은 나머지, 더 이상 듣지 않게 되는 '백색 소음 효과'에 시달리고 있다. 우리는 계속 같은 주파수의 소리만 내기 때문에 대부분의 사람들에게는 윙윙대는 소음으로 들릴 뿐이다. 그렇다면 해결책은 무엇인가? 그것은 아무리 말하고 싶더라도, 그 소음을 내지 않거나 오래 틀지 않는 것이다. 주파수를 바꾸지 않으면 아무도 귀를 기울이지 않을 것이다. 교회는 특히나 말하고자 하는 것을 어떻게 말할 것인지 신중하게 다시 생각해야 한다. 그렇게 하지 않는다면 사람들은 귀 기울이지 않을 것이다. 사람들이 당신이 하는 말을 듣기 원한다면, 설명하는 방법을 바꾸기에 앞서 언어를 바꿔야 한다.

커뮤니케이터가 넥타이를 풀고, 근사한 밴드를 동원하며, 비디오를 보여주고, 전문 배우들을 사용하는 데도 여전히 메시지가 잘 전달되지 않는 경우가 있다. 그렇다면 그는 아마 언어를 바꾸어야 할 것이다. 이상하게 들릴지 모르겠지만, 리싱크의 모든 조직은 여러 면에서 이 가치를 중심으로 설립되었다. 언어를 정제하는 것이 우리의 사명 가운데 하나라고까지 말할 수 있다. 우리는 하나님의 이야기 속에 담긴 메시지에 대한 강한 믿음을 가지고 있다. 그렇기 때문에 우리의 모든 팀은 어린이, 청소년, 대학생들을 가르치는 언어를 글로 쓰고 창조하는 데 시간을 투자하고 있다. 공동의 메시지를 구심점으로, 교회와 가정을 연결해줄 수 있는 언어를 창조하는 것이 우리의 바람이다. 이것만은 꼭 기억하라. 메시지가 분명할수록 부모들과 다른 사람들이 전달받아 다시 전달하기가 더 쉬운 법이다.

우리의 메시지는 중요하다. 우리가 말하는 방식에 따라서 오래 기억에 남거나, 나쁜 인상을 주거나, 또 어떤 경우에는 아무 인상도 남기지 못할 수도 있다.

생각 키우기

팀을 이루어 말을 다듬는 기술을 연마하라. 하나의 문구나 원칙을 찾아내 그것을 다른 방식으로 재배열하거나 고쳐 써보라. 그리고 그것을 청중들 앞에서 여러 번 말하는 것을 상상해보라. 그 문구를 적어서 당신이 수시로 볼 수 있는 곳에 붙여놓으라. 쉽게 기억할 수 있는가? 당신이 가장 좋아하는 인용문 하나를 가지고 그룹 토의를 하라. 무엇이 그것을 기억에 남게 만드는가? 어떻게 해야 당신의 원칙이 그 인용문처럼 기억하기 쉽게 표현될 수 있겠는가?

말하지 말라 – 말하지 않을 최선의 방법은 무엇일까?
메시지가 작용할 수 있는 경험을 만들라.

이 말은 모순되게 들릴 것이다. 그렇지 않은가? 바로 앞에서는 리더와 부모들에게 더 적게 말하면서 더 잘 말하라고 권고하지 않았는가? 그러나 때로는 아예 아무 말도 하지 않는 것이 최선일 때도 있다. 우리가 늘 신비를 설명하면 어린아이들은 그 신비를 체험하지 못할 것이다. 십대들에게 스스로 원칙을 발견할 수 있는 여지를 허용하지 않는다면 그 원칙은 절대 그들의 것이 될 수 없다. 우리가 사명을 지나치게 좁게 제한하면 학생들은 열정을 잃고 말 것이다. 대다수 교회들은 경이, 발견, 열정을 프로그램에서 제외시켰다. 가르침이 필요한 모든 순간마다 교사가 있을 수는 없다. 가르칠 수 있는 환경을 조성하고 전달하려는 메시지를 정제할 때 물어야 할 좋은 질문은 이것이다. "이것을 말로 하지 않을 수 있는 최선의 방법은 무엇인가?"

나는 최근에 우리 사무실 옆에 있는 레스토랑에서 일하는 열아홉 살의 젠(Jen)이라는 아가씨와 흥미로운 대화를 나누었다. 우리 교역자들은 그 레스토랑의 단골이었고 우리는 그녀와 인생, 대학, 일 그리고 다른 중요한 주제를 놓고 토론을 하곤 했다. 나는 늘 삶에 대한 그녀의 관점과 낙천주의에 감탄한다. 그녀가 '말로 하지 않는 개념'에 대해 설명했던 일을 나는 절대 잊을 수 없을 것이다. 그녀에게 교회에 대해 어떻게 생각하느냐고 묻자, 그녀는 교회를 진심으로 좋아했던 적이 한 번도 없었노라고 말했다. 그 이유를 그녀는 이렇게 설명했다. "내가 갔던 대부분의 교회들은 내가 무엇을 믿어야 하는지 말했지요. 정말 소리 높여 말해요. 어떨 때는 너무나 호들갑스러워서 내가 뭘 배우고 있는 건지 멍해질 때도 있어요. 나는 하나님에 대해서 이해하기 힘든 게 많아요."

나는 그녀에게 그것을 알아내기 위해서 어떻게 할 생각이냐고 물었고, 그녀는 설명했다. "솔직히 말해서 내가 어울리는 많은 친구들도 그들이 무엇을 믿고 있는지 몰라요. 우리는 모여 앉아 하나님에 대해 이야기하며 재미있는 시간을 보내요. 말하자면 거대한 퍼즐을 함께 맞추는 거죠. 누군가가 우리 어깨 너머로 보면서 퍼즐 조각들을 어디에 놓아야 하는지 말해주는 걸 우리가 좋아할지는 잘 모르겠어요. 그러면 재미가 없어질 것 같아요."

다시 돌아가 한 번 더 읽으라. 그녀가 실제로 하나님에 대해 말하는 것을 재미있어 한다는 사실을 눈치챘는가? 교회에 다니지도 않고 정작 자기가 하나님에 대해 무엇을 믿고 있는지도 모르는 사람이 하나님에 대해 알아가는 과정을 즐기고 있다. 그렇다면 하나님은 무슨 생각을 하셨을까? 실망하셨을까? 그들이 교회에 다니지 않아서 화가 나셨을까? 그렇지 않을 것이다. 나는 하나님이 한 쌍의 천사들에게 몸짓으로 이 학생들을 가리키시며, 이렇게 말씀하시는 모습을 상상할 수 있다. "저 애들이 하는 말을 들었나? 저 애들이 모여 앉아서 나에 대해 말하고 있군. 그리고 아주 재미있어 하고 있어! 저들은 나를 알고 싶어해. 적절한 시기, 적당한 때에 나를 소개해야 할 것 같군."

하나님이 우리에게 그분에 대해 상세히 알려주지 않으신다는 사실이 흥미롭지 않은가? 당신은 말할 것이다. "그럼 성경은요?" 성경에 많은 내용이 있다는 것은 나도 안다. 그렇지만 무엇이 성경에 나와 있지 않은지 곰곰이 생각해본 적이 있는가? 하나님은 우리에게 가장 중요한 것을 말씀해주셨지만, 여전히 신비에 싸인 부분들도 많다. 하나님은 다른 무엇보다도 우리가 그분을 찾는 일에 가장 관심이 많으신 것 같다. 그분은 우리가 그분을 깔끔하게 포장하거나, 지나치게 편협하게 규정짓는 것을 좋아하지 않으신다. 만약 우리가 하나님에 대해 모든 것을 설명할 수 있다면 아마 그분은 하나님이 아닐 것이다.

그게 사실이라면 우리가 대답할 수 없는 것이 있다 한들 뭐가 그리 대수겠는가? 그리고 어째서 마치 모든 답을 가지고 있는 것처럼 보이는 교회의 전형을 만들어내는가? 만약 교회가 말하는 것

못지않게 말하지 않는 것에 대해서도 신중해진다면 무슨 일이 벌어질까?

리싱크의 XP3 교역자들은 청소년과 대학생들을 위한 교재를 만든다. 하나의 시리즈를 만들 때마다, 매번 그들은 소그룹 리더들에게 어떤 경우에는 특정 질문들에 대해서 대답하지 말라는 경고를 삽입한다. 그들은 학생들과 리더들에게 메시지를 직접 깨달을 수 있는 여지를 주기 원한다. 그들은 또 긴장을 전략적으로 사용하고 삶을 변화시키는 한 방법으로, 직접 체험함으로써 메시지의 영향력을 증폭시킬 수 있는 프로그램와 시리즈를 계획한다.

우리 어린이 커리큘럼 팀은 최근에 믿음에 관한 시리즈를 만들어서 '단서(Clue)'라고 명명했다. 이 시리즈의 핵심은 하나님을 신뢰하기 위해 하나님에 대한 모든 것을 알아야 할 필요는 없다는 것이다. 필요한 만큼만 알면 된다. 우리는 하나님을 따르면서도 의문을 품었던 네 사람을 집중 조명했다. 이것을 쓰면서 우리가 가장 우려했던 것은 리더들이 필요 이상으로 말을 많이 한다는 것이다. 우리가 리더들에게 바라는 것은, 종종 그들을 긴장시키지만 너무 빨리 대답해서는 안 되는 질문들을 아이들이 하도록 허용하는 것이다.

사람들은 소화시키고 정리할 시간이 필요하다. 그들은 젠과 그녀의 친구들이 하듯이 해야 할 필요가 있다. 부모와 리더의 입장에 있는 우리는 어떻게 퍼즐을 맞추어야 하는지 계속 말하지 않도록 주의해야 한다. 오늘날 우리는 다른 어떤 세대도 경험하지 못한 정보의 포화 상태 속에 있다. 나는 하루에도 수백 번씩 페이스북에서 일촌을 맺고, 이메일, 문자, 전화를 받는다. 외부 세계, 함께 일하는 스태프들 그리고 우리 가족들은 하루 24시간 나와 접촉할 수 있다. 우리는 우리에게 직접 말하는 수십 가지 목소리를 끊임없이 듣고 있다. 부모와 리더들은 때때로 말을 얼마나 많이 하는지 점검해야 한다. 우리는 더 적게 말함으로써, 사람들이 더 많이 들을 수 있는 시간을 만들도록 노력해야 한다.

생각 키우기

아이들이 정리하는 과정을 도울 수 있는 창조적인 아이디어를 고안하라. 이번 주 주일에 계획하고 있는 것들을 살펴보라. 그리고 아이들이 그 원칙을 직접 체험할 수 있는 공간이 있는지, 또는 어느 부분에 긴장을 조성해줄 수 있는지 생각해보라. 가르치기보다 더 적게 말한다는 개념을 중심으로 주일학교 전체를 재구성하는 것을 고려해보라.

더 크게 말하라 – 어떤 환경에서 말할 것인가?
각각의 개념을 강조하기 위해서 모든 가능한 환경을 활용하라.

요점은 이것이다. 메시지의 영향력을 증대시키기 원한다면, 교회와 가정은 같은 목소리를 내야 한다. 우리는 이 장을 당신이 말하는 내용을 다듬도록 돕는 것으로 시작했다. 그리고 환경에 영향을 미치는 요소에 대해 말하는 것으로 마무리하려 한다. 학습과 발달에 대한 이해가 있는 사람이라면 누구라도, 적합한 환경 속에서 그것이 이루어지는 게 얼마나 중요한지 알고 있다.

"더 크게 말하라"가 마이크의 볼륨을 높여야 한다는 뜻이 아니라는 걸 부디 이해하기 바란다. 내 친구 젠은, 너무나 크고 시끄러워서 그녀가 배운 진리를 정리할 수 있는 환경을 주지 않은 교회 리더들에게 실망했다고 말했다. 당신이 전하는 메시지는 물리적 환경과 친밀한 관계 속에서 반복될 때 그 영향력이 증폭될 것이다.

모세는 사람들을 가르칠 때 올바른 환경을 사용하는 것이 중요하다는 사실을 알았다. 그가 히브리 민족에게 특정 진리를 집과 대문의 문설주에 기록해놓아야 한다고 말했던 것을 기억하라 (신 6:9). 이 책을 반쯤 썼을 때 한 친구가 나에게 메주자(mezuzah)를 주었다. 메주자란 쉐마가 인쇄된 양피지 조각을 보관하는 작은 상자다. 나는 문을 나설 때마다 볼 수 있도록 그것을 내 사무실 문 위에 놓았다. 눈에 보이는 상징 하나가 관점을 강화시키고 생각을 이끈다는 건 흥미로운 일이다.

나는 우리가 처음 노스포인트 교회를 개척하던 때를 기억한다. 우리는 가르치려고 하는 구절들과 원칙들을 재차 강조하기 위해서 유·초등부의 홀과 방들을 이용하는 것이 중요하다고 생각했다. 유치부 콘텐츠는 창조주이자 사랑이 풍성하신 아버지로서의 하나님에 초점을 맞추고 있었기 때문에 자연을 주제로 삼았다. 우리는 하나님의 사랑을 창조물에 비유한 시편에서 핵심 구절을 골라 복도에 적어놓았다. 그리고 바다, 북극, 호주 오지, 사막 등을 주제로 여러 방들을 꾸몄

보충 설명 7.2

> **당신이 전하는 메시지는 물리적 환경과 친밀한 관계 속에서 반복될 때 그 영향력이 증폭될 것이다.**

다. 초등학생들을 위한 공간은, 이웃과의 공동체 의식을 심어주고 싶어서 바닥을 거리로, 넓은 방들을 마을로 바꾸었다. 중심이 되는 성경 말씀이 누가복음 2장 52절이었으므로 우리는 지혜, 믿음, 우정에 관한 원칙들을 강조했다. 지혜의 길, 믿음 은행, 우정 공장이라고 이름 붙인 곳이 있었다. 두 곳 모두에 성경 구절들을 전략적으로 배치했다. 우리에게는 계절에 따라 배경을 바꾸어 내용을 강조해주는 장식 팀이 있었다. 우리의 의도는 아이들에게 기대감을 불러일으킬 수 있는 시각적 자극을 주어서, 가장 기본적인 진리들이 그들의 마음속 깊이 새겨지게 하려는 것이었다.

배경은 실제로 하나님의 메시지와 이야기를 잘 부각시켜준다. 왜 느헤미야가 성벽을 재건하기 위해서 예루살렘에 갔다고 생각하는가? 그는 고향이 폐허가 되었다는 것을 알고 분명 마음이 동요했을 것이다. 그는 하나님의 인도하심에 민감했고 그 상황에 대해 오랜 시간 기도했다. 또한 그가 왕에게 그의 부친이 그곳에 묻혀 있다고 말한 것으로 보아 그곳에 그의 개인적인 유산이 있었던 것이 분명하다.

개인적으로 나는 느헤미야를 움직였던 동기와, 천 년 전 모세로 하여금 히브리 백성들을 앞에 놓고 호소하게 만들었던 동기가 같았을 거라고 생각한다. 느헤미야는 하나님의 백성들이 치욕을 당했기 때문에 가야 한다고 말했다. 하나님이 그분의 백성들을 통해 드러내려고 하셨던 이야기가 위협당하고 있었다. 여러 세대들이 하나님의 선하심과 능력을 볼 수 있는 물리적 환경이 없는 탓에, 하나님의 역사를 직접 목격하는 기회를 놓치게 될 위험에 처해 있었다.

느헤미야는 그들이 영원히 잊지 못할 하나님과의 만남을 체험하기를 바랐다. 그는 성벽이 재건되면 백성들이 절대 잊지 못할 일을 행하시는 하나님을 목격하리라는 것을 알았다. 그 경험으로 인해 그들은 이전과는 완전히 다른 자세로 하나님의 말씀에 귀를 기울이게 될 것이 분명했다. 그들은 이전과는 전혀 다르게 하나님을 이해하게 될 것이었다.

이 이야기는 전 민족이 하나님의 선지자, 느헤미야의 말을 듣는 장면으로 끝난다. 백성들이 하나님의 도우심으로 성취한 성벽에 둘러싸인 채, 가족들과 나란히 서서 그들의 이야기를 낭독하는 선지자의 목소리에 귀를 기울이고 있는 광경을 상상해보라.

나는 십대 때, 두 남자가 농구를 하고 있는 포스터를 가지고 있었다. 거기에는 이런 문구가 있었다. "때로는 가장 가까운 사람들에게 하나님의 사랑을 보여주기가 가장 어렵다." 그 포스터의 이미지와 그 문구는 영원히 내 마음속에 각인되어 있다. 왜 그럴까? 왜냐하면 나는 그 포스터를 내 방 벽에 붙여놓고 매일 보았기 때문이다. 집에서 그 포스터를 매일 접할 수 있었기에, 그 메시지가 오래도록 기억에 남을 수 있었다.

당신이 큰 소리로 외치고 있는 것을 전달할 수 있는 가장 좋은 방법은, 당신과 가정이 한목소리를 내는 것이다. 리싱크에서는 우리가 가르치고 있는 내용을 가지고 부모가 동역할 수 있도록 가능한 모든 수단을 동원하기로 결정했다. 우리는 걸핏하면 공식적인 강연이나 교사에 대해서만 생각한다. 그러나 그것은 일주일에 딱 한 시간, 아이들이 어린이 사역에 참여할 때를 위한 것일 뿐이다. 만약 우리가 소그룹 리더들, 친구들 그리고 부모들까지도 그 주에 가르치려고 하는 원칙에 대해서 의미 있는 목소리를 낼 수 있는 방법을 역설한다면 어떻게 될까?

보충 설명 7.3

그렇게 하기 위해 먼저, 당신이 가르치려고 하는 명확하고 간결한 원칙을 설정하라. 그것을 큰 소리로 말하고 싶다면 노래로 만들고, 벽에 붙이며, 손에 쥐어주고, 차에 두고, 집에 놓으라. 더 중요한 것은 그것을 부모들에게 주어서 가정이라는 사랑의 관계 속에서 그것에 대해 이야기할 수 있게 하라. 진리는 사랑의 관계 속에서 가장 잘 학습된다. 성경이 사랑 안에서 진리를 말하라고 가르친 것도 그런 이유 때문이다(엡 4:15). 정말 강력하게 주장하고 싶은 것이 있다면 사랑 안에서 말하라.

생각 키우기

만약 내가 당신 교회에 가서, 부모들에게 지난 주에 아이들이 무엇을 배웠는지 묻는다면, 그들은 대답할 수 있는가? 아이들이 주일날 배운 것을 강조하기 위하여, 부모들이 가정에서 자녀들과 적어도 한 번은 대화를 나누게 할 수 있는 아이디어를 최소한 한 가지 이상 생각해보라.

영어 성경에는 약 800,000개의 단어가 있는데,
그중 구약에는 600,585개의 단어가 있고,
신약에는 180,552개의 단어가 있다.

진리는 사랑의 관계 속에서 가장 잘 학습된다.

그러나 예수님의 말씀은 25,000개의 단어만이 실제로 기록되었다.
그 말씀은 당시의 세상을 변화시켰다.
그리고 지금도 세상을 변화시키고 있다.
그러므로 당신은 더 적은 말로도 영향을 미칠 수 있다.

예수님의 설교를 읽고 그분의 대화를 들을 때마다, 그분이 하신 모든 말씀에는 이유가 있음을 알게 된다. 예수님을 시대에 맞게 고치지 않아도 된다. 그분은 문화적으로, 개인적으로 그 시대에 맞는 분이셨다. 그분은 유대인 목수로 이 땅에 발을 내디디셨고, 히브리 문화에 속한 사람들과 동일시 되셨다. 그분이 그렇게 하신 것은 그들과 하나님 사이에 다리를 놓기 위해서였다. 사람들은 그분이 말씀하시는 영적 원리를 듣기 위해 수 마일을 걸어와 며칠씩 머물곤 했다. 그분은 복잡한 진리를 단순화시키고 빛을 비추어, 사람들이 예전에는 생각지도 못했던 방식으로 하나님을 볼 수 있게 하셨다. 그분의 말씀은 명료했다. 그분의 말씀은 매우 신중하게 정제되어 있어서, 수세기 동안 번역되면서도 수백만 명의 사람들에게 여전히 깊은 의미와 희망을 준다.

"나를 따라오라 내가 너희를 사람을 낚는 어부가 되게 하리라"(마 4:19).
"어린 아이들을 용납하고 내게 오는 것을 금하지 말라 천국이 이런 사람의 것이니라"(마 19:14).
"이 물을 마시는 자마다 다시 목마르려니와 내가 주는 물을 마시는 자는 영원히 목마르지 아니하리니"(요 4:13-14).
"낙타가 바늘귀로 들어가는 것이 부자가 하나님의 나라에 들어가는 것보다 쉬우니라"(눅 18:25).
"너는 구제할 때에 오른손이 하는 것을 왼손이 모르게 하여"(마 6:3).
"그러나 먼저 된 자로서 나중 되고 나중 된 자로서 먼저 될 자가 많으니라"(마 19:30).
"나는 세상의 빛이니 나를 따르는 자는 어둠에 다니지 아니하고 생명의 빛을 얻으리라"(요 8:12).

효과적인 가르침을 위한 습관

각인
적용
반복
경험
개인화
이행

핵심 용어

효과적인 가르침을 위한 습관

규칙이고 반복적이고 적용하면, 더 유능하고 효과적인 교사가 되는 데 도움을 주는 습관들이 있다고 우리는 믿는다. 메시지를 정제하는 원칙을 바탕으로 두고, 리더와 커뮤니케이터들에게 도움을 주기 위해 우리가 커리큘럼에서 사용하는 구체적인 적용 사항들은 다음과 같다.

각인: 깊은 인상을 남기라
그들이 알기 원하는 딱 한 가지가 무엇인가? 당신이 하는 모든 것은 그 가장 중요한 원칙을 강조하기 위한 것이어야 한다.

적용: 상황에 맞추라
그들이 나가서 무엇을 하기 원하는가? 당신이 말하는 것이 그들의 일상 생활에 어떻게 적용되는지 보여주라.

반복: 기억에 오래 남게 하라
아이들이 절대로 잊지 않게 하려면 어떻게 해야 할까? 일단 적절한 문구를 작성했으면 그것이 각인될 때까지 반복하라.

경험: 그들의 것이 되게 하라
어떻게 그들이 메시지를 자기 것으로 만들 수 있는가? 어떤 경우에는 말하지 않고 학습을 촉진시키는 경험을 만들어주는 것이 더 유익하다.

개인화: 실제가 되게 하라
당신 개인의 삶에서 그들에게 모범을 보여줄 수 있는 부분이 있는가? 한 사람이 보여주는 본보기가 천 마디의 말보다 더 분명하게 요점을 설명해줄 수 있다.

이행: 연결시키라

그들을 참여시키기 위해 무슨 말을 하고 무엇을 할 것인가? 아이들을 계속 참여시키려면 프로그램 간의 순조로운 이동이 절대적으로 중요하다.

"나를 본 자는 아버지를 보았거늘"(요 14:9).

"너희는 세상의 소금이니… 너희는 세상의 빛이라"(마 5:13-14).

"내가 곧 길이요 진리요 생명이니 나로 말미암지 않고는 아버지께로 올 자가 없느니라"(요 14:6).

간혹 그분이 의미를 설명하지 않으실 때도 있었는데, 그럴 때는 그것을 신비로 남겨놓으셨다. 또 어떤 때에는 강력한 실물 교수법 – 포도주 부대, 무화과나무, 반석, 꽃, 배, 한 아이의 점심 도시락, 떡과 포도주, 십자가, 빈 무덤, 못 박힌 손 – 을 사용하기도 하셨다. 그런 후에 그분은 열두 명의 제자들에게 말씀을 주시고, 그들에게 그분의 이야기를 계속 전하라고 지시하셨다.

그러자 그분의 메시지는 더욱 크게 들렸다.

보충 설명 7.4

"나를 믿으라."

그분이 하신 말씀은 당신에게 충분한 연구 거리와, 여러 세대에 걸쳐서 말할 거리를 준다.

적게 말하고, 목적을 말하고, 분명하게 말하라.
때로는 말하지 말라.
그러나 말할 때는 언제나 크게 말하라.
무엇을 말할지, 어떻게 말할지
신중하게 생각하라.

기본 진리의 발달 과정

유아·유치부

하나님이 나를 창조하셨다.
하나님이 나를 사랑하신다.
예수님은 나의 영원한 친구가 되기 원하신다.

>

유년·초등부

나는 지혜로운 선택을 해야 한다.
나는 어떤 일이 있든지 하나님을 신뢰할 수 있다.
내가 대접받기 바라는 대로 남을 대접해야 한다.

>

중·고등부

내가 창조된 목적은 창조주와 진실된 관계를 추구하는 것이다.
나는 예수 그리스도께 속해 있으며 그분이 말씀하신 것에 의거해서 내 정체성이 결정된다.
나의 존재 이유는 타락한 세상에 하나님의 사랑을 매일 드러내는 것이다.

경이
발견
열정

>

경이
발견
열정

>

경이
발견
열정

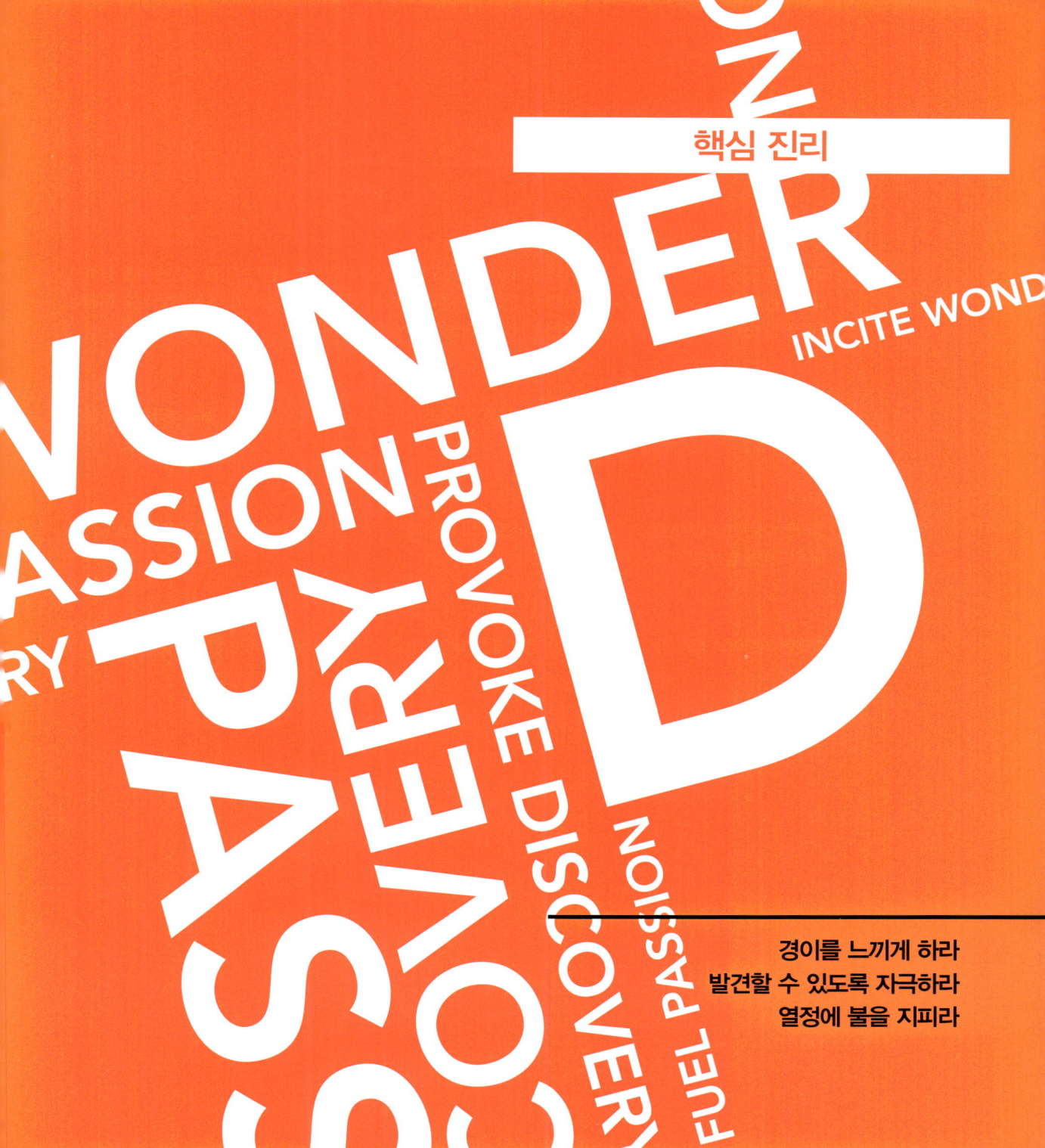

핵심 용어

핵심 진리

마태복음 22장 37-40절에 의하면, 예수님은 세 가지 중요한 관계를 중심으로 핵심 진리의 우선순위를 정하신다. 이 관계는 우리의 포괄적인 학습 계획의 근간을 이룬다. 부모와 리더들은 어린이와 청소년들의 삶 속에서, 전략적인 순간에 이 세 가지 관계의 중심을 적절히 이동시켜주어야 한다.

경이를 느끼게 하라
그러면 어린이와 청소년들은 하나님 아버지의 경이로움과, 그들을 향한 그분의 사랑에 계속 놀라워하며 성장하게 된다.

발견할 수 있도록 자극하라
그러면 어린이와 청소년들의 정체성이 그리스도와의 개인적인 관계에 의해 결정되고, 그분의 영과 진리에 의해 인도함을 받는 발견의 삶을 추구하게 된다.

열정에 불을 지피라
그러면 어린이와 청소년들은 예수님이 이 땅에 발을 내디디셨을 때 하셨던 일을 하려는 열정을 갖게 된다.

필수 요소 3

가정을 재활성화시키라

교회와 가정,
그 두 영향력을 결합하면

일상의 삶에서 믿음이 형성된다

8장

가정을 재활성화시키라
부모로서 자녀의 영성을 형성하라

이크! 'ㅎ'으로 시작되는 그 이슈가 나왔다. '핼러윈데이.' 당신은 핼러윈의 문제가 어쩌면 우리가 그것의 잘못된 점만 지나치게 부각하고, 혹시 그것이 괜찮은 것일지도 모른다는 생각을 아예 배제하는 것일 수도 있다는 생각을 해본 적이 있는가? 아니다. 나는 당신이 마녀 복장을 해야 한다고 말하는 것이 아니다. 핼러윈이 옳다거나 그르다는 식의 발언을 하려는 것도 아니다. 그러니 너무 성급하게 판단하지 말라. 그러면 핵심을 놓치게 될 테니까. 나는 가정의 어떤 면에 대한 이해를 돕는 한 예로 핼러윈이라는 개념을 사용하려는 것뿐이다.

여기 핼러윈에 대한 몇 가지 이야기가 있다.

- 약 47퍼센트의 가계 소비자들이 핼러윈 장식을 한다.
- 핼러윈 장식품 판매량은 성탄절에 이어 두 번째로 많다.
- 약 35만 8천 톤이 넘는 잭 오 랜턴(Jack-o'-lantern, 호박으로 판 공예품 – 편집자 주)과 호박 파이가 판매된다.
- 사탕 매출이 20억 달러가 넘는다.
- 93퍼센트 이상의 어린이들이 매년 사탕을 얻으러 다닌다(이들 가운데 몇 가정이 당신의 교회에 출석할까?).

대부분의 가정은 핼러윈을 좋아한다. 좋든 나쁘든 10월 31일에는 어린이들의 상상력을 자극하고 부모들의 마음을 끄는 무언가가 있다.

올 가을에 당신의 이웃들을 세심히 관찰해보라.

웃음소리를 들어보라.

관대하게 베푸는 모습을 보라.

사탕을 맛보라.

활력을 느끼라.

어린아이들의 눈이 반짝이는 것을 보라.

부모들이 아이들을 데리고 걸어 다니는 것에 주목하라.

그리고 가족과 가족이 어떻게 연결되는지 관찰하라.

그건 일종의… 마술 같다.

어째서 교회는 그렇게 될 수 없는 걸까? 어째서 교회는 가정 안에서 상상력을 자극하고, 관계를 회복시키는 분위기를 조성하지 못하는가? 당신이 오렌지 사고를 한다면 가능하다. 핼러윈 오렌지! 당신이 가정에 대한 생각을 바꾸면 어떻게 될까? 그보다 더 좋은 방법이 있다. 당신이 부모들을 대하는 태도를 바꾼다면 어떻게 될까? 당신이 부모들과 어떤 관계를 맺느냐에 따라서 가정을 재활성화시키는 방법에 영향을 미칠 수도 있다는 생각을 해본 적이 있는가?

"가정을 재활성화시키라"고 말할 때 우리가 의미하는 것은, 부모들이 자녀들의 영성을 형성시키는 일에 적극 참여하도록 여러 방법으로 당신이 도와야 한다는 것이다.

누구나 가정의 중요성을 믿는다

때때로 나는 교회 외부의 단체들이 가정이 가진 힘에 대해 더 강한 신념을 가지고 있다는 생각을 한다. 그렇지 않다고 생각한다면 디즈니 사 사람들에게 물어보라. 그들이 계획하는 모든 일에는 '가족들은 함께 시간 보내기를 좋아한다'는 생각이 저변에 깔려 있다. 핼러윈, 추수감사절, 성탄절, 설날, 부활절, 독립 기념일과 같은 명절들이 가족을 중심으로 이루어지지 않는다면 어떤 유익이 있을까? 소매 업계는 가족들이 서로의 관계를 축하할 수 있는 기회를 제공하는 것을 좋아한다. 가족이야말로 모두가 믿는 유일한 집단인 듯싶다.

당신은 가정을 믿는다. 그렇다면 부모를 믿는가?

독신이건, 별거 중이건, 기혼자이건, 재혼 가정이건, 입양 가정이건 간에 대부분의 부모들은 진심으로 훌륭한 부모가 되고 싶어한다. 마치 우리 모두가 동일한 자녀 양육 클럽의 멤버인 것 같다. 그건 사실이다. 레스토랑에 앉아 있을 때 어떤 사람이 아이를 데리고 들어오면 말로 설명하기 어려운 유대감이 형성된다. 나에게는 내가 만나거나, 책에서 읽거나, 뉴스에서 보는 모든 부모들과 조금씩이라도 동질감을 느끼는 면이 있다. 그들이 누구인지조차 모를 때에도 나는 그들에 대한 무언가를 이해할 수 있을 것 같은 느낌이 든다. 이는 오토바이 라이더가 되는 것과 비슷하다. 당신은 이 정선된 일단의 사람들 안에 속해 있다. 당신은 암호를 가지고 있으며, 서로를 지나칠 때 특정한 방식으로 손을 흔든다. 그건 마치 이렇게 말하는 것과 같다. "너와 나, 우리는 하나다. 우리는 동일한 열정을 공유한다. 우리는 결속되어 있다. 우리는 파트너다."

당신이 리더십에 대해 직시해야 할 중요한 이슈는, 당신이 진정으로 부모들의 잠재력을 믿는가 믿지 않는가이다. 앞서 말했듯이 부모들에 대한 당신의 태도가 당신이 가정에 접근하는 전반적인 방식을 결정할 것이다. 또 그것에 따라서 구체적으로 당신이 부모들에게 반응하는 방식도 달라질 것이다. 이것은 오렌지 사고의 최종 테스트이다. 만약 당신이 한 개체로서의 가정에 정말로 영향을 미치도록 프로그램을 변화시킬 의향이 없다면, 교회와 가정이 협동해야 한다는 생각이 진심이라고 말하지 말라. 진심으로 가정과 동역할 수 있다고 믿는다면, 모든 부모가 가진 잠재력을 믿고 그에 따라 행동하겠다는 결단을 해야 한다.

모든 부모가 당신의 동역자인 것처럼 행동하라

지금부터 나는 당신이 어쩌면 부모들을 보는 방식을 근본적으로 변혁시킬 수도 있는 제안을 하려고 한다. 만약 당신이 당신의 공동체 안에 있는 모든 부모를 동역자로 생각한다면 어떻게 될까? 하나님의 관점에서 그들을 보려고 노력해보라. 그들이 어느 교회를 다니든 아니면 다니지 않든, 당신은 그들이 더 좋은 부모가 되도록 도울 것이다. 그들이 공화당에 투표를 했건 민주당에 투표를 했건, 보수적이건 진보적이건, 당신은 그들의 가정 문제에 대해서라면 그들 편에 설 것이다. 그들의 교파, 국적, 배경, 결혼 이력, 심지어 그들의 성향까지도 당신이 그들을 돕는 것을 막

가정이 어때야 한다는 이상적인 기준을 근거로 당신이 만나는 부모들을 저울질할 것인가, 아니면 그들을 하나님이 계획하신 구속과 회복의 이야기에 속한 일부로 볼 것인가?

지 못할 것이다. 왜 그런가? 한 가지 이유 때문이다. 당신이 교회이기 때문이다. 그들에게 하나님을 보여주는 것이 당신의 소명이기 때문이다. 그리고 어쩌면 그들이 정말 중요한 것을 알 수 있는 유일한 기회가 당신일 수도 있기 때문이다.

솔직해지자. 당신이 교회의 리더라면 당신은 부모들과 동역하는 것에 대해 오랜 시간 생각했을 것이다. 그러나 아마 특정 부모 집단만을 생각했을 것이다. 당신이 모든 부모가 중요하다고 말한다는 것을 안다. 그러나 교회에 전화를 한 부모들 가운데, 어떤 부모들은 좀 더 빨리 응답 전화를 받지 않는가? 당신을 비난하는 것이 아니다. 이것은 흔한 일이다. 그러나 당신의 동역자로서 매일 당신을 스쳐가는 부모들에 대하여 깊이 생각해본 적이 있는가? 오늘 선택하라. 가정이 어때야 한다는 이상적인 기준을 근거로 당신이 만나는 부모들을 저울질할 것인가, 아니면 그들을 하나님이 계획하신 구속과 회복의 이야기에 속한 일부로 볼 것인가?

우리 스스로가 하나님의 사랑과 구속의 큰 그림을 보지 못하면서 가정이 그것을 보도록 인도할 수 있을지 의문이다. 당신의 사명이 모든 어머니와 아버지, 계부와 계모, 편부모, 조부모, 보호자들에게 그들의 임무가 실로 얼마나 중요한지를 인식시키는 것이라면 어떻게 될까?

부모들은 특별히 한 가지 면에서 아주 비슷하다. 그들은 자신의 아이들을 사랑한다. 완전한 사랑이 아닐 수도 있고, 역기능의 정도도 다 다르겠지만, 대부분의 부모들은 그들이 아는 최선의 방법으로 아이들을 사랑한다. 예외도 있다. 그러나 원래 부모들이란 그런 존재다. 모든 부모들은 하나님께 중요한 존재이기에, 우리에게도 중요하다는 사실을 기억해야 한다. 그들은 우리가 동역을 시도하고, 관계를 맺을 자격을 갖추고 있다. 당신은 모든 부모들과 동역하고, 모든 가정을 재활성화시킬 의향이 있는가? 그렇다면 우리가 그 동역의 여러 단계에 대해 생각하기 위해 결정한 다음의 단계들을 고려하라. 당신이 만나는 거의 모든 부모들이 이 네 가지 가운데 한 가지 범주에 포함될 것이다.

의식이 있는 부모
책임을 의식하고 있는 부모들

그들은 당신의 교구나 또는 교회 주변에 살고 있지만, 교회에는 나오지 않는 부모들일 수 있다. 그들은 당신의 교회에 대해서는 알지만, 건물 속 교회의 모습이 어떤지는 아마 모를 것이다. 당신이 모든 지역 사회의 인구 분포를 살펴본다면, 가정이 놀랄 만한 잠재력을 가지고 있음을 알 수 있다. 대부분의 지역 사회에서 18세 이하의 자녀와 동거하고 있는 가정이 전체 가정의 50퍼센트를 웃돈다. 그들은 너 나 할 것 없이 그리스도인 부모들과 공통된 관심사를 가지고 있다. 그들은 아이들을 사랑한다. 그들은 더 좋은 부모가 되고 싶어하고, 가족이 더 행복해지는 데 도움이 되는 것이라면 무엇에든지 마음이 활짝 열려 있다. 그들 가운데 많은 사람들은 자녀들의 도덕적, 영적 발달에 교회가 적절한 도움을 줄 수 있다는 생각이 들면 교회에 출석하는 것을 재고해볼 것이다.

요점은 우리가 의식 있는 부모라고 명명한 부모들은 진심으로 가족을 걱정한다는 것이다. 그들은 아이들이 어릴수록, 가정에 긍정적인 영향을 미칠 수 있는 기관들을 찾는 데 더 열심이다. 그리고 아이들의 나이가 많을수록, 자녀들을 긍정적인 역할 모델과 동료들에게 필사적으로 연결시켜주려고 한다. 교회가 의지를 갖고 이 가정들에 투자하는 것이 중요하다. 불행하게도 너무나 많은 교회들이 이미 교회 안에 들어와 있는 부모들의 필요를 채우는 일에 점점 집중하고 있다.

참여하는 부모
적극적이고 분주한 부모들

이 단계는 이런저런 일들로 삶이 분주한 부모들을 나타내는데, 그들 가운데 많은 사람들이 교회에 다닌다. 그들은 교회 활동과 프로그램에 바쁘게 참여할 때, 가족 관계가 긍정적인 방향으로 나아가고 있다고 생각한다.

이런 행사들은 정작 가정에는 아무 변화도 주지 못하면서, 부모들과 동역하는 문제에 대해 우리의 기분만 좋게 만드는 일종의 플라세보 효과 같은 것이다.

이런 부모들은 당신의 교회와 관계적으로, 그리고 사회적으로 직접 연결되어 있다. 그들은 예배에 일주일에 한 번 참석하든 한 달에 한 번 참석하든, 누군가가 그들에게 어느 교회에 다니는지 물으면 당신 교회의 이름을 댈 것이다. 그들은 다른 그리스도인 부모들과 어느 정도 관계를 맺고 있으며, 그 자녀들은 당신 교회의 일부 프로그램에 참여한다.

어느 교회에나 스스로 교회 일에 '적극적으로 참여하고 있다'고 생각하는 부모들이 있다. 우리는 대부분 그들이 그리스도인이라고 추정할 수 있고, 그들은 교회를 중요하게 생각한다. 우리는 첫 번째 범주의 부모들과 마찬가지로 그들 역시 자신의 자녀들을 사랑하며 더 좋은 부모가 되고 싶어한다고 추정해야 한다. 그러나 조사에 의하면 교회에 다니는 부모들의 대다수, 약 80퍼센트 정도가 그들이 더 좋은 부모가 되는 데 교회가 거의 또는 전혀 도움이 되지 않았다고 한다. 교회와 가정 모두 그저 교회에 다닌다는 이유만으로 그들이 더 좋은 부모라고 믿는 것 같다. 불행하게도 교회의 전략은 대부분 여기서 끝난다. 많은 리더들은 부모들이 성인을 대상으로 하는 프로그램에 참여하고, 아이들이 어린이 프로그램에 연결되어 있으면, 가정에 영적 성장을 경험할 수 있는 장소를 제공했다고 생각한다. 그리고 목표를 달성했다고 생각한다.

가정과 동역하고 있다고 말하는 대다수의 교회들이 부모와 아이들을 분리된 프로그램에만 참여시키고 있다. 자, 이제 오렌지 사고를 해보자. 부모들은 부모들이 좋아하는 일을 하고, 아이들은 아이들이 좋아하는 일을 하는 것만으로는 가정을 영적으로 충분히 성장시킬 수 없다면 어떻게 해야 할까? 우리가 아이들의 삶에 더 큰 영향력을 미칠 수 있는 전략적인 방법으로 둘의 영향을 하나로 합칠 수 있다면 어떻게 될까? 리더들과 부모들이 힘을 합쳐 노력하고, 참여를 넘어서서 다른 종류의 동역을 정착시킬 수 있다면 어떻게 될까? 어떤 교회들은 가정을 위한 프로그램을 마구잡이로 도입함으로써 이 문제를 해결하려고 한다. 가을 가족 축제, 스포츠 프로그램, 가정 생활 센터, 가족 캠핑 여행, 그 외 다른 특별 행사들이 모두 가정을 위해 계획되지만 대부분은 아무 전략도 가지고 있지 않다. 그런 프로그램들은 가정에 방향을 제시하지 못한다. 그런 행사들은 부모들이 교회와 더 효율적으로 동역할 수 있도록 그들에게 영감을 주고 준비시키기 위한 것이 아니다. 가족들을 더 분주하게만 만들 뿐이다. 이런 행사들은 정작 가정에는 아무 변화도 주

동역의 단계

AWARE
ENGAGED
INVOLVED
INVESTED

의식이 있는 부모
참여하는 부모
동역하는 부모
헌신하는 부모

핵심 용어

부모들과의 동역의 단계

모든 부모는 당신의 동역자이지만, 동역의 단계는 부모마다 다를 수 있다. 이 네 단계는 부모들이 어떤 식으로 교회와 동역하고 있는지를 규명함으로써, 그들을 전략적으로 목표를 향해 이끌 수 있게 해준다.

의식이 있는 부모
아이들의 성장에 도움이 되는 교회의 환경에 관심이 있다. 이런 부모들은 교회 밖에 있지만 교회에 대해 열려 있으며, 더 좋은 부모가 되고 싶어한다.

참여하는 부모
교회와 기초적이고 초보적인 관계를 맺고 있다. 이제 막 자녀들을 교회에 데려오기 시작했지만, 자녀들에게 영적인 영향을 미치기 위한 방법을 강구하고 있다.

동역하는 부모
열성적으로 교회와 동역하고 있다. 그들과 하나님과의 관계는 성장하고 있으며, 가정에서 어느 정도 영적 리더십을 책임지고 있다.

헌신하는 부모
교회와의 동역을 위해 적극적으로 시간과 에너지를 바친다. 그들은 당신 사역의 전략을 이해하고 있으며, 다른 그리스도인 부모 집단과 협력한다.

지 못하면서, 부모들과 동역하는 문제에 대해 우리의 기분만 좋게 만드는 일종의 플라세보 효과 같은 것이다.

'의식을 가진 부모'나 '참여하는 부모'들과 동역하면, 많은 경우 그들은 다음 단계로 이동한다.

헌신하는 부모
헌신적으로 참여하는 부모

당신의 교회가 가정과 동역하는 교회로 변해가고 있다면, 헌신하는 부모들은 당신이 그 목표를 이루기 위한 계획을 추진하는 데 도움을 줄 수 있을 것이다. 그들은 대체로 자원봉사를 할 만큼 열정이 있으며, 다른 부모들에게 힘을 실어주고 싶어한다. 그들은 자녀들과 함께하는 과정을 이해하고 소중하게 생각한다. 그들은 전략을 취해서 이상적인 방법으로 그것을 실행하는 듯하다. 어쩌면 그들은 베테랑 그리스도인들이거나 아니면 그냥 더 단호한 사람들일 수도 있다. 어쨌든 그들은 가정과 교회가 동역한다는 의미를 정말로 이해하는 것 같다. 이런 부모 집단과 당신이 함께할 수 있는 가장 중요한 일 중 하나는, 교회에 다니지 않는 부모들과 동역하는 것과 그들이 포괄적인 전략의 중요성을 이해하도록 돕는 것이다. 헌신하는 부모들은 일선에서 다른 부모들이 교회와 동역하도록 돕고 격려할 수 있다.

다음 내용을 꼭 읽어보라. 이런 제안을 하는 게 이상하게 보일지 모르겠지만, 당신의 목표가 모든 부모들을 헌신시키는 것이라는 근거 없는 믿음을 절대 받아들이면 안 된다. 나는 오렌지 사고에 대해서 열정을 가지고 있는 많은 교회 리더들과 이야기를 나눈다. 그들은 그들 교회에 다니는 대부분의 부모들이 자신들의 성에 찰 만큼 빨리, 그리고 멀리 움직이지 않는다는 생각에 좌절한다. 그들은 가정 사역의 궁극적인 목표가, 의식이 있고 참여하는 부모들을 모두 헌신하는 부모들로 만드는 것이라고 믿는 전형적인 실수를 범한다. 이는 리더와 부모 모두에게 건강하지 못한 기대이다. 얼마 지나지 않아, 이런 기대는 전략을 이끄는 모든 사람들의 사기를 치명적으로 저하시킬 수 있다. 왜냐하면 과도하게 일을 할 경우 부모들은 지치기 때문이다. 게다가 어떤 부모도 헌신하는 단계까지 자원하려 하지 않게 될 것이다.

그러나 이 점을 고려해보라. 만약 최고의 시스템 속에서 80/20 규칙을 적용한다면 어떻게 될까? 교회가 최선의 노력을 다하고, 20퍼센트의 부모들만이 실제로 헌신하는 부모의 역할을 하고 있다면? 이것은 당신이 하는 일의 대부분은 나머지 80퍼센트의 부모들을 성숙시키고, 그들과 하나님의 관계 그리고 서로의 관계가 한 단계 더 진전되게 하는 일이라는 뜻이다.

당신 교회의 헌신하는 부모들이 몇 퍼센트이건, 다음 단계의 중요성을 놓치지 말라. 당신이 의식 있는 부모에 불과하다면, 정작 적극적인 계획은 없다. 당신이 참여하는 부모라면, 당신은 이런저런 활동으로 분주하지만 자녀 양육을 전략적으로 하고 있지는 않다. 교회의 입장에서 우리는 부모들이 이러한 사고의 범주를 넘어설 수 있도록 도와주어야 한다.

리더로서 당신이 집중해서 노력해야 할 부분은, 의식이 있는 부모와 참여하는 부모가 교회와 동역하는 부모가 되도록 돕는 것이다.

동역하는 부모
분명한 뜻을 가지고 무언가를 하는 부모

동역하는 부모들은 가족들의 영적 성장을 위하여 전략적인 계획에 적극적으로 참여하고 있는 부모들이다. 그들은 다양한 단계의 믿음과 경험을 지녔지만, 일상 속에서 자녀들의 신앙을 키우기 위해 함께 매진한다. 이들은 자녀들의 믿음과 성품을 성숙시키기 위해서 교회의 리더들과 힘을 합한다. 그들은 공동의 전략에 마음과 힘을 다하고, 배운 것을 조율하며, 의지를 갖고 가족들과 함께 시간을 보냄으로써 공동체를 형성하려고 노력한다. 목표는 더 많은 자원봉사자들을 모집하거나, 정기적으로 십일조를 내게 하려는 것이 아니다. 목표는 그들이 가족에 대해 열정을 갖게 하는 것이다. 이런 부모들은 가정을 재활성화시키기 위한 교회의 전략에 동역하는 부모들의 다양한 스펙트럼을 보여준다.

이런 부모는 가정에서 자녀들과 교회에서 배우는 것을 주제로 대화한다. 또한 가족이 함께 전략적인 사역에 참여하며, 부모들은 자녀들을 하나님의 더 큰 이야기 속에 참여시키려는 계획에 적극 참여하고 있다. 기억하라. 부모의 작은 참여가 자녀들의 삶 속에 큰 차이를 낳을 수 있다는 것을. 예를 들어, 일주일에 몇 분이라도 원칙을 강조하는 의미 있는 대화를 하는 어머니나 아버지는 아이가 배우는 것에 시너지 효과를 낼 수 있다. 이렇게 아이의 삶 속에 다양한 목소리를 들려주면 그것은 더 강력한 효과를 낸다. 부모와 리더들은 정도의 차이는 있을망정, 어떤 부모라도 통합된 계획에 참여할 수 있다는 신념을 가져야 한다.

어떤 부모라도 더 훌륭한 부모가 될 수 있는 것처럼 행동하라

모든 부모는 다음 단계로 나아갈 수 있다는 사실을 계속 생각하라.

- 의식이 있는 부모들은 동역하는 부모가 될 수 있다.
- 참여하는 부모들은 동역하는 부모가 될 수 있다.
- 동역하는 부모들은 더 적극적으로 동역하는 부모가 될 수 있다.
- 더 적극적으로 동역하는 부모들은 헌신하는 부모까지 될 수 있다.

아이들과 관계를 맺어야 할 부모들이 정말 많다. 그 가능성에 초점을 맞추라. 다른 단계에 있는 부모들의 삶에서 일어나는 작은 변화가, 사실상 이상적인 단계에 있는 것처럼 보이는 부모들의 삶 속에서 일어나는 변화들보다 더 중요할 수도 있다. 채워지지 않은 기대나 비현실적인 생각으로 인해, 하나님이 모든 부모들의 삶에서 행하고 계시는 일을 기뻐하지 못하면 안 된다. 당신의 전략만큼이나 중요한 것은, 바로 하나님이 아직도 그분의 이야기를 하고 계신다는 사실이다.

부모들을 교회의 통합된 전략에 참여시킨다는 아이디어는, 가정에서 일어나는 일이 교회에서 일어나는 일만큼 중요하다는 믿음을 바탕으로 한다. 이는 교회의 리더들이 가족 시간의 리듬이 조금만 변화되어도, 어린아이의 마음에 지속적인 영향을 미칠 수 있다는 사실을 진심으로 믿는다는 전제 하에 행동해야 한다는 뜻이다.

> 부모들을 교회의 통합된 전략에 참여시킨다는 아이디어는, 가정에서 일어나는 일이 교회에서 일어나는 일만큼 중요하다는 믿음을 바탕으로 한다.

부모들을 당신의 사역에 참여시키려고 할 때 비현실적인 기대를 갖지 않는 것이 중요하다. 그 대신 지금 모습 그대로 모든 부모들과 동역자가 되어야 한다. 부모들이 일상 속에서 신앙을 독려할 수 있는 잠재력이 아무리 미약하더라도, 다음 단계로 올라가도록 도와주라. 대다수의 부모들이 만능일 수는 없지만, 무언가를 더 할 수는 있다. 그리고 그 '무언가'가 가족의 삶과 어린아이의 영적 성장에 엄청난 차이를 만들어낼 수 있다.

여러 차원의 동역을 고려하는 것이 유용하다. 리더로서 일하다보면, 부모들의 단계가 가지각색이라는 걸 알게 되기 때문이다. 당신이 해야 할 일은, 교회에 다니든 다니지 않든 부모들은 모두 다음 단계로 올라가고 싶어한다는 사실을 이해하는 것이다.

부모들을 사역에 참여시키려고 할 때 명심해야 할 것이 하나 더 있다.

목표는 부모들이 모든 것을 하게 만드는 것이 아니라,
무언가를 더 하게 만드는 것이다.

만약 열 살짜리 딸을 위해 기도하지 않았던 아빠가 기도하기 시작한다면….
만약 사춘기 아들과 관계가 단절되었던 엄마가 아들을 진심으로 걱정하고 있다는 것을 알릴 수 있다면….
만약 영적인 문제에 대해 거의 이야기하지 않았던 가족이 저녁을 먹으면서, 그리고 때때로, 하나님에 대해서 대화를 나누기 시작한다면….
만약 가정 생활의 리듬이 바뀌어서, 하나님이 그 가족을 통해 이야기하고 계신다는 것을 모두가 깨닫게 된다면….
만약 자녀들이 엄마나 아빠의 삶 속에서 하나님이 역사하시는 것을 볼 수 있다면….
… 그러면 모든 리더나 부모의 상상을 초월하는 영향을 아이들에게 끼칠 수 있게 될 것이다.

보충 설명 8.1

나는 비행기에서 한 여인과 대화를 나눌 기회가 있었다. 그녀는 자신의 남편이 1년 전에 몇몇 친구들과 함께 몇 천 명이 모이는 크리스첸 남자들을 위한 집회에 참석했던 이야기를 들려주었다. 집회가 한참이던 어느 날, 새벽 3시에 남편이 차를 몰고 집에 와서 그녀를 깨웠다. 그는 격앙되고 상심해 있었다. 그는 아버지로서 무책임하고 남편으로서 무심했던 것을 사과했다. 그는 아내에게 가족을 최우선으로 생각하지 않았던 것을 용서해달라고 했다. 그런 다음 그는 다시 집회 장소로 돌아갔다.

그녀는 그날 밤의 일을 들려주면서 감정이 북받쳤다. 그녀는 그들 부부에게 어린아이들이 있고, 당시 부부 관계에 어려움을 겪고 있었다고 설명했다. 남편이 다시 시작하고 싶다고 말했을 때, 그녀는 그게 기도의 응답이라고 생각했다.

그런데 그녀는 떨리는 음성으로 말했다. "그게 1년 전의 일이었죠. 그런데 지금 저는 남편이 아예 집회에 가지 않았더라면 더 좋았을 것 같아요."

나는 어안이 벙벙했다.

"아무 일도 일어나지 않았죠." 그녀는 말했다. "아무것도 변하지 않았어요. 저는 우리 결혼 생활과 가족이 고비를 넘겼기를 바랐어요. 그런데 몇 달이 지나자 다시 예전 생활로 돌아갔어요."

나는 말했다. "남편 분이 진실했고, 정말 변하고 싶어했는데도 왜 변하지 못했는지 짐작이 가는 이유가 있나요?"

그녀가 대답했다. "남편은 어떻게 해야 변할 수 있는지 방법을 모르는 것 같아요. 남편은 살면서 좋은 모범을 본 적이 없거든요." 그녀는 남편이 변하고 싶어했던 마음은 진실이었을 것 같은지 나에게 물었다.

"물론이죠." 나는 말했다. "저는 남편 분을 모르지만, 남자가 새벽 3시에 친구들을 두고 집에 차를 몰고 와서 아내에게 '내가 잘못했다'라고 말한 후에 설교를 더 듣겠다고 집회 장소로 돌아갔다면, 그가 정말 변하고 싶어했다고 확신합니다. 만약 제가 남편 분한테 아내가 당신을 믿는 것 같냐고 물으면 뭐라고 대답할까요?"

그녀는 잠시 조용히 있더니 말했다. "남편은 제가 남편이 변할 거라고 생각하지 않는다는 걸 알아요. 제가 그렇게 말했거든요."

나는 그녀에게 그녀가 진심으로 남편이 변할 수 있다고 믿는 것처럼 행동한다면, 믿는 대로 이루어질 테니 정말 그런지 한번 해보라고 했다. 그녀는 그렇게 하겠다고 했다.

몇 주 후, 그녀에게서 전화가 왔다. "지난 몇 주 사이에 우리 부부 사이가 얼마나 좋아졌는지 믿지 못하실 거예요. 남편이 우리를 도와줄 카운슬러를 찾아주실 수 있는지 물어봐달래요." 1년이 채 지나지 않아 그들 부부는 우리 교회의 동역하는 부모가 되었고, 지금은 헌신하는 부모가 되었다.

요점은 이렇다. 한 남편이 노력하다가 실패했다. 그러자 그의 아내는 남편에 대한 믿음을 거두었고, 그는 노력을 그만두었다. 아내는 잘못한 것이 없었다. 그러나 남편에 대한 아내의 믿음 속에는 변화를 촉진시키는 잠재력이 있었다. 게다가 매우 중요한 다음 단계 – 그가 변하는 데 필요한 영향을 받는 것 – 도 있었다. 그는 처음에는 변하고 싶어했다. 아마 어느 정도 확신도 있었을 것이다. 그러나 궁극적으로 변화란 변하고자 하는 마음과, 힘을 실어주는 아내의 강력한 영향력, 그리고 실제로 그가 변할 수 있게 도와주는 적절한 정보가 결합된 결과물이다.

부모들도 다음 단계를 밟으려면 이와 같은 것들이 필요하다. 그들에게도 변하고자 하는 마음은 있다. 힘을 실어주고 적절한 정보를 제공하는 것은 우리 교회의 몫이다. 내가 비행기에서 만났던 그 아내와 마찬가지로 많은 교회가 부모들이 더 좋아질 수 있다고 더 이상 믿지 않게 되었다. 그리고 부모들은 그 속에 있는 의미를 알고 있다. 결국, 많은 부모가 자녀들을 영적으로 인도하기를 포기했다. 우리가 부모들이 발전할 수 있다고 믿을 때, 사역에 대한 우리의 태도에서 근본적인 무언가가 변하게 된다.

모든 부모가 무언가를 할 것처럼 행동하라

당신이 뭐라고 말할지 안다. "그들이 할 수 있다고 말하는 것과는 별개로, 정말 그들이 무언가를 할까요?"

그들이 무언가를 할지 안 할지는 사실 당신에게 달려 있다. 당신은 무엇을 기대하는가? 너무나 많은 부모들이 의욕만 앞서고 준비는 안 된 채로 집회, 워크숍, 성경 공부, 예배를 마치고 걸어 나온다. 하루가 다 지나도록 무엇을 해야 할지 모른다. 그들은 여전히 어떻게 참여해야 할지 잘 모른다. 교회가 그것을 바꿀 수 있다. 우리는 부모들에게 그들이 교회와 동역할 때 자녀들이 어떻게 변할 수 있는지 생생하게 보여줄 수 있다.

많은 부모들이 어쩔 줄 몰라 한다. 그들은 다른 행동을 취하도록 그들을 이끌어줄 올바른 촉매제를 필요로 한다. 우리는 그들이 일상 속에서 신앙을 구축할 수 있도록, 가정의 리듬을 바꾸어줄 다음 단계를 분명하게 제시함으로써 그들을 자유롭게 할 수 있다.

우리가 만나는 부모들마다 우리에게 다음의 세 가지를 해달라고 요청하는 것을 상상할 수 있다. 이 이슈들에 대해 계속 응답하는 것이야말로, 우리가 '참여의 고리'라고 부르는 것 안에 부모들을 계속 머무르게 하는 가장 중요한 요소이다.

계획을 달라

우리는 10여 년 전, 리싱크 그룹에 대한 아이디어를 개발했다. 대다수의 부모들이 자녀들의 영성을 발달시키는 문제에 대해 아무 계획도 가지고 있지 않다는 걸 알게 되었기 때문이다. 우리는 부모들이 자녀 양육에 있어서 수동적이기보다는 적극적인 태도를 갖고 싶어한다고 믿기로 했다. 그러면서 우리는 가정이 영적 문제에 대한 포괄적인 전략 없이 하루하루 살아가려는 태도를 가지고 있음을 알게 되었다. 그들에게는 지원 체계, 지속적인 영향, 일정하게 계속 접할 수 있는 적절한 정보가 필요했다. 본질적으로 교회가 동역자가 되어야 한다. 나는 지역 교회야말로 부모들을 위한 지속적이고 효율적인 전략을 시행하는 데 필요한 핵심 요소라고 믿어 의심치 않는다.

교역자가 가정이 교회와 뜻을 같이 하도록 하는 일을 책임지는 것이 중요한 이유도 바로 이 때문이다. 나는 계획에 목이 마른 나머지, 나쁜 계획일지라도 일단 실행부터 하는 부모들을 보아왔다. 최소한 아무 계획이 없는 것보다는 낫기 때문이다. 전략을 통합하고 메시지를 정제하라. 그러면 당신은 교역자로서의 과업을 완수한 것이고 부모들과 더 효율적으로 동역할 준비가 된 것이다. 그러고나서 밟아야 할 첫 단계는, 부모들이 사역의 총괄적인 계획을 이해하도록 그들에게 큰 그림을 제시하는 것이다. 당신은 다음과 같이 함으로써 이 일을 할 수 있다.

- 부모들에게 제시하고자 하는 분명한 목표를 세우기 위해 '메시지를 정제하는' 절차를 이용함.
- 유치부부터 청년부까지를 망라하는 총체적인 계획을 설명하는 도구를 만듦.
- 부모들에게 각 연령별 그룹에게 가르칠 기본 진리와 전략을 이해시킴.

- 다음 단계의 부모들을 참여시켜 부모들을 '참여의 고리' 안에 계속 머무르게 함.
- 동역의 각 단계마다 비전을 제시할 방법을 모색함. 예를 들어,
  - 전 교인을 대상으로 하는 가족 문제에 대한 시리즈를 기획하고 그것을 기회로 삼아 전략을 설명함.
  - 전반적인 계획을 알리기 위해 특별 가족 행사나 축하 행사를 이용함.
  - 동역하고 헌신하는 부모들이 인적 네트워크를 형성할 수 있는 독창적인 방법을 모색함.
  - 상호 소통이 가능한 웹 사이트에 분명한 절차와 정보를 축적함.

부모들이 계획을 이해하는 일이 얼마나 중요한지 알면 아마 놀랄 것이다. 그들에게 비전을 제시하는 것이, 그들이 자녀들과 교류하도록 돕는 첫 단계이다. 그러고나면 이제 좀 더 실제적인 단계에 접어든다.

전략이 어떤 효과가 있는지 보여달라

그냥 큰 그림을 보는 것을 넘어서서 부모들은 그 전략이 어떤 효과가 있는지 알아야 한다. "보여달라"는 말을 사용한 이유는, 이 말이 목적을 가진 부모가 되려면, 삶 속에서 반복적으로 영향을 받아야 함을 암시하기 때문이다. 최고의 부모들도 전략에 따라 가정에 강력한 리듬을 형성하는 데 힘을 실어줄 지속적인 목소리를 필요로 한다. 교회가 바로 이러한 영향을 줄 수 있는 최상의 기회를 제공해야 한다. 교회는 부모들에게 집단적으로 도전을 주는 리더십과, 개인적으로 접촉할 수 있는 가족 네트워크를 제공할 수 있다.

부모들은 또 방법을 알아야 한다. 그리고 그 방법을 전달할 새로운 정보와 시스템이 있어야 한다. 부모들은 이따금 전략의 다음 단계를 상기시킬 단서를 필요로 한다. 교회가 가정들이 서로 연결될 수 있는 기회를 더 의도적으로 제공하면, 부모들도 자녀들과 의도적으로 교류하게 된다. 여기 몇 가지 실현 가능한 계획이 있다.

- 소그룹 공부 – 가족의 가치, 부모들을 위한 인생의 절기에 관련된 이슈들, 학령전 아이들이

나 사춘기 아이들을 둔 부모들, 그 외 다른 주제들을 중심으로 소그룹을 계획하라.
- 학부모들을 위한 모임 – 학생들을 위한 전략 시리즈 기간, 청소년 행사 발족, 특별 강조 기간 같은 때에 이런 모임을 계획하라.
- 가족 축하 행사 – 헌아식, 구원, 세례식, 졸업 그 밖의 다른 인생의 중요한 사건들을 중심으로 축하 행사를 계획하라.
- 함께하는 가족 체험 – 가족들이 함께 예배를 드리거나, 가정이나 교회 또는 교회 밖에서 자주(주별 또는 월별로) 함께 어울릴 수 있는 기회를 만들라.

가족 프로그램을 무계획적으로 만드는 것은, 많은 경우 역효과를 낸다. 단순하고 전략적으로 하라. 프로그램은 전반적인 전략에 일치되고, 교회에 출석하는 사람이나 그렇지 않은 사람이나 모두 납득할 수 있도록 계획되어야 한다. 방향을 제시하는 데 있어서 교회가 그토록 중요한 이유는, 교회가 가족의 생활 양식을 보완하는 자연스러운 리듬의 일부이기 때문이다.

목표는 최신의 정보를 도입할 수 있는 지속적인 참여의 고리를 확립하는 것이다.

교회는 이러한 방법으로 가정의 기능을 활성화시키려는 부모들을 계획적으로 도울 수 있다. 가정과의 동역을 생각할 때, 무계획적으로 접근하기보다는 지속적이고 계획적인 접근 방법을 세우는 것이 훨씬 효과적이다. 어떤 교회들은 연례 집회나 워크숍을 계획하지만, 부모들은 연 단위나 계절 단위로 부모 노릇을 하는 것이 아니다. 부모들은 매일 부모 노릇을 한다. 어머니와 아버지들은 현재 상황에 대처하는 데 필요한 지식을 습득하기 위해서 다음 집회나 워크숍 때까지 기다릴 수 없다. 그들은 더 자주, 더 지속적인 무언가를 필요로 한다. 안식일의 주기는 사람들이 일상의 신앙을 재충전하고, 재활성화시킬 수 있도록 하나님이 계획하신 것이다. 마찬가지로 교회도 가정이 일상의 삶에서 자녀들의 신앙을 키우는 일을 도울 수 있다.

나는 가정에 활력을 불어넣을 수 있는 최상의 방법 가운데 하나가, 가족들이 함께하는 체험 프로그램을 자주 경험하는 것이라고 확신한다. 아이들이 십대가 되면 가족 체험은 다른 양상을 보이겠지만, 초등학교 시절은 가정 안에서 신앙의 기반을 다지는 중요한 시기이다.

최고의 부모라도 전략에 따라 가정에 강력한 리듬을 형성하는 데 힘을 실어줄 지속적인 목소리를 필요로 한다.

> 우리는 부모들이 우리가 아이들에게 가르치는 것에 흥미를 갖도록, 어른들을 아이들 예배에 참석시켰다.

지난 몇 십 년 동안 교회는 다양한 형태로 '함께 모이면서' 갈팡질팡했다. 내가 교회에서 성장하던 시기는 교회마다 연령별 그룹에 가장 집중하던 때였다. 가족들이 교회 문턱을 넘자마자 아이들은 이쪽, 부모들은 저쪽으로 분산되었다. 그 이후로 여러 형태의 교회들이 계속 부모와 아이들의 분리를 조장했다. 나는 성인 예배는 성인들에게 적합하도록 계획되어야 한다는 생각을 적극 지지한다. 그러나 대부분의 교회에서 아이들과 부모들이 함께 예배하고 신앙의 원칙을 배울 수 있는 환경을 찾아보기 힘든 것도 사실이다.

가정에 활력을 불어넣기 위해서는 가족 전체가 반복적으로 영향을 받아야 한다. 초등학생 자녀를 둔 부모들과 체계적으로 소통할 수 있는 네트워크와 발판을 마련하기 위한 방법은, 교회가 영적 성장과 발달의 촉진제로 사용될 가족 행사를 제공하는 것이다. 리싱크에서는 이런 행사들을 '가족 체험(family experience)' 또는 FX라고 부르는데 그 방법은 매우 다양하다. 비디오와 독창적인 활동을 이용하여 가족들로 구성된 소그룹을 위한 상호 소통의 밤을 계획하기도 한다. 또 여러 가정들, 특히 교회에 다니지 않는 지역 사회의 가정들을 모으기 위해 교회가 대규모의 공연이나 행사를 계획하기도 한다. 각각의 FX는 각 가정에서 신앙의 리듬을 형성하고, 일상의 신앙을 구축하도록 가정을 자극하기 위한 특별한 목적을 가지고 있다.

나는 10년 전에 미국 최초로 매주 열리는 가족 체험 프로그램을 기획하고 시작한 팀의 일원이었다. 전제는 단순했다. 우리는 부모와 아이들을 자주 함께하는 환경에 두어야 한다고 생각했다. 우리는 어린아이들을 성인 예배에 참석시켜 아이들이 부모의 믿음에 흥미를 느끼게 하는 대신, 부모들이 우리가 아이들에게 가르치는 것에 흥미를 갖도록, 어른들을 아이들 예배에 참석시켰다. 우리는 매주 키즈 스터프(KidStuf)라는 프로그램을 주최하고 기획했으며, 그것은 우리의 전략에 없어서는 안 될 중요한 부분이 되었다. 제일 처음 이 아이디어를 착안하고 전국의 다른 어린이 부서 책임자들에게 조언을 구했을 때, 그들은 그 아이디어를 탐탁해하지 않았다. 유치원부터 초등학생까지를 망라하고, 부모들까지 포함시키는 예배 환경은 지나치게 많은 연령을 포괄하는 것이라고들 했다.

그해에 그 개념을 뒷받침해주는 한 영화 〈라이온 킹(The Lion King)〉이 나오지 않았다면, 우리는 그 아이디어를 거의 포기할 뻔했다. 그때 우리 아이들은 11살, 9살, 7살, 5살이었다. 나는 아이들과 함께 〈라이온 킹〉을 보다가 세상에는 가족 체험을 만들어내는 기술에 통달한, 상당히 재능 있는 사람들이 있다는 사실을 알게 되었다. 그들은 교회 전문가들이 틀렸음을 입증하고 있었다. 영화를 반쯤 보자, 나는 디즈니 작가들의 의도가 모든 연령층의 관객들을 끌어들이려는 것임을 분명히 알 수 있었다. 나는 우피 골드버그(Whoopi Goldberg)가 하이에나 캐릭터의 웃음소리를 내면서 우스갯소리를 할 때 킥킥댔고, 5살짜리 딸아이는 뭐가 재미있다는 건지 이해하지 못하겠다는 눈초리로 나를 쳐다보았다. 딸아이가 심바의 어떤 행동을 보고 웃자, 나는 그건 유치하다고 말해주려고 눈을 굴렸다. 아들아이는 코끼리 무덤을 보고 호기심이 발동했다. 우리 가족은 제각기 자신들을 겨냥해 계획된 부분에 반응하면서 함께 멋진 경험을 했다.

집으로 돌아오는 길에 제일 좋았던 장면에 대해 이야기를 나누다가 불현듯 어떤 깨달음이 왔다. 나는 생각에 잠겼다. 어째서 교회는 이렇게 될 수 없는 걸까? 몇 달 후 우리는 한 초등학교 식당에서 키즈 스터프를 시작했다. 우리에게는 키즈 스터프라고 쓴 배경 현수막, 두 명의 찬양 인도자, 두 명의 운영자, 한 명의 배우가 있었고, 내가 서킷 시티에서 구매한 캠코더 한 대를 가지고 있었다. 오늘날에는 미국 전역의 교회들이 연 4회, 또는 월 1회, 또는 주 1회 단위로 운용되는 가족 체험 프로그램을 양산하고 있다. 공연 위주의 형식도 있고 소그룹 위주의 형식도 있지만, 모든 가족 체험 프로그램은 동일한 아이디어를 바탕으로 한다. '대부분의 중요한 일은 가족 체험 프로그램 그 자체가 아니라, 함께하는 그들 사이에서 일어난다는 것'이다.

보충 설명 8.2

우리가 키즈 스터프를 시작한 지 얼마 지나지 않았을 때, 딸과 함께 키즈 스터프에 참석한 한 CEO가 프로그램을 마치고 내게 와서 말했다. "저는 지난 몇 주 동안 키즈 스터프에 참석했습니다. 이 행사가 제가 처음으로 참석하는 교회 체험 프로그램이랍니다. 제 딸아이가 저에게 '영적인 것'에 대해 묻기 시작했는데, 목사님을 통해 딸에게 해줄 어떤 말을 배울 수 있는지 알고 싶군요." 그날부터 나는 모든 부모들은 더 좋은 부모가 되고 싶어한다는 전제를 가지고 부모들을 보게 되었다.

대부분의 중요한 일은 가족 체험 프로그램 그 자체가 아니라, 함께하는 그들 사이에서 일어난다.

오늘 무엇을 해야 할지 말해달라

한 남편이 한밤중에 부인을 깨워서 자기의 실패를 인정할 때에는, 대부분 변하고자 하는 마음이 동기가 된다. 하나님이 지속적이고 근본적인 변화를 주관하신다는 사실은 의심의 여지가 없지만, 많은 경우 행동은 올바른 가르침과 직접적인 관련이 있다. 만약 어린아이에게 부모가 그저 방을 치우라고 명령한다면 아이는 그 과업에 짓눌린 나머지 무기력해질 수도 있다. 어린아이들은 충분히 구체적인 지시를 받지 못하면 종종 어디서부터 시작해야 할지 모른다. 부모들도 마찬가지다. 간혹 비전의 결여가 원인일 때도 있지만, 대부분의 경우 부모들은 구체적인 지침과 함께 반복적인 영향을 필요로 한다. 그들에게 지식을 실제 경험 속에 적용시키는 구체적인 방법을 제공해야 한다. 부모들과 동역하고, 실제로 그들이 발전하도록 돕고 싶다면 좀 더 실제적이 되어야 한다.

「티핑 포인트(The Tipping Point, 21세기 북스)」에서 말콤 글래드웰(Malcolm Gladwell)은, 사회 심리학자 하워드 레반델(Howard Levanthal)이 1960년대에 했던 실험에 대해 설명한다. 그는 예일 대학교에서 4학년 학생들에게 두 종류의 소책자를 나누어주면서 파상풍 예방 접종 캠페인을 벌였다. 한 소책자는 파상풍의 발병과 파상풍 예방 주사의 효능에 대한 통계를 담고 있었고, 다른 책자는 파상풍 환자의 사진을 게재해서 독자의 공포심에 감정적으로 호소함으로써 학생들에게 주사를 맞아야겠다는 생각이 들게 만들었다. 그는 두 가지 소책자를 배포한 후에 학생들을 조사했다. 공포심을 조장하는 책자를 본 학생들이 걱정은 더 많이 했지만, 두 그룹 모두 3퍼센트만이 실제로 병원에 갔다. 그들이 습득한 지식은 행동으로 전환되지 않았다. 레반델은 소책자의 내용을 수정해서 다시 배포했다. 그러자 파상풍 예방 주사를 맞은 학생들이 28퍼센트로 증가했다. 수정한 내용이 무엇이었을까? 그는 소책자에 강의실에서 병원까지 가는 길을 안내하는 약도와 주사를 맞을 수 있는 시간을 적어넣었다. 실생활에 파고드는 정보가 그들의 행동을 바꾸었던 것이다.[21]

리싱크에서도 일찍이 부모들에게 힘을 실어주려면, 정보와 스케줄을 제공하는 것이 가장 좋은 방법 가운데 하나라는 걸 깨달았다. 그래서 우리의 모든 커리큘럼은 가족들이 가정에서 끝까지 해낼 수 있는 방법을 제시한다. 우리는 부모들이 가족이 모여 있는 시간에 할 수 있는 구체적인 일들을 제시하는 독창적인 자료들도 만들었다. 십대들을 대상으로 부모와의 관계를 조율하는 방법에 대한 시리즈를 진행하면서 가족 체험 행사를 개최했다. 그리고 그 시리즈가 진행되는 동안 부모들을 대상으로 십대 자녀들과의 관계를 이끌어가는 방법에 대한 구체적인 지침을 제공했다. 또한 우리는 집에 가져가서 가족 활동에 활용할 수 있는 도구들을 고안했다. 부모들을 참여의 고리에서 이탈시키지 않으려면, 다양한 방안을 부지런히 만들고 테스트해야 한다.

이 세 가지 이슈는 교회가 부모들과 동역할 수 있는 독특한 방법을 설명하는 데 도움이 된다. 이것은 부모들을 사역에 참여시킬 때, 관점을 달리해서 일하는 것이 왜 그렇게 중요한지를 설명한다. 리더는 반복적으로 영향을 주고 적절한 방안을 만드는 기술을 습득해야 한다. 그것이 바로 참여의 고리가 균형을 유지하는 기술이다. 참여의 고리가 어떻게 작용하는지는 '요요'의 예를 보면 잘 알 수 있다.

요요는 일반적으로 손에서 시작해 밖으로 던져져 돌다가, 되감으면 손으로 되돌아온다. 고리의 꼭대기에 손으로 다시 돌아올 수 있는 힘을 제공하는 에너지원이 있다. 요요는 회전하면서 떨어질 때 원래 가지고 있던 에너지를 상실하기 때문에, 다시 힘을 받기 위해서 손으로 돌아와야 한다. 당신 교회의 가정들도 그렇다. 하나님이 모든 것의 에너지원이시다. 그러므로 사실상 내가 언급하고 있는 것은 그 에너지를 사용하는 도구, 즉 '교회'이다.

참여의 고리를 가정 사역으로 설정한다는 건, 당신이 다음과 같이 결정한다는 의미이다. '가정은 그들을 위해서 에너지원이 되어줄 교회를 필요로 한다.' 교회는 가정을 재활성화시키기 위해서 분명한 프로그램 전략, 반복적인 영향, 적절한 지식을 제공할 수 있는 잠재력을 가지고 있다. 교회는 가정이 필요할 때마다 다시 활력을 불어넣어줄 수 있는 촉매제 역할을 해줄 환경이나 자원을 마련해야 한다.

보충 설명 8.3

고리의 꼭대기에는 가족 체험, 가족 소그룹 공부, 자녀 양육 웹 사이트, 세례식, 헌아식 등이 있다. 사역 팀은 이것들을 전략적으로 배치하여 가족들을 지치지 않게 하면서, 체계적으로 활력을 줄 수 있어야 한다. 가족들이 이러한 자원을 접하게 되면, 한 가족으로서 믿음의 삶을 살아가도록 영향받고 도전받게 된다. 그런 다음 그들은 세상으로 나가서 그 힘이 사라지기 시작할 때까지 자율적으로 살다가, 고리의 꼭대기로 복귀해 다시 활력을 얻는다.

참여의 고리

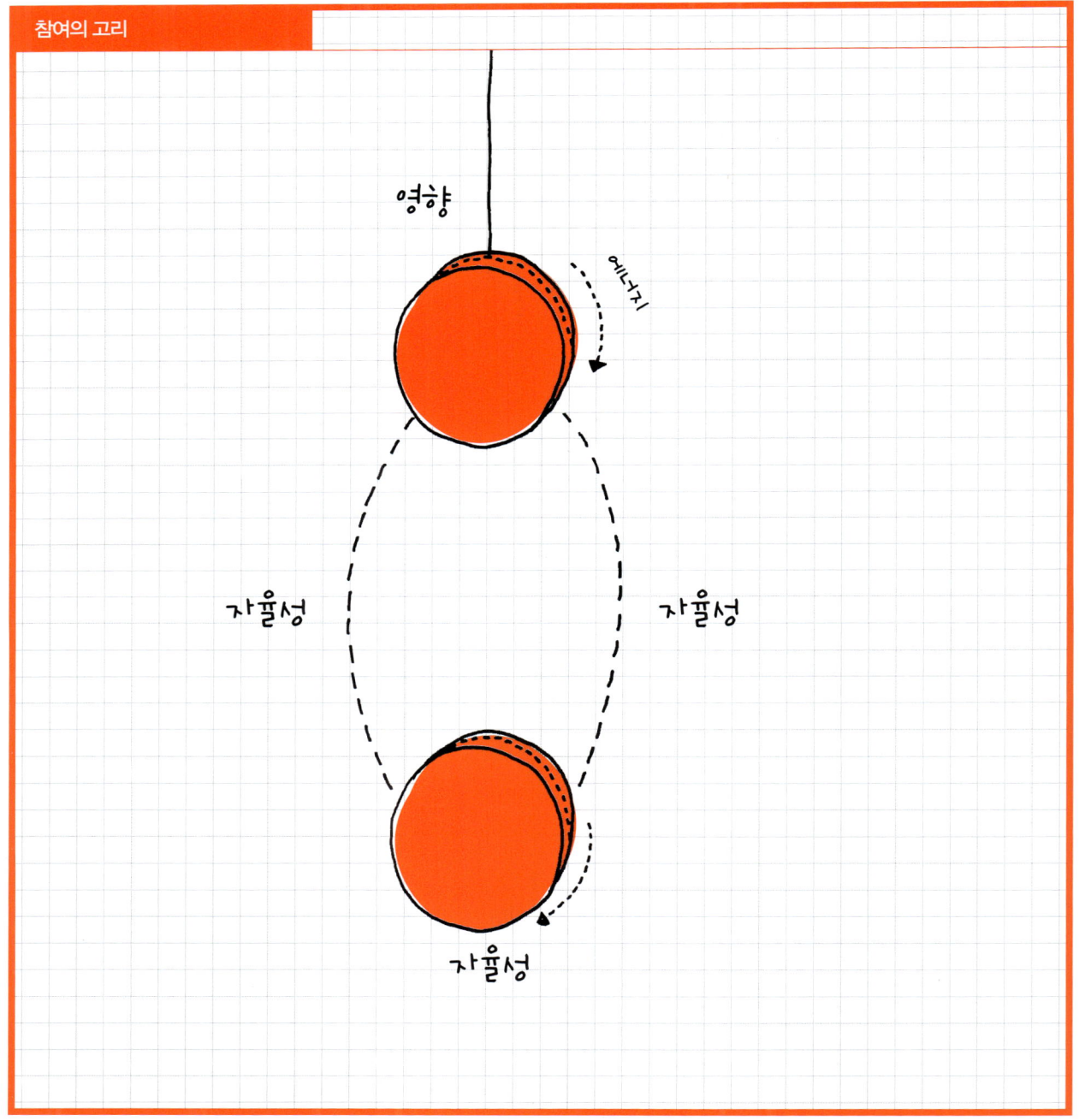

요요처럼, 잠재적인 힘은 꼭대기에 있다. 요요는 줄에서 풀리면서 역학적으로 회전하고, 자기 나름의 리듬을 거쳐 다시 올라온다. 여기에는 분명한 패턴이 있다. 에너지를 받기 위해 올라가고, 내려가면서 메시지를 풀어내고 실례를 보여준다. 그리고 다시 활력을 얻기 위해 올라간다. 그리고 일상생활 속에서 믿음을 가지고 살기 위해 다시 내려간다.

무엇이 요요를 움직이는지 주의해서 보았는가? 줄 한 가닥이다. 세 가닥이나 네 가닥이 아니라 달랑 한 가닥이다. 하나의 손에 연결된 단 하나의 줄은 절대 엉킬 염려가 없다.

교회에서 당신은 가족들에게 반복적인 영향을 미치면서, 규칙적으로 에너지를 제공한다.
가족이 자율적으로 궤도를 따라 돌도록 그들을 내보낸다.
그리고 그들은 필요할 때 더 많은 영향을 받기 위해서 근원지로 돌아온다.

이 참여의 고리를 그림으로 그려보라. '영향'을 제일 위에 적은 다음, 밑으로 이어진 줄을 따라 '자율성'이라고 적으라. 이 두 단어를 눈에 잘 띄는 곳에 두라. 이 단어들은 당신의 팀이 가족들을 그 고리 안에 머물러 있게 하는 방법을 이해하는 데 없어서는 안 되는 요소이다.

이 가정 사역 모델은 당신의 팀이 당신들이 처한 특정 상황 속에서, 그 과정에 적합한 일련의 질문들을 생각하게 만든다.

- 당신 교회에 속한 가정들은 어디서 에너지를 얻는가?
  그들에게 에너지를 주기 위해 어떤 종류의 환경이나 자원이 필요한가?
- 그들이 다른 길로 빠지지 않게 하려면 어떤 정보가 필요한가?
  당신이 마련한 방안들이 가정에 정말 효과가 있는지 검토하라.
- 그들은 얼마나 자주 에너지원에서 에너지를 받아야 하는가?
  당신 교회의 프로그램이나 행사들과 관련해서, 얼마나 자주 그들을 꼭대기로 보내야 하는가? 매주, 매달 또는 가끔 해야 하는 프로그램들은 무엇인가?

이것만이 유일한 가정 사역 방법은 아니다. 어떤 이들은 다른 규칙에 의해 움직이는 다른 게임을 선호한다. 그러나 대부분 그들의 게임에는 줄이 없다. 실제적인 시스템도 없다. 모두가 같은 영역을 놓고 싸우고 있다. 모두가 다른 사람들을 자기 영역에서 쫓아내기에 바쁘다. 저마다 독단적인 입장을 취한다. 그 게임은 구슬치기다. 거기에는 리듬이 없다. 서로에게 에너지를 주기보다 서로의 에너지를 고갈시키고 결국에는 뿔뿔이 흩어진다.

만나는 모든 부모가 이번 주일에 당신 교회에 올 것처럼 행동하라

지난 주에 운동 경기에서 만난 부모들이 이번 주일에 당신 교회에 나타났다면 어떨까? 그들을 더 좋은 전략에 참여시키기 위해서 어떤 단계를 제공해줄 수 있는가? 그들이 참여하도록 도울 준비가 되어 있는가? 그들이 당신 교회를 자신의 가정을 위한 에너지원으로 보고 있는가? 정말로 물어야 할 질문은 이것이다. 가족 문제에 대해서 당신 교회의 역할을 어떻게 보고 있는가? 당신은 오렌지 사고를 해야 할 뿐 아니라 그것을 실행해야 한다.

지금쯤이면 교회가 영향력을 가지고 있다는 것을 이해했을 것이다. 시간, 재정, 시설, 자원을 지혜롭게 관리해야 하는 것과 마찬가지로 당신이 가진 영향력에 대해서도 선한 청지기가 되어야 한다. 오렌지 사고는 더 현명한 사고를 하는 것이다. 당신의 영향력을 사용해 가능한 최대의 영향을 미쳐야 한다면, 그것을 어디에 사용하겠는가? 가정도 동일 선상에 놓고 고려해야 한다. 다음 세대에게 영향을 미치기 위해 교회 외에 하나님이 특별히 만드신 유일한 개체가 가정이라면, 당연히 그 둘이 연합할 때 더 큰 영향을 미칠 수 있을 것이다.

캐리 뉴워프(Carey Nieuwhof)는 캐나다 토론토에서 오렌지 사상가로 활발하게 활동해온 담임목사이다. 그는 몇 년 전, 주일 아침 설교를 준비하던 중에 문득 오렌지 사고를 하게 되었다. "우리 교회 주변에 사는 부모들에 대해 생각하던 중에 이런 생각이 떠올랐지요. '그들은 밤에 침대에 누워, 이번 주 설교 주제를 궁금해하지 않는다. 그렇다고 하나님에 대해서 생각하지도 않는다. 그들이 침대에 누워서 생각하는 것은 대부분 아이들에 대한 것이다.'"

고리를 기억하라

대부분의 부모들은 자신들 외에 다른 사람들이 자신의 가정에 대해 생각한다는 것을 알면 좋아할 것이다. 그렇기 때문에 교회는 가정에 희망을 주고 방향을 제시할 수 있는 독특한 위치에 있다. 가정이 일상에서 신앙의 삶을 실현하려 할 때, 매주 주일은 그들의 새 출발을 돕는 촉매제가 될 수 있다. 교회의 힘은, 가정이 계속되는 순환을 통해서 다시 시작하고 재활성화되는 터전이라는 데 있다. 가정이 가진 신비한 힘은, 가정에서는 매일 같은 사람들과 다시 시작할 수 있다는 데 있다.

어떤 부모들은 고리 안에 들어가기 위해 당신에게로 오고 있다. 주일을 준비하면서 그것을 생각하라. 당신은 많은 시간과 에너지를 고리의 꼭대기에 쏟아붓고 있을 것이다. 당신은 고리가 영속할 수 있도록 글을 쓰고, 창조하며, 조직하고, 계획하며, 모집하고, 건설하고 있다. 리더로서 매주 이 일을 한다. 물론 그건 틀에 박힌 일처럼 보일 것이다. 그리고 때로는 그냥 시늉만 하고 있는 것 같기도 하다. 솔직히 말하면 주일이 가까워질수록 점점 힘이 빠진다. 에너지란 에너지는 모두 고리의 정점에 쏟아붓고 있다! 이따금 당신은 이게 정말 가치 있는 일인지 의구심이 든다. 그러나 그 일을 멈추지 말라. 왜냐하면 당신에게서 일상을 살아가는 믿음을 얻으려고 하는 사람들이 있기 때문이다. 기력이 쇠진하고 있는 사람들이 있기 때문이다. 그들은 점점 약해지고, 그들의 믿음은 사라지고 있다. 그들이 어디로 오겠는가? 고리의 꼭대기로 돌아오고 있다.

의심하는 부모들
방황하는 부모들
근심하는 부모들
낙심한 부모들
지친 부모들
외로운 부모들
상심한 부모들
희망을 품고 있는 부모들

가정이 일상에서 신앙의 삶을 실현하려 할 때, 매주 주일은 그들의 새 출발을 돕는 촉매제가 될 수 있다.

굳게 결심한 부모들
자녀들의 장래와 신앙을 위한 싸움에서 승리하기 위해, 고군분투하고 있는 부모들

당신이 하는 일이 때로는 고역처럼 느껴질 수도 있다. 그러나 하나님은 당신이 공급하는 연료에 힘을 더하신다. 그분은 서로에게서 에너지를 얻는 존재로 우리를 창조하셨다. 우리가 모일 때 다음과 같은 일이 일어난다. 우리는 마음에 새로운 활력을 얻는다. 다시 희망이 빛난다. 가정들이 다시 활기를 되찾는다. 우리의 믿음은 매일 소생한다. '우리가 고리 안에 머무는 한.'

빨간 모자를 쓰라

부모인 나는 교회를 필요로 한다. 나는 살아가면서 기댈 수 있고, 이 일을 계속할 수 있는 에너지를 공급해주는 다른 리더들을 필요로 한다. 빨간색과 노란색 모자를 쓰고 있는 많은 사람들은 깨달았을 것이다. 자신이 리더일지라도, 부모로서 살아가는 데는 다른 리더들이 필요하다는 것을. 때때로 정말 혼란스럽다.

느헤미야의 이야기로 돌아가보자. 본문에는 몇 년 전까지 내가 한 번도 주목한 적이 없었던 내용이 있다. 그것은 성벽 건설에서 결정적인 순간이었다. 일은 반쯤 진행된 상태였다. 사람들은 지쳤다. 사기가 저하되고 있었다. 약간의 동요와 소소한 세력 다툼이 있었다. 적이었던 산발랏은 이스라엘 백성들의 에너지가 고갈되고 있음을 감지하고 소문을 퍼트릴 기회를 엿보고 있었다. 그는 공격하겠다고 위협했다. 백성들은 불안해하기 시작했고 느헤미야는 상황이 위험하다는 걸 감지했다. 성벽이 완성되려면 아직 멀었는데 모든 것을 잃을 수도 있다는 생각이 들었다. 그래서 느헤미야는 즉각 모든 백성들을 불러 모았다. 그 일은 예루살렘 성벽 재건의 전환점이 되었다. 그의 행동이 도시를 구했고, 가정과 리더들은 다시금 활력을 되찾았다. 그의 일기를 보면 어떤 일이 있었는지 알 수 있다.

"내가 성벽 뒤의 낮고 넓은 곳에 백성이 그들의 종족을 따라 칼과 창과 활을 가지고 서 있게 하고 내가 돌아본 후에 일어나서 귀족들과 민장들과 남은 백성에게 말하기를 너희는 그들을

두려워하지 말고 지극히 크시고 두려우신 주를 기억하고 너희 형제와 자녀와 아내와 집을 위하여 싸우라 하였느니라"(느 4:13-14).

그가 한 말에 주목하라. "너희… 자녀와 아내와 집을 위하여 싸우라." 단 한마디로 그는 백성들에게 위기감과 투지를 불러일으켰다.

느헤미야의 말은 진실되게 들린다

나에게는 아들 하나와 딸 셋이 있다. 나는 가족에 대한 가장 분명한 교훈 중 하나를 7학년(우리의 경우 중학교 1학년)이었던 레베카에게서 배웠다. 막내인 레베카는 오빠와 언니들 사이에서 살아남으려다보니 말을 아주 잘했다. 어느 날 오후, 우리는 레베카의 방에서 대화 - 다소 언성을 높이는 - 를 나누고 있었다. 요지는 이랬다. "너는 열세 살이다. 너는 내가 하라는 걸 해야 한다. 나는 네 아버지고 너는 내 말을 들어야 한다." 대충 그런 내용이었다.

그때였다. 레베카가 완전히 내 허를 찌르면서 나를 공격했다. 나는 그 말에 큰 충격을 받은 나머지, 내가 씩씩대는 소리가 들릴 정도였다. 나는 내 아이들 중 하나가 그런 충격적인 말을 하리라고는 꿈에도 생각해본 적이 없다. (공평성을 위해 딸의 입장에서 말하자면, 그 애는 무슨 일이 있었는지 말하려고 했지만 내가 귀를 기울이지 않자, 내 주의를 끌기 위해 그런 말을 했던 것이다.)

큰 충격을 받은 나는 대꾸할 말이 없었다. 그 말은 인신공격적인 말이었고, 나는 무척 상심했다.

나는 그 순간에 내가 생각해낼 수 있는 유일한 행동을 했다. 그 자리를 떠났다. 방에서 나와 계단을 내려가 서재를 가로질러 차고로 가서 차에 올라타 몰고 나갔다. 나는 정말 화가 났고, 아주 많이 마음이 상했었다고 벌써 말했던가?

나는 배신감을 느끼면서 차를 몰고 길을 따라 내려갔다. 15분쯤 지난 후에 휴대폰이 울렸다. 레베카였다.

"아빠, 미안해요." 딸이 말했다. "내가 한 말이 진심이 아니라는 걸 아실 거예요." (부모가 어린아이가 되는 그런 순간이었다.) 그러고나서 딸아이는 이렇게 말했다. "그런데 왜 나가셨어요? 왜 방에서 나가버리셨어요? 저는 우리 관계가 싸울 가치가 있다는 걸 확인하고 싶어요."

부모들이 투쟁을 중단하고, 어쩌면 우리 아이들은 부모와 대화하고 관계맺는 것을 싫어할지도 모른다는 미신에 굴복한다면, 부모들은 엄청난 우를 범하는 것이다.

레베카가 한 말은 많은 십대들이 언젠가 한 번쯤은 하는 생각인 것 같다. 그렇지만 그것을 뒷받침할 통계 자료가 없기 때문에 실제로 증명할 길은 없다. 십대들은 말로 표현하는 방법은 잘 모르지만, 그것을 느끼고 있다. 나는 부부 싸움에서 지고, 그로 인해 딸들과의 관계도 포기해버린 아버지를 둔 여자 대학생들과 대화를 나눈 적이 있다. 고등학교 시절 겪은 갈등으로 부모와의 관계가 소원해진 아들들

보충 설명 8.4

과도 이야기해보았다. 부모들이 투쟁을 중단하고, 어쩌면 우리 아이들은 부모와 대화하고 관계 맺는 것을 싫어할지도 모른다는 미신에 굴복한다면, 부모들은 엄청난 우를 범하는 것이다. 리더이면서 부모인 사람들 가운데 자녀들과의 관계가 너무 어려운 나머지, 그 관계를 우선순위에서 밀어내버린 이들도 있다.

느헤미야의 말에 귀를 기울이라. 그리고 "너희… 자녀와 아내와 집을 위하여 싸우라."

보충 설명 8.5

우리 노란 모자를 쓴 자들은 우리의 소명, 즉 부모들과 동역하고, 그들이 자기 아들딸들의 마음을 얻기 위한 투쟁을 계속할 수 있도록 돕는 일을 받아들여야 한다.

우리가 그들의 싸움을 돕지 않으면 누가 도울 것인가?
우리가 그들이 가정에 다시 활력을 불어넣도록 힘을 실어주지 않는다면 누가 할 것인가?
우리가 그들이 믿음을 재충전할 수 있는 장소를 마련해주지 않는다면 누가 할 것인가?

모든 부모는 동역자로서 당신을 필요로 한다. 이제부터 동역자답게 행동하라.

필수 요소 4

공동체를 강화하라

교회와 가정,
그 두 영향력을 결합하면
가능성이 증대된다

9장

공동체를 강화하라
모든 사람들을 그들을 보살펴주는 리더와, 일정한 동료 그룹과 연결시키라

많은 사람들이 1891년 제임스 나이스미스(James Naismith) 박사가 농구 경기를 만들었다는 사실을 알고 있다. 그러나 1950년대 후반에 토니 힌클(Tony Hinkle)이 한 공헌에 대해서 아는 사람은 많지 않다. 힌클은 농구공을 오렌지색으로 제작해 관중과 선수들이 공을 더 잘 볼 수 있게 했다. 오늘날에도 공식적으로 오렌지색 공을 사용하는 스포츠는 농구가 유일하다.

우리 큰딸 해나는 농구를 좋아해서, 나는 딸의 농구 경기를 보면서 많은 것을 배웠다. 우선 나는 농구가 보기보다 어렵다는 걸 알게 되었다. 우승 팀들은 예외 없이 수시로 모여 연습하고, 전략을 배우며, 개인 기술을 연마한다. 훌륭한 코치는 큰 영향을 미친다. 다음에 농구 경기를 관람하게 되면 끊임없이 지시하면서 선수들을 따라 사이드라인을 왔다 갔다 하는 감독을 주의 깊게 보라.

가장 불가사의한 것은, 마치 선수들이 초음파를 들을 수 있는 청각을 가진 것처럼 행동한다는 것이다. 그들은 실제로 체육관 바닥에서 공명되는 소리, 군중들의 함성, 부모들의 환호 소리를 걸러내고 감독의 목소리를 들을 수 있다.

나는 해나가 고등학교 농구 시합에서 3점 슛을 여덟 번이나 쏘는 것을 보았다. 경기가 끝나는 마법 같은 순간에, 나는 딸을 자랑스러워하는 여느 아버지들과 똑같은 행동을 했다. 신이 나서 딸에게 뛰어갔다. 딸이 가장 원하는 것이 내 확인과 인정이라고 생각했기 때문이다. 나는 그 애의 기술과 집중력에 대해서 찬사를 늘어놓기 시작했다.

차에 타면서도 나는 딸이 중단시킬 때까지 그 애가 잘한 것들을 계속 떠들었다.

"아빠, 우리 코치가 저에 대해서 아빠한테 뭐라고 하지 않던가요?"

나는 말했다. "네 코치가 뭐라고 하든 그게 무슨 상관이냐? 네 아빠가 여기 있는데!" 나는 허세를 부렸다.

> 누구나 자신을 믿어주는 사람이 필요하며, 어딘가에 소속되어야 한다. 진정한 공동체는 이 두 가지를 제공한다.

"그렇지만 아빠, 브라운(Brown) 코치님이 아무 말도 안 했어요?"

그 순간 내 딸이 선을 넘어갔다는 생각이 퍼뜩 들었다. 그 아이는 내 생각보다 코치의 생각에 더 관심이 많았다.

공동체를 강화하면, 다양한 필요를 외치는 목소리를 듣게 된다

모든 아이들이 부모의 말보다 다른 어른의 말에 더 신경을 쓰는 것처럼 보이는 때가 온다. 그렇기 때문에 아이의 삶 속에 올바른 코치들을 세우는 일을 일찍 시작하는 것이 중요하다.

"공동체를 강화하라"고 말할 때 우리가 의미하는 것은, 어린아이들과 십대들의 삶 속에 코치들을 전략적으로 포진시킨다는 뜻이다. 다음 세대의 성장에는 의미 깊은 관계가 필요하다. 아이들과 청소년들이 필요로 하는 것은, 역경을 헤치고 나아가는 기술과 현명한 지침을 주는 올바른 음성이다. 누구나 자신을 믿어주는 사람이 필요하며, 어딘가에 소속되어야 한다. 진정한 공동체는 이 두 가지를 제공한다.

모든 사람을 고정된 동료 집단과 보살펴주는 리더에게 연결시켜주는 것이, 곧 공동체를 제공하는 것이다.

인생을 돌이켜보면, 시간이 흐른 후에 당신에게 영향과 감화를 준 특정 인물들이 떠오를 것이다. 그것이 의미 깊은 관계가 가지는 힘이다. 교회가 이 원칙을 받아들이면, 교회는 나이 많은 멘토들로 하여금 아이들과 청소년들을 믿음 안에서 인도하고 격려하면서 그들의 필요를 채우게 할 수 있다. 그리고 그것은 부모들을 돕는 일이기도 하다. 당신의 교회가 가정에 줄 수 있는 가장 큰 선물 가운데 하나는, 언제나 그들을 도울 준비가 되어 있는 리더와 친구들로 이루어진 안정된 연결 조직이다.

사실, 한 학생이 신앙 공동체에 계속 참여하고 있는가 아닌가는 그에게 영적으로 영향을 미치는 어른들의 수와 관련이 있다. 마크 켈리(Mark Kelly)는 연구를 통해 다음과 같은 사실을 발견했다. "적어도 교회에 다니는 한 명의 어른 – 그들의 삶에 의미 있는 시간을 투자하는 – 과 관계를 맺은 십대들은, 계속 교회에 다닐 확률이 높았다. 교회에 남은 십대들 중 많은 수가 다섯 명 이상의 교회 어른들과 개인적으로 영적으로 시간을 보냈다고 말했다."[22]

공동체가 중요하다.   보충 설명 9.1

올바른 공동체를 형성하면 다음과 같은 일이 일어난다.

- 부모들이 자녀들에게 도덕적 그리고 영적인 영향을 미치려고 노력할 때, 자녀들은 도움을 받고 있으며 혼자가 아니라고 느낀다.
- 교회는 피상적인 관계가 아닌, 의미 있고 중요한 관계를 맺는 곳이라는 인식이 생긴다.
- 진실된 관계를 쉽게 발전시킬 수 있는 그리스도인 세대를 퍼트린다.
- 학생들은 불건강한 관계에서 조언을 구하지 않고, 그리스도인 멘토들에게서 조언을 구한다.
- 공연이나 프로그램은 온전한 해답이기보다는, 과정 중의 한 단계에 속한다.
- 리더들은 누군가의 삶 속에 지속적으로 헌신할 수 있는 자신의 가능성을 발견한다.

공동체를 강화하면, 하나님이 사람들을 영적으로 성숙시키는 일에 협력하게 된다

노스포인트 교회를 시작한 팀은 수년 전, 어떻게 사람들을 그리스도와의 관계 속에서 성장하도록 도울 수 있는지를 논의하다가 불현듯 이런 깨달음을 얻었다. 이런저런 프로그램에 대한 아이디어와 핵심 원리에 대해서 논의한 후였다. 앤디가 불쑥 어쩌면 우리가 그릇된 질문을 했는지도 모른다고 말했다. 그리고 사람들과 그리스도와의 관계를 성숙시키도록 돕는 방법을 찾아내기에 앞서, 우리 자신과 그분과의 관계가 어떻게 성장할 수 있는지를 물어보아야 한다고 했다.

그후 몇 시간에 걸쳐서 우리는 각자의 이야기를 나누었다. 지금까지 살면서 우리의 신앙이 새로운 차원으로 비약했던 결정적인 순간에 대해 이야기했다. 우리에게 영향을 준 사람들, 배운 원칙들, 고통스러웠던 경험, 응답받은 기도, 도전을 주었던 사역들에 대해서 이야기를 나누었다.

급기야 우리를 영적으로 훌쩍 성장시켰던 획기적인 사건과 관련된 이런저런 인생 스토리들이 쏟아져나왔다. 그때 깨달았다. 우리의 이야기를 살펴보니 사연은 다 달라도 유사한 패턴이 있었다. 마치 하나님이 우리 각 사람의 삶에 동일한 화음을 반복적으로 사용하시면서 다양한 노래를 지으신 것 같았다. 우리는 그 화음을 '영적 성장의 촉매제'라고 이름 붙였다.

보통 다음과 같은 요소가 한 가지 이상 있을 때, 우리는 영적으로 성장한다.

- 하나님이 누구신지 또는 어떻게 살아야 할지를 깨우치게 해주는 삶을 변화시키는 진리.
- 우리가 하나님의 영이나 음성에 따라 살 수 있게 하는 영적 훈련.
- 하나님의 능력과 목적에 가까이 가도록 우리를 확장시키는 개인 사역.
- 하나님이 우리를 자극하거나 격려하기 위해 사용하시는 의미 깊은 관계.
- 우리로 하여금 새로운 방법으로 하나님을 의지하게 만드는 중추적 환경.

이러한 촉매제들은 다른 사람들의 영적 성장을 돕는 중요한 요소이다. 그리고 많은 교회들이 이와 같은 촉매제들이 가장 중요하다는 생각을 기반으로 하고 있다. 그러나 현실은 많은 교회들이 프로그램을 구성할 때, 진리가 제자 훈련에서 가장 중요한 부분인 것처럼 행동한다는 것이다. '가르침'과 '컨텐츠'가 가장 중요한 요소가 된다. 우리는 제자 훈련을 수업이나 커리큘럼이라고 생각하게 된다. 만약 제자 훈련이 성경 공부뿐만 아니라, 섬김도 포함하고 있다면 어떻게 될까? 제자 훈련이 기도뿐만 아니라, 지속적이고 보살펴주는 관계를 맺는 것도 포함하고 있다면? 어떤 교회가 한 아이의 삶에 고정된 리더를 제공할 수 없다거나 제공하지 않을 거라는 소리를 들으면, 나는 그 교회가 삶을 훈련시키는 본보기를 보여주는 것이 아니라 진리를 교습시키는 사역에 안주하고 있다고 생각한다.

누군가의 영적 성장을 돕고자 한다면, 모든 촉매제와 공조할 수 있는 방도를 강구해야 한다. '삶을 변화시키는 진리, 영적 훈련, 개인 사역, 의미 깊은 관계, 중추적 환경' 이 다섯 가지 가운데 중요하지 않은 것은 하나도 없다. 몇 년 후, 나는 이 개념들을 적용하던 중 또 다른 깨달음을 얻었다. 나는 전략적으로 다른 사람들의 영적 성장을 도우려면 다섯 가지 촉매제와 관련된 한 가지 질문에 답해야 함을 깨달았다. 다섯 가지 촉매제의 관점에서 볼 때, 누가 전략적으로 가장 큰 영향력을 가지고 있는가? 답은 분명해 보였다. 그것은 두 종류의 사람들, 즉 소그룹 인도자와 부모였다.

내가 공동체를 강화해야 한다고 확신하는 이유 가운데 하나는 바로 이것이다. 소그룹과 소그룹 리더들이 영적 성장과 훈련에 대한 하나님의 계획에 아이들을 참여시키는 잠재력을 가지고 있기 때문이다. 예수님도 일정 지역에 거주하심으로써 본보기를 보여주셨는데, 우리가 다른 방

영적 성장의 촉매제

SIGNIFICANT
SPIRITUAL DISCIPLINES
TRUTH
PERSONAL MINISTRY
LIFE-CHANGING TRUTH
PIVOTAL CIRCUMSTANCES
SPIRIT
MIN
SIGNIFICANT RELATIONSHIPS

삶을 변화시키는 진리
영적 훈련
개인 사역
의미 깊은 관계
중추적 환경

`핵심 용어`

영적 성장의 촉매제

사람들의 인생 스토리마다 반복되는 주제가 있다. 하나님은 우리를 믿는 자들로 규정하고, 성장시키기 위하여 다섯 가지 촉매제를 사용하신다. 리더로서 당신이 다른 사람들의 삶 속에서 담당해야 할 가장 중요한 역할은, 하나님이 그들을 그리스도인으로 성장시키기 위하여 이미 하고 계시는 일에 영향을 미치는 것이다. 당신의 사역들을 이 다섯 가지 핵심 이슈를 중심으로 조직해보면 어떨까?

삶을 변화시키는 진리
영적 진리를 가르치거나 부연하는 데 있어서 당신의 역할은 무엇인가?

영적 훈련
어떻게 개인의 영적 습관을 개발하도록 도울 수 있는가?

개인 사역
개인 사역을 확립하도록 어떻게 격려할 수 있는가?

의미 깊은 관계
어떻게 해야 더 효과적으로 당신이 인도하는 이들의 삶에 영향을 미칠 수 있을까? 어떻게 다른 리더들이 어린이와 십대들과 의미 있는 관계를 추구하게 만들 수 있는가?

중추적 환경
당신이 인도하는 이들의 삶에 위기나 역경이 왔을 때, 당신이 책임져야 할 부분은 무엇인가?

식으로 살아야 할 이유가 무엇인가? 어린아이들과 청소년들이 교회에 올 때마다 매번 다른 인도자와 연결되는 사역에서는 그 영향력이 제한적일 수밖에 없다. 이런 관계들은 교실 밖을 벗어나기 힘들다. 장기간에 걸쳐 관계를 맺고 어린이를 훈련시키려면, 단순히 지식을 제공하는 것 이상의 무언가를 해야 한다. 하나님이 역사하시는 사역 안에서 우리와 동역하고 있는 부모들의 아이들과 십대들의 삶 속에 특정한 리더들을 배치해야 한다. 이런 관계는 예외 없이 지속적으로 더 크고, 더 많은 영향을 미친다.

시간이 지나면서 사람들은 공동체를 통해서 성장한다.

어린아이들은 관계 속에서 배운다. 관계 속에서 자기의 삶과 타인의 삶이 교차할 때 배운다. 한 아이의 일생에서 가장 중요한 관계는 가정에서의 관계이다. 그러나 아이들은 삶에 영향을 미치는 여러 목소리가 한목소리를 낼 때, 삶을 변화시키는 진리를 더 잘 이해하고 해석할 수 있게 된다. 부모와 리더들이 협력해서 동일한 원칙을 가르치면 아이는 어려운 상황 속에서 지혜로운 결정을 더 잘할 수 있게 된다.

부모와 리더들이 힘을 합하여 유사한 삶의 원칙을 전달하기 위해서는, 교회가 공동의 언어를 개발하는 것이 중요하다. 우리가 '다섯 가지 믿음의 기술'을 만든 것도 이러한 이유 때문이다. 이것은 어린아이들이 성경을 탐구하고, 말씀을 개인적으로 적용하며, 하나님과 대화하고, 신앙을 말로 고백하며, 삶으로 예배를 드리는 법을 배울 수 있도록 리더와 부모들이 공동의 언어를 사용하게 해준다. 부모들이 자녀들과 아무리 깊은 관계를 맺고 있어도, 어떤 배움은 부모의 품이 아닌 가정 밖에서 경험하게 된다.

- 아이가 난생처음으로 공중 기도를 할 때.
- 가족 외의 사람들의 삶 속에서 하나님의 역사를 최초로 증거할 때.
- 자신의 신앙을 최초로 다른 이들과 나눌 때.

아이의 삶 속에 고정된 리더가 있다면, 부모들은 자녀들이 이런 중요한 경험을 할 때 그들을 인도해줄 신뢰할 만한 존재가 있음을 안다.

공동체를 강화하면, 어린아이나 청소년들이 인생의 중대한 위기를 헤쳐나가도록 도울 수 있다

많은 어린이들이 교회 건물을 나섰을 때, 당신이 꿈도 꾸지 못했던 일들을 마주치게 될 것이다. 이런 충격적인 사건들을 헤쳐나가도록 그들에게 귀를 기울여주고, 도움을 줄 수 있는 어른들이 그들 주변에 있다면 아이들의 영적 성장에 결정적인 역할을 하게 될 것이다.

얼마 전에 리싱크 팀이 받은 이메일로 인해, 우리는 이 원칙을 온전히 이해하게 되었다. 그 이메일은 한 교회에서 보낸 것이었는데, 그 교회는 어린이들의 삶 속에 고정된 리더들을 두는 것을 우선순위로 삼았다. 그들은 5학년 남학생 한 명이 차 사고로 세상을 떠난 일에 대해서 기도를 부탁하는 메시지를 보냈다. 리더들은 교회의 다른 어린이들뿐만 아니라, 그 남학생의 가족을 대할 때 당면하게 되는 과제들을 우리와 나누었다. 그 어떤 것도 그 일로 인한 상처와 고통을 대신할 수는 없었다. 그러나 그런 아픔 가운데 있는 그 교회 리더의 말을 들어보라.

우리가 한 가지 확신하는 것은 브랜든(Brandon)이 예수님과 함께 있다는 것입니다. 하나님은 브랜든이 사고를 당하기 전, 그가 속한 소그룹 모임에 참석하는 놀라운 특권을 저에게 허락하셨습니다. 우리는 그 달의 덕목인 '용기'에 대해서 이야기하고 있었습니다. 우리는 그날 소그룹 모임에서 각자가 가진 가장 큰 두려움을 열 가지씩 적었습니다. 한 아이가 '죽음'이라고 적었고 저는 이렇게 물었습니다. "죽음의 어떤 면이 무섭지?" 바로 그때 브랜든이 말했답니다. 자기는 주님을 알고 사랑하며 그분을 위해서 살고 있기 때문에 죽음이 전혀 두렵지 않다고.

이제 저는 그게 하나님의 선물이었음을 압니다. 저는 브랜든이 누워 있는 병원의 침상 발치에 서서, 브랜든의 어머니를 포옹하며 그날의 이야기를 들려줄 수 있었습니다. 그 일은 브랜든이 속한 소그룹의 아이들에게도 선물이었습니다. 그들 중 어느 누구도 자신의 친구가 천국에 있다는 사실에 대해 눈곱만큼도 의심하지 않았습니다. 하나님은 참으로 선하십니다!

소그룹에 대한 당신들의 비전이 없었다면, 그 순간은 없었을 것입니다. 이런 일은 주일 학교 교실에서는 절대 일어날 수 없었을 테니까요. 소그룹은 관계를 형성하고, 하나님의 소중한 어린이들의 마음의 소리를 들을 수 있게 해주는 사역입니다.

핵심 용어

믿음의 기술

우리 리싱크 그룹은 어린이와 십대들이 자기 고유의 신앙을 소유하고, 그것을 자기 것으로 만들기 위해서 해야 하는 다섯 가지 기본 기술이 있다고 믿는다.

성경을 탐구하라: 조사, 찾기

특정한 의문점들에 대해 도움을 줄 수 있는 구절들을 어디서 찾을 수 있는지 배우는 것.

말씀을 개인적으로 적용하라: 암송, 적용

말씀이 가장 필요할 때 말씀을 기억하고 일상에 적용하는 것.

하나님과 대화하라: 공개적, 개인적

하나님과 대화하는 연습을 하는 것.

자신의 믿음을 말로 설명하라: 나누기, 변호하기

자신이 믿는 바에 대해 토론하고 맞서 싸움으로써, 어린이와 십대들이 자신의 신앙을 온전히 자기 것으로 만드는 것.

삶으로 예배하라: 섬김, 투자

일상의 삶에서 하나님께 받은 은혜를 그분께 다시 돌려드리고, 어떻게 그분을 섬기는지 아는 것.

공동체 개념을 수용하면 관계의 힘을 활용하게 된다. 자녀들이 살면서 맞닥뜨리는 상황을 해석하는 데 도움을 줄 수 있는 또 다른 신뢰할 만한 어른을 가정에 제공한다면, 당신은 오렌지 사고를 하고 있는 것이다. 당신은 그들에게 삶이 고통스러울 때를 대비해 미리 지원 체계를 제공하고 있는 것이다. 공동체를 강화하는 교회는 어린이들과 십대들에게 그들이 달려갈 수 있는 안전한 장소를 제공하는 것이다.

공동체를 강화하면, 다양한 유형의 영적 리더들을 모집하고 양육할 수 있다

예루살렘 성벽을 재건하겠다고 결심했을 때, 느헤미야는 자신이 엄청난 과업을 맡았다는 사실을 깨달았다. 그는 아닥사스다 왕에게 보호와 물자를 요청하고, 그 일을 하기 위한 휴가를 내달라고 설득해야 했을 뿐만 아니라, 사상 유래 없는 거대한 자원봉사 캠페인도 시작해야 했다. 계획은 있었지만, 대관절 어떻게 수백 명의 사람들이 52일 동안 하루도 빠짐없이 그와 함께 일하도록 설득할 수 있었을까?

노스포인트 교회를 개척했을 때, 우리는 하나님이 소그룹들을 통해서 하실 일들에 대한 비전을 가지고 있었다. 우리는 삶을 변화시키는 최적의 환경이 공동체임을 믿어 의심치 않았다. 우리는 어린이와 청소년들을 위한 소그룹으로 구성된 공동체를 만들기 원했고, 그래서 약간의 조사를 했다. 우리는 다른 교회에 소그룹이 어떤 영향을 미치고 있는지 물어보았다. 그리고 어린이들에게 적합한 소그룹 공동체를 가진 교회가 많지 않다는 사실을 알게 되었다. 그런 교회들은 대개의 경우 아이들이 매주 다른 인도자와 함께, 다른 테이블이나 교실에서 관계를 맺는 구조로 되어 있었다.

많은 교회 리더들이 그것이 이상적이지 않다는 데에 동의하면서도, 어린이들을 위한 고정된 공동체가 유지되기 힘든 두 가지 구체적인 이유를 말해주었다.

- 어떤 아이들이 지속적으로 출석할지 전혀 알 수가 없다.
- 동일한 인도자가 오랜 기간 자원하리라고 기대할 수 없다.

우리는 특히 대형 교회의 경우, 소그룹에서 일관성을 기대하기란 아예 불가능하다는 말을 들었다. 피드백을 들은 우리는 시작하기도 전에 이 아이디어를 하마터면 포기할 뻔했다. 그렇지만 어린이와 청소년들을 위한 공동체 형성의 중요성을 믿었기에, 우리는 계속 이 일을 추진했다.

우리에게는 공동체를 위해 투쟁해야 하는 분명한 이유가 있었다. 그러나 지속적으로 소그룹을 훈련시킬 헌신된 리더들을 찾는 일은 현실적으로 쉽지 않았다. 많은 교회들이 그러한 헌신의 의지를 지닌 봉사자들을 결코 찾지 못할 거라고 말했다. 그런데 실상은 정반대였다. 우리는 그날 또는 그달이 지나면 아이들과 헤어지게 된다는 것을 알고 자원한 봉사자들은 일관적이지 않은 경향이 있다는 사실을 발견했다. 그러나 여러 주 동안 같은 아이들과 관계를 맺게 되면 헌신도가 높아졌다. 자원봉사자들은 일관적이지 못하고 찾기도 어렵다는 생각을 받아들인 교회의 경우, 그들이 예언한 대로 지원한 리더들은 일관적이지 않았고 목적 의식도 없었다. 반대로 자원봉사자들에게 어린이와 청소년들을 위한 공동체의 중요한 일익을 담당해줄 것을 요구하는 모델로 전환한 교회의 경우, 리더들은 그 연결성과 의미를 감지했다. 그들은 누군가를 책임졌다. 그들은 뜻깊은 사명을 가졌다. 마법 같은 일이 일어나기 시작했다. 교회의 소그룹 리더들의 수가 급격히 증가했다. 자원봉사자들은 처음으로 어린이와 청소년들을 멘토링하고 훈련하는 일에서 성취감과 목적을 발견하기 시작했다.

느헤미야가 자원봉사자 모집 계획을 변경했다면 무슨 일이 일어났을까? 그가 백성들에게 이렇게 말했다면 어떻게 됐을까? "좋아요. 우리는 성벽 재건 프로젝트에 일꾼들이 필요해요. 당신들은 모두 바쁘고 지금 이 순간에도 해야 할 일이 많습니다. 그렇지만 두 달에 한 시간만 시간을 내준다면 정말 큰 도움이 될 겁니다." 이것은 설득력이 없다. 느헤미야는 자신의 비전을 담대하게 추진함으로써, 사람들이 그의 계획에 자원했던 일보다 더 많은 것을 할 수 있는 터전을 마련했다. 그들은 그 일에 마음을 쏟았다. 그들은 성벽이 완성되는 것을 진심으로 보고 싶어했다. 느헤미야는 그들을 한계를 초월하는 프로젝트에 헌신하게 함으로써 문자 그대로 역사를 바꾸는 방법을 제시했다. 그는 그들을 불러 하나님의 이야기에서 중요한 역할을 담당하게 했다.

공동체를 강화하면, 어떤 문화도 필적할 수 없는 일을 할 수 있다

이것은 교회의 크기를 불문하고, 모든 교회에 해당되는 진리이기 때문에 중요한 원칙이다. 사역을 위한 환경이나 공연 기획에 대한 한 가지 진리가 있다. 당신은 절대 헐리웃이나 디즈니를 능가할 수 없다. 당신은 결코 세상에 견줄 만한 공연물이나 밴드를 제작하거나 교회에 두지 못한다.

처음 노스포인트 교회를 시작했을 때, 우리는 우리 지역에 사는 교회에 다니지 않는 사람들의 마음을 끌 수 있는 환경을 조성하기를 원했다. 초기에는 예산이 아주 적었지만 교회가 성장하고 더 많은 사람들이 비전을 갖게 되면서 예산도 늘어났다. 우리는 전에는 상상도 하지 못했던 환경을 조성할 수 있었다. 그러나 우리가 수천 달러를 써서 조성한 그 환경이 아무리 전문적이고 인상적이라고 해도, 수백만 달러는 썼을 법한 록 콘서트나 다른 공연이 마을에 들어와 지척에서 열리곤 했다. 멋진 쇼를 만드는 데 있어서는 교회가 절대 세상의 문화를 능가하지 못한다는 것은 엄연한 현실이다.

그런데 반가운 소식이 있다. 문화는 공동체를 만드는 일에는 교회를 절대 능가하지 못한다. 거짓 환경과 얄팍한 관계로 아무리 공동체를 흉내 내려 해도, 문화는 부모와 아이들의 삶 속에 지속적이고 개인적인 존재가 될 수 없다. 크건 작건, 예산이 많건 적건 어느 교회라도 어린이와 청소년들의 삶에 또 다른 고정된 성인을 배치함으로써 공동체를 만들 수 있다. 그러면 어린이와 청소년들은 자신들을 염려해주는 어른과 안전하고 의미 있는 영적 논의를 할 수 있는 장소가 있음을 알게 된다. 그렇게 되면 그 어떤 것도 경쟁이 안 된다.

그것으로 인해 모든 게 변할 것이다. 우리가 공동체를 형성하는 일에 매진할 때, 아이들은 무의식적으로 공동체의 가치를 인식할 뿐만 아니라, 그들이 원하고 필요로 하는 것이 공동체라는 인식을 가지고 성인이 된다. 공동체에 대한 신념이 있다면, 당신은 어린이와 청소년들을 소그룹이 있는 환경으로 이동시켜야 한다. 그 안에서 그들은 삶이 변화되는 것을 체험할 수 있다. 그리고 당신이 그것을 믿는다면 몇 가지 변화를 보게 될 것이다.

제일 먼저, 사람들을 이끄는 전략이 바뀔 것이다. 모든 것을 보는 관점이 달라지고 사역의 우선순위가 달라질 것이다. 왜 그런지 아는가? 당신은 이제 더

청소년들의 신뢰를 얻으려면 시간을 들여 관계를 벌어야 한다.

이상 최신 장비를 구입하거나 최근의 트렌드를 따르는 데 우선순위를 두지 않을 것이기 때문이다. 초점이 더 많은 것을 하는 것에서 더 잘 하는 것으로 바뀔 것이다. 사역에서 당신의 주 관심사는 어린이와 십대들에게 헌신할 수 있는 제대로 된 리더들을 찾는 일이 될 것이다.

일단 그런 리더들을 찾으면, 당신은 그들이 어린이와 청소년들을 훈련시킬 때, 그들에게 투자할 수 있는 방법을 모색하게 될 것이다. 리더들이 같은 아이들을 데리고 학년을 이동하는 졸업 시스템이 중요한 것도 이 때문이다. 관계를 형성하는 데는 시간이 필요하다. 중학교와 고등학교로 올라갈수록 더 그렇다. 아이들이 나이가 들수록 몇 년에 걸쳐서 그들과 동행하는 고정된 리더들을 갖는 일이 더더욱 중요해진다. 어린아이는 어른들이 '큰' 사람이라서 어른들을 신뢰하고 따른다. 그러나 청소년들의 신뢰를 얻으려면 시간을 들여 관계를 맺어야 한다. 그렇기 때문에 고등학교 리더들은 만 4년(우리의 경우 3년)을 헌신하는 것이 중요하다는 게 우리의 생각이다. 모든 리더가 4년을 헌신하지는 못하더라도, 다음의 세 가지는 만족시킬 수 있다.

- 각기 다른 재능을 가진 리더를 뽑을 수 있다.
- 리더들 가운데 4년 내내 헌신하는 사람이 반드시 있어야 하고, 그렇지 못한 사람들은 적어도 1년 이상 헌신하도록 한다.
- 리더들은 장기간의 헌신에 따르는 다양한 관점과 동기를 발견하게 된다.

일단의 청소년들과 4년 동안 관계를 맺게 되면 리더들도 학생들이 성숙하는 만큼 성숙한다. 이런 졸업 시스템은 고등학교 졸업반 학생들이 학교를 졸업하고 인생의 다음 단계로 이행을 시작할 때 가장 큰 힘을 발휘한다.

그리고 그후 1, 2년 뒤까지 이 원칙을 계속 실행한다면 어떻게 될까? 터무니없는 말처럼 들리겠지만 잠시 생각해보라. 언제 대부분의 학생들이 교회를 떠나는가? 신앙 생활은 대학교 때 급격히 쇠퇴하기 시작한다. 내가 본 통계는 하나같이 대다수의 학생들이 고등학교 졸업 이후에 믿음의 공동체로 이행하지 않는다는 사실을 보여준다.

과거 몇 년 동안, 나는 대학생 사역에 많은 시간을 쏟으면서 이러한 현상에 대해 대화를 나누었다. 어느 날 저녁, 한 대학생이 그것을 이렇게 설명했다. "대학교에 입학하면 모든 게 새롭죠. 새롭게 알아가야 할 게 정말 많아요. 새 환경과 새 친구들에게 적응하려고 애쓰면서 전공과 스케줄, 아르바이트, 지출 계획, 학교 활동 등을 결정하느라 정신이 없어요. 인생에서 혼란스럽고 미칠 것 같은 시기죠. 거기에 교회에서 참여할 곳을 찾아야 한다는 생각까지 더해지면 너무나 버거워요."

보충 설명 9.2

그렇다면 보통 교회들은 어떻게 하고 있을까? 학생들이 졸업할 때 우리는 묵상집을 하나 쥐어 주며 잘 가라고 손을 흔든다. 아니면 캠퍼스 사역자에게 그들의 명단을 넘겨주면서 생면부지의 리더들에게 그들을 연결시키려고 한다. 그렇게 해서는 안 된다. 대신 졸업반 학생들과 함께하고 있는 리더들에게 학생 사역에서 손을 놓고, 이 중요한 이행기에 1, 2년을 그들의 학생들과 함께 해달라고 부탁한다면 어떨까? 떠나는 아이들에게 리더가 "필요하다면 언제든지 나를 찾아오렴"이라고 말하는 것과, "우리가 내년에도 너희와 함께할 거야"라고 말하는 것은 큰 차이가 있다. 후자는 기대감을 줄 뿐 아니라 아이들의 인생에서 가장 중요한 시기에 의도적인 관계를 조성한다. 페이스북 같은 소셜 네트워크가 그 실현성을 더 높여준다. 인생에서 대학 시절에 일어나는 큰 변화들을 생각해보면, 그들이 그들과 함께했던 리더들과 연결되어 있다는 것이 얼마나 중요한지 알 수 있을 것이다.

공동체를 강화하기로 결정하면 사역 프로그램도 다른 방식으로 보게 된다. 사역 프로그램들을 한낱 활동을 시작하는 데 일조하는 일회성 행사 또는 1년에 한 번 정도 하는 체험 활동으로 치부하지 않게 된다. 도리어 어린이와 학생들을 공동체로 이행시키는 과정의 한 단계로 보게 된다. 이러한 이유로 인해 예산 평가, 우선순위, 프로그램 계획 방식이 바뀐다. 모든 것이 공동체로 나아가기 위한 전략이 된다. 공동체를 결성하면 만사를 다른 렌즈를 통해서 보게 된다. 다른 필터를 통해 모든 걸 듣는다. 소그룹 리더들과 소그룹에 연결된 아이들의 부모들로부터 들은 이야기가, 당신 사역의 성공을 평가하는 기준이 된다. 그것은 근본적으로 당신의 사역 방식을 바꾼다.

보충 설명 9.3

공동체를 강화하면 다음과 같은 유익을 보게 될 것이다.

- 어린이와 학생들이 일정한 또래 집단과, 그들의 영성 형성에 큰 책임을 맡고 있는 리더들과

당신이 부모들을 위해 할 수 있는 가장 효과적인 일은, 아이들의 삶 속에 부모가 하려고 하는 말과 같은 말을 해줄 다른 어른을 제공해주는 것이다.

체계적인 만남을 갖는다.

- 소그룹이 각 연령대의 어린이들이 영적으로 성장하는 데 결정적인 환경으로 평가받고 지지를 얻는다.
- 효과적인 그룹 또는 공동체 경험이 모든 사역의 주된 목표가 되며, 프로그램들은 그 목표를 향해 나아가기 위한 단계로 인식된다.
- 교역자와 자원봉사자들의 직위는 소그룹 전략의 효과를 뒷받침하기 위해 조직된다.
- 부모들은 소그룹 리더들을 아이들에게 진리를 가르치고 본보기가 되어주는 동역자로 평가하며, 소그룹 리더들은 자신의 역할을 부모들을 돕고 지원하는 것으로 본다.
- 소그룹 리더들은 동일한 어린이와 청소년들을 데리고 더 높은 연령 그룹으로 승급할 것을 권고받는다.

공동체를 강화하면, 부모들에게 더 큰 힘을 실어줄 수 있다

공동체를 강화하면 아이들을 인도하는 당신의 전략이 바뀔 뿐 아니라, 당신의 가족들도 변한다. 부모로서 나는 교회가 나에게 줄 수 있는 가장 큰 선물 가운데 하나가, 내 아이들을 위한 공동체라고 생각한다. 나는 내 아이들이 교회란 그들을 드러낼 수 있는 안전한 곳, 다른 신뢰할 만한 어른과 의미 있는 대화를 나눌 수 있는 곳, 어려운 질문을 할 수 있는 곳이라는 걸 알기 원한다.

나는 일부 리더들이 어린아이나 청소년의 믿음에 강한 영향을 미칠 수 있는 존재가 부모뿐이라고 주장하는 것을 보면, 개인적으로 놀라움을 금할 수 없다. 어린아이가 단계마다 그들의 신앙을 위협하는 문화 속에서 성장하면서 점점 독립해갈 때, 그들의 삶 속에 또 다른 분명한 음성이 반드시 있어야 한다. 어떤 리더들은 심지어 신명기 6장을 들먹이며 십대들의 삶 속에 존재하는 다른 그리스도인 리더들의 역할에 이의를 제기한다. 그러나 부모와 리더들 모두 이 두 가지의 영향이 공조하는 것이 얼마나 중요한지 인식해야 한다. 신명기에 나타난 히브리 문화는 오히려 자연스럽게 이러한 관계를 권장했다. 우리는 풀러 유스 인스티튜트(Fuller Youth Institute)가 설명하는 대로, 가정이란 무엇인지 다시 생각해봐야 할 도전에 직면해 있다.

구약에 나오는 가정이란 부모, 자녀, 일꾼들 그리고 아마도 각자의 배우자와 자녀를 거느린 성인 형제자매들을 포함했을 것이다. 실제로 가족 구성원들이 80명에 달할 수도 있었다. 신명기 6장의 본문은 공동 육아를 논의하고 있다. 이 구절의 배경과는 거리가 먼 우리 문화 때문에, 우리가 오로지 부모에게만 과도한 중압감을 주고 있는지도 모른다.[23]

내가 리더의 입장에서 노란색 모자를 썼을 때에는, 부모들이 이 일을 혼자 하지 않도록 하는 게 얼마나 중요한지 인식해야 한다. 내가 부모의 입장에서 빨간색 모자를 썼을 때에는, 나 혼자 이 일을 할 수 없다는 사실을 기억해야 한다. 나는 우리 아이들이 필요할 때 찾아가서 나에 대해 이야기할 수 있는 곳이 교회라는 걸 알았으면 좋겠다. 아이들이 나에게 불만이 있을 때, 부모인 나에 대해 아무 애정도 없는 누군가에게 불만을 털어놓기보다는, 그리스도인 친구들과 훌륭한 리더가 있는 곳으로 갔으면 좋겠다. 교회가 공동체에 대한 전략적 사고를 하지 않을 때 청소년들은 불건전한 관계 속에서 조언을 구하려 한다. 당신이 부모들을 위해 할 수 있는 가장 효과적인 일은, 아이들의 삶 속에 부모가 하려고 하는 말과 같은 말을 해줄 다른 어른을 제공해주는 것이다. 이것이 오렌지 혁명의 핵심이다. '두 영향력이 결합하여, 그 각각이 지닌 영향력보다 훨씬 큰 영향력을 발휘하는 것.'

부모들에게 공동체를 선물하라

자녀 양육에 대해서 늘 이런 식으로 생각했던 것은 아니다. 사실, 우리 아이들은 언제나 나에게 모든 걸 말할 것이라고 생각했던 때도 있었다. 나는 우리 아이들이 나에게 말하지 않은 것은, 다른 누군가에게도 절대 말하지 않을 거라고 생각했다. 우리 부모들은 아이들이 어렸을 때에는 이런 멋모르는 생각을 한다. 그러나 이러한 일은 피할 수 없다. 나도 부모님이 아닌 다른 사람들에게 이야기했던 때가 있었기 때문에 안다.

그리고 이것은 우리 아들 레지 폴이 열여섯 살이 되었을 때 분명해졌다. 당시 우리는 아들과 줄다리기를 하고 있었고, 그것은 모두 - 아마 짐작했겠지만 - 그 애가 교제하고 있는 여자아이와 관련되어 있었다. 나는 어쨌거나 아버지인 나와 함께했던 세월로 볼 때, 그 애가 이제 막 만나

보충 설명 9.4

기 시작한 여자아이보다는 나에게 더 많은 관심을 줄 거라고 생각했다. 그런데 그렇지 않았다. 나는 경쟁 상대가 되지 않았다.

어느 날 저녁, 아들아이가 통행금지 시간이 지나서 집에 왔을 때 나는 아들 방에서 아들과 마주 앉았다. 나는 아버지로서 그다지 현명하지 못한 말을 했다. 왜 그런 말을 했는지 나도 이유를 모르겠다. 어쩌면 우리 부모님이 나에게 그 말을 했기 때문인지도 모르겠다. 그 당시 그 말이 나에게 아무 효력이 없었다는 걸 알았으면서도, 나는 어쩌면 내 아들에게는 효과가 있을지도 모른다고 생각했다.

나는 아들에게 말했다. "너는 데이트만 나가면 늦는구나. 너희 사이에 무슨 일이 있었는지 알아야겠다. 그것도 당장. 아빠한테 전부 말하거라."

아들아이는 나를 보면서 당신이 짐작한 그대로 말했다. "아니요, 말하고 싶지 않아요."

내가 말했다. "말해라. 나는 네 아빠야."

아들이 말했다. "아니요, 아빠이기 때문에 말할 수 없어요. 아빠가 규칙을 정하잖아요."

나는 당황해서 어쩔 줄 몰랐다. 몸이 얼어붙는 것 같았다. 어떻게 해야 할지 난감했다.

보충 설명 9.5

다음 날, 나는 앤디 스탠리의 사무실에 찾아갔다. "도대체 이해를 못하겠네. 아들에게 무슨 일이 있었는지 말하라고 했는데, 도통 말을 하려고 하지 않는다네."

앤디는 잠시 생각에 잠기더니 그의 은사인 자비심을 가지고 나에게 말했다. "음, 자네는 자네 아버지에게 모든 걸 말했나?"

다음 날 나는 아들에게 가서 말했다. "앤디랑 이야기했는데 그도 아버지에게 모든 걸 말하지는 않았다고 하더구나. 네가 나에게 모든 걸 말하지 않는 이유를 이해했어야 했는데…. 그것에 대해서 마음 상하지 않도록 노력하마. 그런데 하나 물어볼 게 있다. 나한테 말하지 않을 거면 누구한테 말하고 싶은 거니?"

그 애는 어렵지 않게 대답했다. "그게 좋겠네요. 제가 누구에게 말할지 알려드리면 아빠도 섭섭하지 않겠죠?" 아이는 어떤 사람의 이름을 댔다.

그 이름을 듣자마자 나는 엄청난 안도감을 느꼈다. 아이가 말한 그 사람은 내 평생지기였기 때문이다. 나는 그 친구가 우리 가족을 사랑하고, 나를 존중하며, 나와 같은 가치관을 가지고 있다는 걸 알았다. 레지 폴의 소그룹 리더들 가운데 한 명이었던 그 친구는 아들이 찾아가기 안전한 곳이었다. 나는 그때 내 아들의 삶 속에 그와 같은 다른 어른이 있다는 것이 나에게 얼마나 큰 선물인지 절감했다. 나는 그가 나와 똑같은 말을 하리라는 것을 알았기 때문에 전혀 걱정할 필요가 없었다.

당신의 사역에 속해 있는 부모들이 자녀들과 이러한 종류의 대화를 한다면 어떻게 될까? 그들이 "누구에게 말할 거니?"라고 물었을 때, 그 아들이나 딸이 댈 이름이 있을까? 그 이름이 부모가 신뢰할 수 있는 이름일까?

오렌지 사고란, 부모들에게 그들의 아이들을 위해서 그런 공동체를 제공해주는 교회 리더가 되는 것이다. 오렌지 사고란, 이런 일이 발생했을 때 그 아이나 청소년이 누구에게로 가야 할지 금방 알 수 있도록, 가정과 교회가 진정한 동역자가 되는 것이다. 그들이 이끈 대화는 다음 세대들에게 영구적인 영향을 미칠 수 있다.

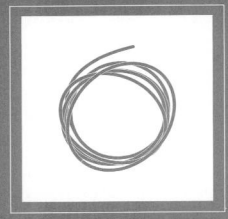

필수 요소 5

영향력을 발휘하게 하라

교회와 가정,
그 두 영향력을 결합하면

세대를 움직일 수 있다

10장

영향력을 발휘하게 하라
다음 세대들이 개인적으로 사역을 체험할 수 있는 지속적인 기회를 만들라

잠시 생각해보라. 당신이 등산에 대한 수업을 한다고 해보자. 당신은 학생들에게 산을 오른다는 게 어떤 것인지, 어떤 암석 지형을 찾아야 하는지, 어떤 곳에 발을 디뎌야 하는지 등에 대해 상세히 설명한다. 그리고 산 정상에 섰을 때의 느낌, 즉 몇 시간에 걸쳐 산을 오른 후에 눈앞에 펼쳐진 숨막히도록 아름다운 경치를 보고 느끼는 경외심에 대해서도 말한다. 그러나 산을 오른다는 게 어떤 것인지 아무리 흥미진진하게 묘사해도, 수업을 듣는 학생들이 직접 경험하게 하지는 못한다. 당신의 강의만으로 등산에 대한 동기를 얼마나 유발시킬 수 있을까?

이번에는 아이들을 등산을 조금 체험할 수 있는 장소로 데려가, 산을 오르게 하면서 가르친다고 가정해보자. 아이들은 지금 듣고 있는 지식을 모두 적용하고 있다. 결과가 어떨 것 같은가? 당연히 다르다.

그렇다면 어느 쪽이 더 흥미진진하겠는가? 강의실에서 등산에 대한 강의를 듣는 것일까? 아니면 실제로 땀을 흘리며 산 정상에 올라가 직접 눈앞에 펼쳐진 전경을 보는 것일까? 몇 년 동안 교실에 앉아서 등산에 관한 모험담을 듣는 것을 상상해보라. 당신이 실제로 등산을 하지 않는다면 그 강의가 당신에게 어떤 영향을 줄까? 등산을 하겠다는 동기가 얼마나 생길 것 같은가?

어려운 질문을 하나 하겠다. 등산가들이 등산을 하는 이유는 그들이 등산에 대해서 들었기 때문일까, 아니면 어느 날 등산을 시작했기 때문일까?

당신이 직접 산을 오르지 않으면
경치를 보면서 느끼는 경이를 놓칠 것이고,
자신의 능력을 발견하지 못할 것이며,

산에 대한 열정을 갖지 못할 것이다.

이것은 등산에만 해당되는 이야기가 아니다. 가정과 교회에서 자라고 있는 어린아이들과 청소년들에게도 동일한 원칙이 적용된다. 어찌된 영문인지 우리는 믿음의 중요성에 대해서 말해주고, 믿음을 증명하는 방법을 가르쳐주기만 하면, 그들이 저절로 믿음 안에서 성장할 거라고 믿는다.

청소년들이 어느 시점부터 로프를 잡고 직접 산등성이를 오르기 시작해야 한다고 생각하는가? 대부분의 교회들은 그리스도인의 성숙에 관한 프로그램에 그들을 참여시키기 위해 많은 에너지를 소비하면서도, 정작 성숙은 경험을 통해서 온다는 사실을 망각하고 있다.

가정과 교회에서 어떤 방식을 사용하느냐에 따라서, 아이들의 믿음이 성장하는 것을 방해할 수도 있고 힘을 실어줄 수도 있다.

영성의 형성이 섬김의 행위와 얼마나 긴밀하게 연결되어 있는지 알아야 한다. 아이들이 직접 시간과 에너지를 써서 다른 사람들을 섬기게 하지 않으면, 그들의 마음은 절대 다른 사람들을 돌볼 수 있을 만큼 성숙하지 못한다. 이것은 가정과 교회에서 명심해야 할 중요한 원칙이다. 왜냐하면 이 원칙을 따르기 위해서는, 청소년들이 고등학교와 성인기로 이행하는 것에 맞추어서 사역 방식도 의도적으로 달라져야 하기 때문이다. 많은 교회들이 학생들을 사역에 직접 참여시키기보다는, 앞에 앉혀놓고 가르치기에 급급하다. 아이들이 유능한 등반가로 대학에 입학하기를 진정으로 원한다면, 그들에게 로프를 건네주어야 한다. 그들에게 구구절절 등산에 대해 가르칠 필요가 없다. 산에 데려가 직접 체험하게 해주면 된다. 청소년들은 믿음을 성장시키고, 그들의 사역에 역사하시는 하나님을 체험하며, 그들을 통해 다른 사람들에게 영향을 미치기 위해 하나님이 그들에게 원하시는 바를 발견할 수 있는 기회를 꾸준히 가져야 한다.

아이들이 이해할 수 있도록 메시지를 다듬어야 하지만 그게 다가 아니다. 메시지를 받아들이는 것에서 더 나아가, 특정 메시지들을 체험을 통해 체득하기 시작하는 시기가 오기 때문이다. 오렌지 사고를 하는 리더들은 제자 훈련에 대해서 결단을 내려야 한다. 특히 사춘기에 접어들면 더욱 그렇다. 청소년 사역자나 교회가 교실 수업을 고수한다면, 그들 스스로 실패를 준비하는 것이라고 나는 생각한다. 왜냐하면 어린이나 청소년들은 우리가 가르치는 것을 체험하지 못할 경우, 그 가르침은 그들의 일상에 적합하지 않다고 생각하며 떠날 것이기 때문이다.

더 큰 이야기의 힘

느헤미야는 자신의 주변에 있는 하나님을 따르는 세대가, 현재의 상황을 초월하는 믿음을 갖게 해줄 무언가를 체험해야 한다고 확신했다. 당시의 상황을 생각해보라. 그 공동체에 속한 모든 사람들은 정도의 차이는 있어도 성벽 건축에 대해 알고 있었다. 본문을 보면 가정과 부족 단위로 과업이 주어졌음을 짐작할 수 있다. 하나님의 백성들이 명성과 명예의 상실로 고통받으면서 "수치를 당하"고 있었다는 사실을 기억하라. 이야기가 벌어진 상황 자체가, 모든 백성들이 하나님이 그들을 통해 어떤 일을 하실 수 있는지를 볼 수 있는 배경막이 되었다.

여기 당신이 하나님의 이야기 속에서 자기의 정체성을 찾는 세대를 키워내려고 할 때, 생각해야 할 또 다른 중요한 요소가 있다.

사람들에게 중요한 일을 맡김으로써, 자신이 중요한 존재라고 느끼게 하라

몇 년 전, 오렌지 컨퍼런스에서 도널드 밀러(Donald Miller)가 딸과 갈등을 겪고 있는 한 친구에 대한 이야기를 들려주었다. 그 친구는 딸이 고스족(Gothic)의 생활 양식을 받아들이고, 평판이 나쁜 남자와 교제를 하는 문제로 고민하고 있었다. 딸을 걱정하는 아버지로서 그 상황을 다루는 그의 방법은, 딸을 큰소리로 윽박지르고 억지로 교회에 나가게 하는 것이었다. 그 친구가 조언을 구하러 도널드를 찾아왔을 때 그는 이렇게 말했다. "내 생각에 자네 딸은 더 멋진 이야기를 선택하고 있는 것 같군."

도널드는 계속해서 말했다. "우리는 누구나 이야기 속에서 살게 되어 있다네. 자네 딸은 그 이야기에서 한 역할을 맡게 되어 있지. 자네 딸이 선택한 이야기에는 위험과 모험 그리고 쾌락이 있는 것 같군. 그 속에서 그 애는 사람들이 필요로 하고 원하는 존재이지만, 자네의 이야기 속에서 그 애는 큰소리로 야단맞고, 죄의식을 느끼며, 환영받지 못하는 존재로 느껴지는 거지. 그 애는 자네가 제공하는 것보다 더 멋진 이야기를 선택하

> 우리는 누구나 이야기 속에서 살게 되어 있다네. …그 이야기에서 한 역할을 맡게 되어 있지.

고 있는 것이라네. 게다가 자네는 그 애를 끔찍한 이야기 속에 집어넣는 것도 모자라 억지로 교회에 보내고 있지 않은가. 결과적으로 자네는 불쾌하고 지루한 이야기와 하나님을 연결시키고 있는 거라네. 하나님은 정말 멋진 이야기를 가지고 계시는데 말이야. 더 이상 그러지 말게나. 더 멋진 이야기를 해주게나."

그 친구는 깨달은 바가 있었다. 그는 일주일이 채 지나기도 전에 고아원이 필요한 멕시코의 한 작은 마을을 수소문했다. 고아원을 짓는 데 약 2만 달러의 비용이 필요했다. 그는 가족들에게 그 자금을 마련하자고 제안했다. 그리고 사진을 보여주었다. "내게 좋은 생각이 있다. 나는 고아원이 필요한 멕시코의 이 작은 마을을 찾았단다. 이 아이들이 갈 곳이 없다면 불행한 일이 일어날지도 몰라. 그래서 우리 가족이 이 아이들을 위해 고아원을 지어주었으면 좋겠다. 2만 달러 정도의 비용이 필요하고 지금 당장은 우리에게 이만한 돈이 없지만, 2년 안에 이 일을 이룰 수 있도록 해보자."

그는 화이트보드를 가져와, 아빠가 제정신이 아니라고 생각하고 있는 가족들에게 아이디어를 물었다. 딸이 큰소리로 말했다. "내 마이스페이스를 이용하면 어때요? 친구들도 많이 있는데." 아들이 덧붙였다. "이 일을 하려면 그 마을을 보러 멕시코에 가야지요. 그러려면 여권이 필요해요."

무슨 일이 벌어지고 있는 걸까? 그들은 위험과 모험이 있는 현실의 이야기에 점점 몰입하기 시작한 것이다. 3주 안에 그 소녀는 남자 친구와 헤어졌다. 어떻게 그럴 수 있었을까? 그 아이는 자신이 주인공인 더 멋진 이야기를 발견했기 때문이다. 소녀는 더 멋진 일을 성취하기 위하여 자신을 희생하고 헌신하게 된 것이다. 소녀는 그 이야기 속에 참여하기 원했고 참여해야 했다.

마음은 모험과 의미를 제공하는 것에 끌린다

요지는 누구나 자기 자신보다 더 큰 무언가를 체험해야 한다는 것이다. 우리가 그런 기회를 제공하든 하지 않든, 아이들은 모험적인 무언가에 참여할 방법을 찾아 나설 것이다. 문제는 그들이 이런 요소들을 그들이 선택한 이야기 속에서 찾을 것인가의 여부가 아니다. 문제는 그들이 선택한 이야기가 하나님의 이야기인가 하는 것이다. 그 이야기 속에 경이, 발견, 열정이 있을까? 그들이 '경이'를 놓치면, 그들의 능력을 초월해 일하시는 하나님을 놓치게 될 것이다. '발견'을 놓치면, 하나님이 그들이 어떤 사람이 되기를 원하시는지 알 수 없게 될 것이다. '열정'을 놓치면, 이 타락한 세상을 구원하시는 하나님과의 관계 속에서만 얻을 수 있는 사랑과 긍휼을 맛볼 기회를 잃게 될 것이다.

청소년들이 교회를 떠나는 이유 가운데 하나는, 교회가 아닌 다른 곳에서 더 흥미진진한 무언가를 발견했기 때문이다. 더 멋진 이야기처럼 보이는 것을 발견했기 때문이다. 교회에 다녔던 때를 돌아보면 고루하고 무료하다. 그들은 하나님이 그들의 삶 속에 역사하실 때 얻을 수 있는 열정적인 믿음을 체험하지 못했다. 그들은 개인적으로 하나님이 주신 사명이라고 생각되는 사역을 실제로 체험하지 못했다. 그들은 위기에 처한 누군가를 보살피는 인류애와 맞닥뜨릴 때 생기는 열정을 지나쳤다. 신앙생활 속에 위험이나 모험이 전혀 없을 때, 당신은 더 흥미롭고 의미 있어 보이는 다른 것으로 눈을 돌리기 시작한다. 솔직히 말해서 보통 교회의 보통 청소년들이 실제로 경험하는 것은 무엇인가? 우리는 언제 그들에게 신앙이 성장할 수 있는 기회를 주는가? 언제 무언가를 하기 위해 하나님을 의지해야만 하는 사역 현장에 그들을 투입하는가? 언제 개인 사역을 발전시킬 기회를 일관되게 주었는가? 보통의 고등학생들은 일자리를 얻고, 운전을 하며, 대학교에 지원하고, 은행 계좌를 개설할 수 있다. 그러나 우리는 그들에게 교회 안팎의 사역지에서 섬기거나 인도할 수 있는 기회를 좀처럼 주지 않는다.

청소년들이 우리와 함께 있을 때에도 사역을 하지 않는데, 우리는 뭘 믿고 그들이 우리를 떠난 후에 사역을 할 거라고 생각하는 것일까?

내 생각에 우리는 어디에선가 십대들을 개인 사역에 끌어들일 수 있는 멋진 기회를 잃어버렸다. 아이들이 섬김에 동원되어야 하는 시간의 창이 있는 것 같다. 그들은 많은 지식과 설명을 이해하기보다 참여하고 경험하는 데 열중한다. 그들이 들은 것이 머리에서 손으로 이동하지 않는다면, 아마 절대 가슴으로 가지 못할 것이다. 실제로 우리가 하나님의 이야기 속에서 그들이 자신의 역할을 체험하도록 돕지 않으면, 그들의 마음을 잃어버릴 위험이 있다. 아이들을 계속 고립시킨다는 것은 그들을 온실 속에 가두어놓고, 그들을 둘러싸고 있는 현실 세계로부터 분리시킨다는 뜻이다. 하나님은 그들을 창조하실 때 경이를

그들이 들은 것이 머리에서 손으로 이동하지 않는다면, 아마 절대 가슴으로 가지 못할 것이다.

체험하고, 그들에게 주어진 이야기를 발견하며, 그들을 둘러싸고 있는 세상에 열정을 보여주도록 만드셨다. 그러나 우리는 본의 아니게 그들이 체험할 수 있는 능력을 훼손시킬 수 있다. 우리가 아이들에게 이 세 가지 요소가 결여되어 있는 이야기를 제시한다면, 그 이야기는 그들의 상상력을 자극하거나 그들을 감동시키지 못할 것이다. 우리는 암묵적으로 아이들에게 다른 곳에서 그 요소들을 찾으라고 부추기면서, 그들 안에 있는 경이, 발견, 열정을 죽이거나 무시한다.

청소년들을 다른 주나 다른 나라로 선교 여행을 데려갔다가, 그들이 생기로 가득 차 돌아오는 것을 본 적이 있는가? 그들의 열정에 불을 붙이는 무언가가 그들 안에서 꿈틀대는 것을 보았는가? 어떤 학생들은 세상을 변화시킬 수 있다는 생각에, 물총으로 지옥을 공격할 태세가 되어 돌아온다. 그것은 결정적으로 하나님의 영이 우리를 통해 역사하시는 능력을 체험할 때 일어난다. 바로 이 학생들이 당신 교회로 돌아와 그들을 사용하시고자 하는 하나님의 바람에 동조하고, 하나님의 이야기에 참여할 것이다. 그러고나서 3, 4주가 지나면 그들의 열정은 점점 사그라지다가 사라진다. 마치 누가 찬물을 끼얹은 것처럼. 그리고 그들은 다시 선교 여행을 떠나기 이전의 모습으로 돌아간다. 왜 그럴까?

나의 지론은 이렇다. 그건 감동적인 선교 여행에서 돌아오자마자, 우리가 그들을 다시 교실에 집어넣었기 때문이라고. 그들은 잠시 하나님이 원래 계획하셨던 본연의 모습을 체험할 기회를 가졌다. 그런데 집에 돌아오자마자 그 경험은 끝났고, 다시 배워야 하는 처지가 된다.

만약 우리가 십대들에게서 이 세대를 구원할 수 있는 자원과, 가장 적합한 자원봉사자를 찾을 수 있다는 결론을 내린다면 어떻게 될까? 기발한 아이디어가 있다. 우리 아이들에게 이렇게 말해보자. "여기 너희가 한 세대를 구원하는 데 참여하기 위해서 할 수 있는 일들이 있다. 이쪽에는 강의가 있고, 소그룹이 있고, 예배단과 몇 가지 장비가 있다. 우리는 너희가 빈 곳을 메워주었으면 한다. 이제 너희는 기술을 개발하고, 하나님이 너희를 통해서 하시고자 하는 일들을 볼 수 있을 만큼 어른이 되었다."

이런 정신은 다른 어떤 방법보다 더 효과적으로 청소년들을 일으켜 세운다. 지난 30년간 목격한 것을 돌이켜볼 때, 내가 청소년 교역자로서 처음부터 다시 시작할 수 있다면, 그들에게 섬길 수 있는 기회를 더 많이 만들어주겠다. 분명한 삶의 변화가 일어나도록 돕기 위하여 내가 무엇을 할 수 있는지 생각할 것이다. 그들이 하나님을 느낄 수 있을 뿐만 아니라, 하나님이 그들을 통해서 하시고자 하는 일을 체험할 수 있는 환경을 만드는 데 전력을 다할 것이다.

청소년들은 하나님이 그들 안에서 역사하실 때, 그들이 무엇을 할 수 있는지를 깨달을 수 있는 기회를 가져야 한다. 그들 안에서 역사하시는 하나님을 체험하면 그들은 그 경험을 쉽게 잊지 못할 것이다.

믿음을 자극하는 최선의 방법 가운데 하나는, 개인적으로 사역을 할 수 있는 기회를 주는 것이다

보충 설명 10.1

노스포인트 교회에서 우리는 주일 아침에 청소년들을 위한 프로그램을 기획하지 않기로 했다. 우리는 성경 공부를 하지 않고, 그들을 다른 성인들과 똑같이 대할 생각이었다. (우리는 성인들을 위한 수업도 없었다.) 그 대신 주일 아침에 그들에게 우리와 함께 섬길 수 있는 기회를 주기로 했다. 그들의 도움이 필요해서가 아니라, 그들의 영적 성장에 그것이 매우 중요하기 때문에 그들이 섬김에 동참하기를 바랐다.

생각해보라. 당신은 언제 리더로서 더욱 성숙될 수 있었는가? 우리들은 대체로 사역이나 섬기는 일에 연결되었을 때 신앙이 비약적으로 성장하지 않았는가? 우리들 가운데 대다수가 사역을 책임 맡았을 때 더 성장했다면, 청소년들도 그럴 것이라고 생각하지 않을 이유가 있을까?

이것도 생각해보라. 섬김이 누군가의 마음속에 믿음을 싹 틔우는 촉매제라면 어떻게 하겠는가? 믿지 않는 학생들이 마음이 끌리는 선교 활동에 참여하는 건 드문 일이 아니다. 그들은 하나님에 대해서는 마음을 유보한 채 이 일을 시작한다. 그러다가 도중에 어디에선가 하나님과 의미 있는 관계로 그들을 이끄는 무언가에 불이 붙는다. 성경은 우리가 모두 하나님의 형상대로 창조되었다고 말한다. 그렇기 때문에 믿지 않는 사람들도 다른 사람들을 돕기 위해 친절을 베푸는 것 같다. 그들이 의도했건 의도하지 않았건 간에, 그들 안에 있는 하나님의 형상을 사용하고 있는 것이다. 청소년들이 자신이 할 수 있으리라 예상했던 것보다 더 큰 무언가에 참여하고, 주변 사람들의 삶 속에서 하나님이 역사하시는 것을 보게 된다고 생각해보라. 그들은 그 일을 통해 그리스도와의 개인적인 관계를 갈망하게 될 수 있다. 어떤 면에서는 복음을 전하기 위해 세속적인 음악회를 열어 믿지 않는 아이들을 교회에 데려오는 것보다, 그들을 선교 활동에 참여시키는 것이 더 나을 수도 있다.

보충 설명 10.2

등산의 예화를 기억하는가? 그 예화는 많은 교회들이 놓치고 있는 제자 훈련에 관한 한 가지 원칙을 강조한다. 제자 훈련이란 단순히 예배, 기도 또는 성경 공부에 관한 것이 아니며, 헌신된 삶만을 강요하는 것도 아니다. 제자 훈련이란 이런 요소들을 포함하지만, 섬김과 행함에 관한 것이기도 하다. 대부분의 학생 사역의 밑그림은 근본적으로 바뀌어야 한다. 십대들에게 다른 사람의 삶에 영향력을 발휘할 수 있는 책임이 주어져야 하며, 자발적으로 참여할 수 있는 사역의 영역이 있어야 한다.

십대들을 사역에 참여시키는 것은, 다음 세 가지 요소를 보장하는 최선의 방법이다.

하나님에 대한 역동적인 신앙(경이)
그리스도 안에서의 개인의 정체성(발견)
다른 사람들을 향한 관심(열정)

이것이 바로 우리가 교회에서 걸어 나오는 모든 십대들의 삶에서 일어나기 바라는 것들 아닌가? 부모와 리더들은 누구나 자기 아이들의 삶 속에 하나님의 지상명령이 성취되기를 간절히 원한다. 우리는 그들이 다음의 이야기를 믿기 원한다.

경이: 나는 창조주와 진정한 관계를 추구하도록 창조되었다.
발견: 나는 예수 그리스도께 속하였고, 내가 누구인가는 그분의 말씀에 의해 규정된다.
열정: 내가 존재하는 이유는 타락한 세상에 날마다 하나님의 사랑을 나타내기 위해서다.

아이들이 성장해 집을 떠날 때까지 이 이야기들을 믿게 된다면, 그 가족은 승리한 것이다. 이 세 가지가 실현되면 우리의 교회는 사명을 성취한 것이다.

다음 세대들이 영향력을 발휘하고 다른 사람들을 섬기는 방법을 배우지 못하면 어떻게 될까?

교회와 가정이 이것을 우선순위에 두지 않고, 십대들을 사역하는 리더들이 섬김을 가장 중요한 것으로 강조하지 않는다면, 그들의 마음속에서 많은 것들이 파괴될 수 있다.

> **우리는 긍휼을 느낄 때 섬기기 시작하는 것이 아니라, 섬기기 시작할 때 긍휼을 느낀다.**

그들에게 섬김의 기회를 주지 않는 것은, 긍휼의 마음이 크지 못하게 막는 것이다. 우리는 긍휼을 느낄 때 섬기기 시작하는 것이 아니라, 섬기기 시작할 때 긍휼을 느낀다. 긍휼한 마음이 없으면 아이들과 가정들은 다른 사람들을 우선순위에 두라는 소명과 사명감을 절대 느끼지 못할 것이다.

섬김을 모르는 아이들은 사역을 하는 능력이 마비될 수 있다. 그들은 늘 다음 단계를 밟는 것을 두려워할 것이다. 그들은 자기가 무엇을 할 수 있는지, 주변 세상에 무엇을 주어야 하는지 모른다. 그 결과, 그들은 그들이 세상에 줄 수 있는 것을 보기보다는, 세상이 그들에게 줄 수 있는 것만을 보게 된다. 그들은 자기가 우주의 중심인 양 살아가는 성인이 된다. 교회에 대해서는 소비자의 마음 자세를 갖는다. 교회가 나에게 무엇을 해줄 수 있는가?

마지막으로, 그리고 아마도 가장 중요한 것은, 섬길 기회를 갖지 못하면 그들은 그저 사랑하기 위해서 누군가를 사랑하는 능력을 절대 습득하지 못할 것이다. 그들은 먼저 시간을 들여 사람을 사랑하고 돌볼 줄은 모르면서, 실리적으로 사람을 변화시키는 것에만 더 관심을 가지게 된다. 사랑이 없다면 교회, 자기 자신, 하나님과의 관계를 보는 아이들의 관점은 어느 쪽으로 기울지 모르는 위태로운 상태가 된다.

경이는 사라진다.
발견은 퇴색한다.
열정은 꺼진다.

개인 사역의 가치를 재고할 때 무슨 일이 일어날까?
우리는 제자 훈련의 전인적 모델을 지향한다

우리는 영적 성장을 촉진시키는 것들을 몇 가지 살펴보았다. 부모들을 포함해서 어린이들을

보충 설명 10.3

지도하는 사람들이 영적 성장 과정을 이해하고 보조를 맞추는 것이 중요하다. 교회들은 대부분 애초에 진리를 가르치고 설명하는 데 중점을 두는 구조로 되어 있다. 그러나 모든 리더와 부모들은 제자 훈련을 할 때만큼은 개인 사역이나 섬김을 가장 중요한 것으로 보아야 한다.

내가 아는 많은 교회들이 고등학생들에게 꾸준히 섬길 수 있는 기회를 주기 위하여 주일 아침 스케줄을 조정했다. 각자의 영적 성숙도에 따라서 기술 보조, 연극, 안내, 예배와 소그룹 인도 등 어떤 일에도 참여할 수 있다. 소그룹 리더들은 사역에 아이들을 투입하는 것이 가르치는 것만큼이나 중요하다는 사실을 안다. 일주일에 한 번씩 하는 프로그램에 다 담을 수 없는 내용이 섬김 속에서 체험된다. 학생들이 봉사할 수 있는 분야를 찾을 때, 다른 부서들과 성인 리더들은 그들이 여러 가지 역할에 동화될 수 있도록 그들을 멘토링하는 계획에 참여한다. 부모들 또한 가족들이 함께 참여할 수 있는 공동의 장을 찾아서 참여한다.

체험과 관계 위주의 커리큘럼을 지향한다

예수님은 제자들에게 사역을 하라고 가르치지 않으셨다. 그분은 제자들을 가르치시면서 그들과 함께 사역을 하셨다.

최근에 나는 전국에서 모인 경험이 많은 일단의 리더들에게, 영성 형성에 대해서 다음과 같은 질문을 던졌다. "여러분이 4년 동안 여섯 명의 9학년(우리의 경우 중학교 3학년) 남녀 학생들을 대상으로 제자 훈련을 한다면 무엇을 하시겠습니까?"

모두 가지각색의 프로젝트와 전도 방법에 대해 이야기했다. 어떤 이들은 관계를 형성하기 위해 얼마만큼의 시간을 들일 것인지 말했다. 어떤 이들은 특정 저자들의 책을 함께 읽고 싶다고 했다. 대화가 끝날 무렵이었다. 우리는 교실 수업에 대해서는 그것이 어떤 종류이든 아무도 이야기를 꺼내지 않았다는 사실을 깨달았다.

전통적인 프로그램이 잘못되었다는 말이 아니다. 그러나 교회들이 제자 훈련을 주로 설명 위주의 맥락 속에서 규정하는 경우가 빈번하다. 그렇지만 많은 리더들은 직관적으로, 영성을 형성하기 위해서는 무언가 좀 더 관계적이고 체험적인 것이 필요하다는 것을 인식하고 있었다. 목표는 많은 지식을 섭렵하는 것이 아니라, 삶을 변화시키는 과정에 젊은이들을 참여시키는 것이다.

학생들이 몇 가지 기본 진리를 이해하고 믿음을 지키는 것과, 모든 학생들이 성경 퀴즈 대회에서 우승하기를 기대하는 것은 다른 문제다.

나는 산상수훈과 열두 제자의 이름은 댈 수 있지만, 하나님과의 관계를 성장시키는 데는 관심이 없는 학생들을 알고 있다. 진리는 제자 훈련에서 중요한 부분이다. 그렇지만 믿음은 더 많이 안다고 해서 성장하는 것은 아니다. 믿음은 더 많이 섬길 때 성장한다. 유치부에서 청년부까지의 발달 단계를 살펴보면, 아이들의 연령이 높을수록 사역 체험의 필요성이 더 커진다. 적절한 경험과 사역 기회가 균형 있게 조화를 이룬 커리큘럼은, 학생들이 영적 성숙과 발전을 스스로 책임지게 만들 수 있는 가능성을 더 높여준다.

사역을 평가할 새 방법을 찾는다

상급 리더들, 부모, 교육 목사들은 의도적으로 우선순위를 바꾸어야 한다. 프로그램의 양과 참석자 수에 의해 성공을 규정함으로써, 일반 청소년 사역에 부과하는 중압감을 재고해야 한다. "지난 주에 몇 명이 참석했는가?"라는 질문 대신, "몇 퍼센트의 학생들이 사역에 참여하고 있는가?"라고 물어야 한다. 우리 문화에서 청소년 사역은 움직이는 과녁과 같기에 평가하기가 무척 어렵다. 그렇지만 우리는 십대들에게 섬김의 기회를 제공함으로써 실제적인 계획이 미치는 영향력을 측정할 수 있다.

사역의 성공과 관련된 또 다른 이슈는 소외된 아이들을 모집하기 위한 의도적인 접근이다. 많은 리더들이 인기가 있거나, 다른 학생들에게 영향을 미치는 위치에 있는 학생들에게 접근하는 데 주력한다. 유명한 학생일수록 다른 이들에게 미치는 영향력이 더 크다는 지론이다. 그렇기 때문에 남에게 잘 알려지지 않은 학생들의 영향력은 개발되지 않는 것이 현실이다.

누군가가 이러한 예 — 예수님이 비슷한 시도를 하셨던 것 같다 — 를 보여줄 수 있을 것이다. 예수님은 영향력 있는 종교적 엘리트를 이용하지 않고 오히려 평범한 다수를 뽑으셨다.

다음과 같이 생각해보라. 당신이 인기 있고 유명한 한 학생에게 100달러어치의 관심을 주면, 그것은 아마 10달러의 가치로 보일 것이다. 그러나 당신이 이목이 집중되지 않는 학생에게 100달러어치의 관심을 주면, 그것은 1,000달러의 값어치로 느껴질 수 있을 것이다. 예수님은 평범

> **예수님은 평범한 사람들의 영향력을 이용하고 그들에게 비범한 능력을 주시면서 세상에 다가가셨다.**

한 사람들의 영향력을 이용하고 그들에게 비범한 능력을 주시면서 세상에 다가가셨다. 요지는 모든 사람을 제자로 삼아서는 안 된다는 것이 아니라, 평범한 학생들의 가능성을 간과하지 않도록 주의하라는 것이다. 누가 기회를 기다리며 지켜보고 있을지는 아무도 모르기 때문이다.

매트 윌리엄스(Matt Williams)에 대해서 들어본 적이 있는가? 텍사스 공과 대학의 풋볼 선수들, 팬들 그리고 코치들도 2008년 9월 20일 전에는 그에 대해 아무것도 몰랐다. 바로 그날, 윌리엄스는 홈경기에서 세 번째 쿼터와 네 번째 쿼터의 중간, 27미터 지점에서 필드골을 시도하는 특별 행사에서 우승했다. 상품은 그 지역 아파트를 무료로 임대해주는 것이었다. 반바지에 운동화를 신고, 웨더포드 고등학교에서 배운 기술을 기억해내려고 안간힘을 쓰던 매트는 필드골을 성공시켰다. 5만 명의 군중들이 그를 지켜보고 있었다. 텍사스 테크의 감독 마이크 리치(Mike Leach)도 지켜보고 있었다. 리치는 말했다. "나는 장비 담당을 붙잡고 말했지요. '가서 쟤를 데려와.'"

윌리엄스가 관중석의 자기 자리로 돌아가고 있을 때 장비 담당이 그를 쫓아왔다. 5주 후에 매트 윌리엄스는 무패의 텍사스 공과 대학 레드 레이더스 팀에서의 첫 경기에서, ESPN(미국 스포츠 전문 방송)이 선정한 그 주의 선수로 이름을 올렸다. 그로부터 일주일 후에 윌리엄스는 전국 최상위 팀인 텍사스 롱혼스와의 경기에서 두 골을 성공시켜, 텍사스 공과 대학이 39대 33으로 역전하는 데 결정적인 역할을 했다. 윌리엄스는 사이드라인에서 헤드라인까지 뛰었다. 매트의 이야기, 즉 '한 평범한 소도시 소년이 엄청난 변화를 이루어냈다'는 이 이야기는, 소년 시절의 꿈과 헐리웃 영화의 소재가 되기에 충분하다.[24]

만약 매트의 이야기가 당신 사역에 소속된 한 학생의 이야기라면 어떨까? 우리 사역의 언저리에서 개발되지 않은 잠재력을 지닌 소년이 기회를 얻기만을 기다리고 있지는 않을까? 가장 그럴 것 같지 않은 학생이 영향력을 발휘할 기회를 기다리고 있을 수도 있다. 매트 윌리엄스는 관람석에서 시작해서 결국 경기장에 진출했다. 요지는 무엇인가? 당신의 사이드라인에 누가 앉아 있을지 모른다는 것이다. 관중석에서 누가 지켜보고 있을지 알 수 없다는 것이다. 누구나 잠재력과 가능성을 가지고 있다. 우리는 모든 아이들이 영향력을 발휘해서 변화를 이끌어내도록 사역을 구성해야 한다.

과잉 보호 프로그램

부모들은 대부분 아이들이 태어나면서부터 아이들의 안전과 미래를 위하여 싸울 태세를 갖추고 있다. 부모들은 아이들을 합성수지로 만든 구속복같이 생긴 카시트에 묶고, 침대와 놀이 공간을 철창으로 막고, 쇼핑몰을 걸을 때에는 늘어나는 끈으로 묶고, 비디오 감시 장비를 설치해 어느 방에서나 아이들을 감시할 수 있게 한다. 부모들이란 보호하고 부양하게끔 만들어졌다. 부모들은 아이들을 안전하게 지켜줄 경계선을 만들어야 한다는 책임 의식을 가지고 있다. 시간이 흐를수록 부모들은 가장 중요한 임무가 보호라는 걸 확신하게 된다. 그래서 그들은 규칙을 만들고, 한계를 정하며, 울타리를 두른다. 그게 그들이 하도록 되어 있는 일이기 때문이다. 그들은 부모이다. 그들은 위협이 될 수 있다고 생각되는 모든 것으로부터 아이들을 격리시키고, 고립시키며, 분리시킨다. 어떤 경우에는 그런 사고방식이 교회로 전이된다. 부모와 리더들은 보호주의적 관점에서 운용되는 교회 형태를 더 편안하게 느낀다.

부모와 리더들은 딸이나 아들이 등산을 한다고 하면 겁이 날 수도 있다. 우리는 등산의 잠재된 위험과 모험으로부터 아이들을 보호하는 반발적인 태도를 취하고 싶어할지도 모른다. 달리 말해서 우리는 그들의 믿음보다 안전에 더 신경을 쓴다. 우리는 그들을 보호하기 위해 그들이 배우고 체험해야 할 것들을 희생시키려고 한다. 비극은, 우리는 그들이 등산을 하지 않아도 다치지만 않으면 사실 괜찮다는 것이다. 그러나 이런 식의 삶과 자녀 양육은 다음과 같은 문제를 제기한다. 언젠가 그들이 독립할 때 어떻게 될까? 대학에 입학해서 떠날 때는? 직장에 들어갔을 때는? 결혼했을 때는? 그들은 원래 모험이 있는 이야기에 참여하게 되어 있었다. 상처 입고 단절된 세대를 구출하기 위하여 우리는 문화 속으로 들어가야 한다. 그것이 우리의 사명이다. 자녀들이 등산 경험이 전혀 없는 상태에서 혼자 시작하는 것보다, 아직 우리와 함께 있을 때 다치고 교훈을 얻는 게 더 낫다. 기억하라. 그들이 우리 곁에 있을 때 실제로 산에 오르는 법을 배우지 못한다면, 아예 산에 오를 엄두를 내지 못할 수도 있다는 것을. 그러면 그들의 열정은 어떻게 될까? 그들의 마음은 어떻게 될까? 만약 그들이 더 큰 목표를 위해 창조되었다면? 리더와 부모들은 이 점을 기억해야 한다.

가족과 교회는 궁극적으로 아이들을 보호하기 위해서가 아니라, 그들을 자유롭게 해주어 그들을 통해 타락한 세상에 하나님의 사랑을 나타내기 위해서 세워졌다.

재정의된 가족

히브리 문화에서 신앙 체계는 자연스레 가족 체계와 하나가 되었다. 그들은 오렌지 사상가가 되려고 애쓸 필요가 없었다. 하나님에 대한 믿음이 모든 관습과 생활 양식의 구심점이 되었다. 그것은 일상생활, 축하 행사, 절기 속에 자연스럽게 어우러졌다. 모든 리더, 부모, 목사, 예언자, 가족들은 동일한 신앙과 종교 행위를 기반으로 행동했다.

그런데 예수님이 언덕 위에 서서 제자들에게, "온 천하에 다니며"라고 말씀하셨을 때 모든 것이 변했다. 그분은 제자들에게 그분이 했던 일을 하라고 말씀하신다. 그분은 육신을 입은 하나님으로서 히브리 문화 속으로 들어오셨다. 이제 그분은 제자들에게 외국 문화 속으로 들어가 그분의 이야기를 해주라고 권고하고 계신다. 그분은 그들을 히브리 가정과 다른 배경을 가진 공동체에 선교사로 파송하셨다.

교회 리더들은 이방 문화를 이해하고, 연결하며, 하나님의 구속 계획에 관한 이야기를 그들의 언어로 번역하고, 새로운 용어로 복음을 설명하라는 소명을 받았다. 유대인 가정의 전통을 강제로 따르는 것이 아니라, 모든 문화권의 모든 사람들이 하나님의 이야기를 이해하도록 인도하는 것이 목적이다. 그러니 바울이 여러 사람에게 여러 모습이 되었다고 말한 것이 놀랄 일은 아니다 (고전 9:22). 원래의 히브리 문화 밖으로 교회를 확산시키라는 예수님의 명령에 의거해서, 신앙과 가정이 어떻게 만나야 하는지에 대한 정의를 다시 내려야 한다.

자, 그럼 우리의 목표는 머물러 있는 것이 아니라는 깨달음을 가지고 모세에게로 돌아가보자. 돌아가는 이유는, 히브리 가정은 외부 세계에 하나님의 사랑을 보여주기 위하여, 남은 자들을 보존하고자 스스로를 고립시켰다는 것을 이해하기 위해서이다. 그런데 지금 하나님의 백성들은 다른 백성들을 영적 가족으로 초대하고 모든 문화에 하나님의 이야기를 선포하라는 소명을 받았다. 한쪽은 다른 문화에 접근하는 것에 수동적이었던 하위문화를 나타내는 한편, 또 다른 쪽은 적극적으로 그들에게 영향을 미친다. 그게 도대체 무슨 상관일까? 이것은 우리가 교회와 가정의 동역을 보는 관점을 변화시킨다. 양쪽의 정의 모두 우리가 사명감을 가지고 다가가야 할 다양한 문화의 영향을 받을 것이다. 그러나 전달 가능한 원칙들 – 하나님을 사랑하고 믿음을 전달하라는 모세의 가르침 – 은 여전히 유효하다. 그는 오렌지 리더였다. 그는 한 세대의 미래를 위해서 모두를 동역자로 규합했다. 그는 한 세대가 교회가 되게 하는 것과 관련하여 가정과 신앙의 영향력을 이해했다.

현대의 가정과 교회의 여러 모델들은 주위에 격리된 보호막을 치는 쪽으로 많이 치우친다. 의도적이지는 않겠지만, 신약의 사명보다도 구약 문화에 동조하는 것 같다. 예수님이 외부 세계 사람들을 그분의 이야기에 참여하라고 초청하기 시작하시자, 수천 년의 역사가 다른 의미를 갖게 되었다는 사실을 기억하라. 리더와 부모들인 우리가 받은 가장 중요한 사명은 우리 아이들을 교회 안에 가두어두는 것이 아니라, 그들이 교회가 되도록 이끄는 것이다. 보호하고 보존하려고만 하면, 우리는 달란트 비유에서 한 달란트 받은 종이 저질렀던 것과 똑같은 실수를 하는 것이다. 우리 아이들에게 두려움과 믿음의 결핍을 덮어씌우는 것이다. 그들이 세우기로 되어 있는 왕국에서 변화를 만들어낼 수 있는 잠재력을 방해하는 것이다.

교회는 다음 세대에게 사역의 비결을 넘겨주고, 그들을 변화시킬 수 있는 잠재력을 가지고 있다. 교회는 다음 세대에게 이렇게 말할 수 있다. "자, 들어보렴. 우리는 너희의 도움이 필요하단다. 그리고 바로 그 이유 때문에 하나님이 뜻을 가지고 너희를 창조하셨단다. 목사가 자기 은사를 사용해야 할 의무가 있듯이, 너희도 너희의 은사를 사용하라는 소명을 받았단다. 너희 한 사람 한 사람은 교회가 되어야 할 책임이 있단다. 그것을 깨달으면 너희의 삶은 근본적으로 변하게 될 거란다."

이와 같은 영향력을 보여주는 예로, 우리 리싱크의 커리큘럼을 실행하고 있는 한 교회의 소그룹 리더가 보낸 짤막한 편지를 소개하고자 한다. 그녀는 자기가 맡고 있는 6학년 반에 있는 한 소년에 대해서 나누고 싶어했다. 여기 그녀의 글을 소개하겠다.

> **리더와 부모들인 우리가 받은 가장 중요한 사명은 우리 아이들을 교회 안에 가두어두는 것이 아니라, 그들이 교회가 되도록 이끄는 것이다.**

보충 설명 10.4

저는 올해 처음으로 5학년과 6학년 소그룹을 맡았습니다. 그 아이들 중에 6학년 남학생인 세스(Seth)에 대한 이야기를 들려드리고 싶습니다.

완곡하게 말해서 그 아이는 저에게 도전 과제였습니다. 세스는 매주 제 인내심의 한계를 시험했고, 한번은 그 애가 너무나 무례하고 제멋대로 구는 바람에 교실에서 내쫓아야 했던 불행한 일도 있었습니다. 저는 세스에게 기회를 주려고 노력했지만, 매주 사람들 앞에서 그 아이에게 분통을 터뜨리지 않으려고 안간힘을 써야 했지요.

그런데 어찌된 영문인지, 11월에 제가 '컴패션 프로젝트'를 소개하자 세스가 열정을 보였습니다! 저는 컴패션에서 라시드(Rashid)라는 아이를 후원하고 있었고, 라시드의 사진과 편지를 모임에 가지고 왔습니다. 그런데 그 문제의 아이가 즉시 관심을 보이면서, 자기가 도울 수 있는 방법과 라시드에게 보내줄 수 있는 물건들의 목록을 나열하기 시작했습니다. 세스가 매달 선물을 보낼 수 없다는 것을 알고 실망하기에 저는 선물 대신 돈을 보낼 수 있다고 말해주었습니다.

세스는 올해 눈을 치워서 번 돈을 모두 라시드에게 보내 그와 그의 가족을 돕고 싶다고 말했습니다. 지난 금요일에 첫눈이 25센티미터나 내렸습니다. 눈을 치우는 일이 쉽지는 않았답니다. 주일날 세스는 흥분해서 어쩔 줄 모르며 저에게 말했습니다. 눈을 치우고 65달러를 벌었는데 그 돈을 전부 컴패션에 주고 싶다고 했습니다. 그래도 될지 확신이 서지는 않았지만, 그 애는 그러고 싶어했지요.

세스는 변했습니다. 그 애는 매주 라시드에게서 소식이 왔는지 묻는답니다. 그 애는 우리 반에서 라시드에게 편지를 쓰는 아이로 뽑혔습니다. 저는 라시드에게 보내주기 위해 우리 반 아이들의 사진을 찍었는데, 세스는 모든 사진에 자신이 찍혀서 라시드가 자기 얼굴을 익히기를 원했습니다. 저는 우리 반 아이들에게 라시드에게 보낼 그림을 그리게 하고, 짧막한 편지도 쓰게 했습니다. 세스는 그 일도 담당하고 있답니다.

무엇이 세스로 하여금 컴패션에 그토록 흥미를 갖게 만들었는지 저도 모릅니다. 아, 어쩌면 저 때문일 수도 있겠지요. 그러나 세스에게 일어난 변화는 정말 놀랍답니다.

나는 하나님이 어린이와 학생들을 창조하시고 우리 사역 안에 두신 목적은, 하나님이 그들을 향해 계획하신 것을 체험하게 하기 위해서라고 생각한다. 우리가 그들에게 그들의 영향력을 사용할 수 있는 기회를 주는 것은, 곧 한 세대를 구할 수 있는 무기를 주는 것이다. 그렇게 할 때

핵심 용어

오렌지 사고의 필수 요소

부모들과 효율적으로 공조하는 데 반드시 필요한 다섯 가지 이슈가 있다.

전략을 통합하라
리더들과 부모들이 힘을 합하여 동일한 목적을 가지고 인도하라.

메시지를 정제하라
핵심 진리를 매력적이고, 현실에 적합하며, 기억에 남을 경험으로 만들라.

가정을 재활성화시키라
부모로서 자녀의 영성을 형성하라.

공동체를 강화하라
모든 사람들을 그들을 보살펴주는 리더와, 일정한 동료 그룹과 연결시키라.

영향력을 발휘하게 하라
다음 세대들이 개인 사역을 경험할 수 있는 지속적인 기회를 만들라.

우리는 다윗의 부름에 참여하도록 다음 세대에게 영향을 미치고 있는 것이다.

"우리가 이를 그들의 자손에게 숨기지 아니하고 여호와의 영예와 그의 능력과 그가 행하신 기이한 사적을 후대에 전하리로다 여호와께서 증거를 야곱에게 세우시며 법도를 이스라엘에게 정하시고 우리 조상들에게 명령하사 그들의 자손에게 알리라 하셨으니 이는 그들로 후대 곧 태어날 자손에게 이를 알게 하고 그들은 일어나 그들의 자손에게 일러서 그들로 그들의 소망을 하나님께 두며"(시 78:4-7).

이것이 우리가 "영향력을 발휘하게 하라"고 말할 때 의미하는 바다. 우리가 다음 세대에게 사역의 열쇠를 줄 때, 우리는 그들이 교회가 되도록 돕고 있는 것이다. 하나님은 그들을 하나님의 등불에 연결해 빛을 발하게 하심으로써, 우리가 그분과 다른 사람들과 우리 자신을 하나님의 관점에서 볼 수 있게 하셨다. 그것은 영적으로, 개인적으로, 사회적으로 우리에게 영향을 미친다.

그것은 경이를 불러일으킨다.
그것은 발견을 자극한다.
그것은 열정에 불을 지핀다.

교회와 가정의 가장 큰 소명은, 우리의 아들딸들이 예수 그리스도와 계속 성숙한 관계를 맺도록 그들을 인도하는 것이다.

우리가 다음 세대에게 줄 수 있는 최고의 선물은,
그들이 그분의 회복과 구속의 이야기 속에서
주도적인 역할을 하도록 돕는 것이다.

오렌지화(Orange-Ality)

빨간 사고

나도 당신들과 다르지 않다. 나는 때에 따라 노란 모자를 쓰기도 하고, 빨간 모자를 쓰기도 한다. 나는 종종 두 가지를 함께 쓴다. 어떤 때에는 너무 자주 바꾸는 바람에 내가 어떤 색을 쓰고 있는지 혼동될 때도 있다.

우리 문화에서 하나님의 은혜를 조명하는 데 교회만큼 전략적인 위치에 있는 개체는 없다고 확신한다. 동시에, 가정만큼 조건 없는 사랑을 보여줄 수 있는 개체도 없다. 하나님은 이 둘을, 세상에 하나님이 어떤 분이신지를 보여주는 계획의 일환으로 세우셨다. 이 둘은 나와 그분과의 관계에 대해서 많은 것을 가르쳐주었다.

이 책을 쓰는 것에 대해 내가 그토록 긴장했던 이유 가운데 하나는, 나는 한 번도 내가 사역을 이끌거나 부모가 될 자격이 있다고 생각한 적이 없었기 때문이다. '스트렝스파인더 2.0(StrengthsFinder 2.0, 강점 체크를 위한 진단지)'에 의하면 나는 자신만만하고, 미래지향적이고, 말하기 좋아하며, 전략적 최상주의자(strategic maximizer)이다. 이런 기질에 수반되는 까다로운 면 때문에 나는 종종 우울해지고, 내성적이며, 불안정하다. 여기에 약간의 주의력 결핍 장애가 더해지면 흥미로운 혼합물이 된다. 나는 노스포인트, 리싱크, 나의 아내 데비 그리고 우리 가족에게 말로 다할 수 없는 신세를 졌다. 그들은 당신이 하나님을 믿게 만들기 위해, 그분이 교회와 가정을 사용하신다는 증거다. 부모가 되어 하나님의 성품에 대해 배우게 되는 건 참으로 놀라운 과정이다.

빨간 사고는 나에게 멋진 모험이었다. 내 딸 세라가 네 살 때, 나는 몇 달째 절망스러운 상황 속에서 허덕이고 있었다. 솔직히, 정서적으로 힘든 상태였다. 나는 드라이브를 하면서 문제들을 정리하려고 집에서 나왔다. 그런데 세라가 나와 함께 가겠다고 고집을 부렸다. 그 애는 지금도 그렇지만 그때에도 관계에 대해 예민한 감각을 가지고 있었다. 나는 몇 가지 중요한 결정을 놓고 고심하고 있었기 때문에 운전을 하면서 내 문제에만 온통 정신이 팔려 있었다. 세라는 마치 내가 중압감에 시달리고 있다는 사실을 이해하고 있는 것 같았다. 운전하는 내내(두세 시간가량) 세라는 아무 말도 하지 않은 채 조수석에 가만히 앉아 있었다. 그날 나는 모든 가능한 관점으로 내 상황을 분석하려고 했다. 그런데 어떤 관점에서 보아도 절망적이고 무의미하게만 보였다. 부끄럽지만 나는 실제로 세라가 차에 있다는 사실을 까맣게 잊고 있었다.

아무것도 해결하지 못한 채, 나는 우리 집 진입로에 차를 대고 차문을 열고 차에서 내리려고 했다. 그 순간 집을 나선 후 처음으로 딸아이의 목소리를 들었다. 그때 나는 정신이 없는 상태였고, 느닷없이 끼어든 소리에 정말 깜짝 놀랐다.

"아빠." 딸이 말했다. "나 여기 있어요. 나도 아빠 쪽 문으로 나가야 돼요!"

딸이 앉은 조수석 문은 아이가 열기에는 너무 육중해서 우리는 늘 그렇게 했다. 내가 운전석 문을 열고 붙잡고 있으면, 세라가 내 무릎을 가로질러 넘어가곤 했다. 그 애는 전에도 같은 말을 여러 번 했었는데, 그날은 그 말이 마치 하나님이 그분과 나의 관계를 상기시켜주시는 것처럼 들렸다. 어쩌면 그때 처음으로 나는 하나님을 나의 아버지로 생각한다는 것이 정말 어떤 의미인지 이해했던 것 같다.

나는 집으로 걸어 들어가 곧장 내 침실로 갔던 생각이 난다. 나는 문을 닫고 무릎을 꿇고 앉아서 큰 소리로 기도했다. "하나님, 저는 당신이 아버지로서 저를 얼마나 사랑하시는지 몰랐던 것 같습니다. 제가 있는 쪽의 문은 제가 열기에는 너무 무겁습니다. 오늘 저에게 찾아와주세요. 당신만이 열 수 있는 문을 열어주세요. 저는 당신을 통해서만 나갈 수 있습니다."

하나님이 실제로 나의 아버지이시며, 내가 세라에게 느꼈던 것 이상으로 나를 사랑하신다는 사실을 깨닫자 주체할 수 없는 안도감과 평안이 몰려왔다.

나는 어떻게 부모들이 하나님을 믿지 않을 수 있는지 모르겠다. 대부분의 부모들은 부모가 됨으로써, 하나님과의 관계가 새로이 규정된다는 것을 직관적으로 깨닫는다. 부모가 되면 모든 관점이 달라지기 때문이다. 교회 리더인 우리는 어린아이들이 부모의 믿음을, 그리고 부모들이 아이들의 믿음을 형성하는 과정을 과소평가해서는 안 된다.

노란 사고

내가 교회의 리더가 되어가는 과정은 우리 부모님과 직접적인 연관이 있다. 내 아버지는 침례교에서 성장했고, 어머니는 감리교인이었다. 나의 어린 시절을 되돌아보았을 때, 주일날 교회가 우선순위가 아니었던 적을 한 번도 생각해낼 수 없다. 노란 사고 또는 교회의 역할에 대한 이해는 교회를 사랑하시는 부모님으로 인해 내 개인의 문화로 흡수되었다.

아버지와 나는 정말 다르다. 아버지는 대공황 시기에 태어났고, 할아버지는 목화를 재배했다. 아버지는 무언가로부터 벗어나기 위해서 십대 때 공군에 입대했다.

그분은 감정을 잘 드러내지 않는다. 나는 감정적이다.
그분은 말이 없다. 나는 말이 무척 많다.
그분은 절약가이다. 나는 돈을 잘 쓴다.
그분은 못 고치고, 못 만드는 것이 없다. 나는 기계치다.
그분은 약간 완고하고, 의지가 강하고, 자기 주장이 강하다. 나는… 글쎄, 우리는 대체로 다르다.

몇 년 전, 아버지가 어떤 식으로 내 영혼의 다이얼을 돌려 신앙에 영향을 미쳤는지 곰곰이 앉아서 생각해본 적이 있다. 아버지와 어머니가 멤피스로 이사를 결정했을 때 나는 겨우 한 살이었다. 그 시기에 한 무리의 그리스도인 부부들이 부모님과 친해졌고 부모님은 교회를 다시 찾았다. 나는 주일 학교에서 성장기를 거쳤다. 그 기간 동안 예배가 끝난 매주 주일 밤에는 그 그리스도인 가족들과 어울렸던 – 모두가 '그룹'의 중요성에 대해 말하기 훨씬 전에 – 추억을 가지고 있다. 그들은 형과 나에게 영향을 줄 것을 염려해서 우리 부모님에게 금주와 금연을 권했다.

내가 여덟 살 때 아버지가 집사 안수를 받았고, 나는 그 모습을 지켜보았다. 나는 아버지가 우는 것을 두 번 보았는데, 그때가 그중 하나였다. 나는 같은 해에 세례를 받았고, 아버지는 성경에 대해 더 배우기 위해 성경 대학에서 몇 과목을 청강하기 시작했다. 아버지는 교수에게서 얻은 테이프를 가져와 창조론과 하나님의 존재, 그리고 그 외에 십대인 내가 가지고 있던 여러 문제들에 대해 설명해주곤 했다. 몇 가지 은밀한 생각과 유혹으로 고민하던 시절을 나는 생생하게 기억한다. 나의 고민과 의문점들을 누구를 믿고 물어봐야 할지 참으로 암담하던 시절이었다. 어느 날 밤, 아버지가 '우연히' 〈불행한 그리스도인의 외침(The Cry of an Unhappy Christian)〉이라는 제목의 카세트테이프를 내 방 책상 위에 두었다. 거기에는 내가 가진 많은 질문에 대한 답을 찾는 데 도움이 되는, 삶을 변화시키는 진리가 담겨 있었다.

내가 전임 사역자가 되기로 결심했을 때, 아버지는 당구대를 비롯한 몇 가지 가재도구를 팔아 내가 여행할 때 사용할 수 있는 오디오 장비를 구입했다. 당신은 응당 내 아버지를 성자 같은 분으로 생각할 테지만, 재미있는 사실은 나는 한 번도 아버지를 그렇게 생각해본 적이 없었다는 것이다. 아버지도 여느 누구와 마찬가지로 힘들게 투쟁하며 살았다. 그러나 그분만의 방식으로 내 인생의 다이얼을 하나님께 맞추는 방법을 찾아냈다. 몇몇 남자들이 내 신앙에 영향을 미쳤지만 아버지가 미친 영향은 달랐다. 그 이유는 그분이 내 아버지이기 때문이다. 부모님이 안 계셨다면 내가 영적으로 어떤 상태가 되었을지 알 수 없다.

부모님이 지닌 영적 영향력의 구심점은, 우리 부모님의 친구였던 교회의 다른 부부들이었다. 그들과 우리 부모님과의 관계는 교회와 공동체가 몇몇 가정에 얼마나 큰 영향을 미칠 수 있는지를 보여준다. 돌이켜보면, 지금 내가 이 사역을 하게 된 주된 이유 중에는 분명 그 부부들의 영향도 포함되어 있을 것이다. 그들은 그리스도인의 결혼이나 가정에 대해 우리 부모님이 가졌던 최초의 좋은 역할 모델이었다. 그리고 사실, 오늘날의 부모들도 40년 전의 부모들과 별반 다르지 않다.

그들은 여전히 빛이 필요하다.
그들은 여전히 긍정적인 모델이 필요하다.
그들은 여전히 자녀들에게 함께 영향을 미칠 수 있는 동역자가 필요하다.

오렌지 사고

당신과 내가 카페에 마주 앉아, 이 모든 게 무엇을 뜻하는지 이야기를 나눌 수 있다면 얼마나 좋을까. 서로의 이야기를 나눌 수 있을 텐데. 비슷한 이야기도 있고, 아주 다른 이야기도 있을 것이다. 당신에게는 당신의 신앙 여정에 대한 이야기가 있을 것이다. 당신 부모님이 당신의 영적 성장에 긍정적인 영향을 미쳤든 그러지 못했든, 그들이 강력한 역할을 했다는 것을 알 것이다. 리더들 특유의 직관으로 당신은 부모의 신앙이 자녀들에게 엄청난 영향을 미칠 수 있음을 안다. 당신이 이 책에서 읽은 내용에 대해 어떻게 느끼든 간에 당신은 이 것이 사실임을 안다.

그 다음은 더 어렵다. 당신은 그 신앙을 취해서 당신 사역에 적용할 방법을 찾아야 한다. 이 책에 나오는 지식을 가려내 당신 자신과 당신 교회에 맞추어야 한다. 잠깐만, 나는 내가 가정과 교회에 관한 모든 것을 통달하고 있다고 생각하지 않는다는 사실을 상기시켜야겠다. 부디 내가 이 책의 서두에서 한 말을 잊지 말아달라. 내가 한 말에 대해서 많은 것을 동의하지 않아도 상관 없다. 내 나이가 되면 내가 틀릴 수 있다는 걸 알게 된다. 그러나 나는 다음 세대에 미치는 교회와 가정의 영향력에 대해서는 내가 틀렸다고 생각하지 않는다.

교회가 빛이 됨으로써 미치는 영향력
부모들이 무조건적인 사랑을 보여줌으로써 미치는 영향력
교회와 부모가 힘을 합침으로써 함께 만들어낼 수 있는 영향력

당신이 적어도 가장 중요한 사항, 즉 다른 어떤 개체도 교회보다 더 가정에 영향을 미칠 수 없다는 점에 대해서는 나와 의견이 일치하기를 바란다. 나는 과감히 오렌지 사고를 하고, 지역 사회에 빛이 되며, 부모들이 자녀들의 마음속에 일상의 신앙을 키워주는 데 힘을 실어주는 교회의 일원인 것을 참으로 감사하게 생각한다. 이것은 어느 교회나 다 할 수 있는 일이다. 당신 교회의 크기, 교파, 교리, 구조에 상관없이 당신은 다음 세대를 위하여 가정과 동역할 수 있는 놀라운 잠재력을 가지고 있다. 크리스천 리더로서 나는 당신이 다음과 같은 원칙들을 따르기로 결정하기를 바란다.

1. 어린이와 십대들의 진정한 신앙 확립을 위하여 부모들과 공조하라.

2. 하나님의 회복의 이야기를 명확히 전달하도록 메시지를 정제하라.
3. 부모들이 자녀들의 삶에서 일상의 신앙을 키우는 일을 더 적극적으로 행하도록 도우라.
4. 모든 어린이와 십대들에게 그리스도인 부모가 할 말을 뒷받침해줄 수 있는 영적 코치나 리더를 제공하라.
5. 다음 세대가 타락한 세상에 하나님의 사랑을 나타내도록 가슴속 열정에 불을 지피라.

우리가 이 책에 쓴 내용에 대해 당신이 여기까지 동의할 수 있다면, 시간을 투자할 가치가 충분하다. 원한다면 이 원칙들을 당신만의 말로 다시 쓰라. 그리고 당신이 보고 깨달음을 얻을 수 있는 장소에 두라.

전국의 여러 교회들을 다녀본 결과, 나는 교회들이 부모들과 동역하는 방법에 대해 다양한 견해와 질문들이 있다는 것을 알게 되었다. 좋은 소식은, 오렌지 사상가들의 거대한 네트워크가 대화를 하기 시작했다는 점이다. 과거 몇 년 동안, 우리는 오렌지 아이디어의를 실행하는 것과 관련해 끊임없이 새로운 깨달음을 얻고 있는 놀라운 리더들을 여럿 만났다. 우리 리싱크 그룹 사람들은 매주 그들의 이야기를 듣고 영감을 얻는 기회를 가질 수 있다는 게 이루 말할 수 없는 행운이라고 생각한다.

우리는 교회와 가정의 동역에 대해 다시 생각해야 한다는 절박감이 도처에서 새롭게 대두되고 있는 상황을 축하하고 있다. 가족 친화적인 접근으로의 이행이 점점 가속되고 있다. 여러 그룹들이 이 이슈의 중요성을 가늠하고 있다. 모두가 가정과 더 잘 공조하기 위해 사역을 어떻게 개편해야 하는지에 대해 나름의 의견을 개진한다. 흥미진진한 논의가 점점 많아지고 있다. 대화가 심화된다는 사실은 긍정적이다. 당신 교회의 규모나, 스타일이나, 문화적 배경과는 무관하게 가정에 대한 이슈는 보편적이다. 교회와 사역들은 아이들의 영적 성장의 과정에 부모들을 더 많이 참여시킬 수 있고, 그래야 한다는 원칙에 눈을 떠가고 있다.

지역 교회에서 하고 있는 어린이와 청소년 사역에 대해서, 부모들이 어떻게 생각하는지 평가하고 싶어하는 건 자연스러운 경향이다. 그리고 사역과 교회에 대한 부모들의 생각을 조사한 유용한 자료도 이미 나와 있다. 하지만 교회 리더들이 그들의 소명, 즉 더 적극적으로 참여하는 새로운 부모 세대를 결집시키라는 소명을 받았음을 깨닫는 것 또한 중요하다.

우리는 한 걸음 더 나아가, 더 이상 교회에 나오지 않는 부모들과 이야기를 나누고 그들이 떠난 이유를 알아내야 한다. 그리고 그보다 더 좋은 것은, 교회를 완전히 떠나버린 수많은 학생들에 대해서 냉정한 질문을 해야 한다. 우리는 교회와 부모들이 다음 세대에 영향을 미치기 위해 해온 일들을 위축시키는 것들에 대항하고, 동시에 거룩한 불만족을 수용하도록 서로에게 도전을 주어야 한다. 우리는 거룩한 불만족을 수용함으로써 사역에 중대한 변화들을 일으키고, 그로 인해 더 많은 일을 할 수 있게 될 것이다.

교회와 가정이 다음 세대에 더 큰 영향을 미치기 위해 스스로를 재발견할 수 있다는 것을 보여주는 많은 지표들이 있다. 요지는 교회의 리더들은, 자녀들의 영성을 형성하는 과정에 부모들이 능동적으로 참여하도록 영향을 미치라는 부르심을 받았다는 사실이다. 교회 안에 모종의 변화가 일어나야 한다. 그래야만 가정에서 일어나는 일이 교회에서 일어나는 일만큼이나 중요하다는 사실을 볼 수 있다. 부모들이 자녀들을 위한 교회의 프로그램에 만족하는 것 같다면 다행이다. 그러나 만약 그 프로그램이 일종의 플라세보 효과로 작용해서, 다 잘 되고 있다는 그릇된 확신을 가정에 심어준다면 어떻게 될까?

교회와 가정은 중대한 기로에 서 있다. 우리의 사역 방법을 재정립할 수 있는 엄청난 기회가 있다. 수많은 부모와 교회의 리더들이 아이들을 위해서 최선을 다하고 있다는 걸 나도 안다. 그러나 그 최고의 자원, 시간, 프로그램 가운데 어떤 것들은 더 효율적으로 재분배될 수 있다. 나는 불필요한 논란을 일으키는 사람이 되고 싶지는 않다. 그러나 실상은, 어디를 가나 리더들은 입을 모아 교회와 가정이 동역하는 방법에 변화가 일어나야 한다고 말한다.

기독교 리서치 기관인 바나 그룹(Barna Group)이 내놓은 다음의 자료를 보라.

사춘기 직전의 자녀를 둔 부모들 가운데 열에 아홉(87퍼센트)은 어린 자녀들이 교회로부터 받는 사역과 상담의 질에 만족한다고 말한다… 요컨대 부모들은 행복하고, 어린아이들은 어느 정도 종교적 가르침과 경험을 얻으며, 교회는 사람들을 섬기고 있다. 한 가지 이슈만 제외한다면 멋진 상생이 이루어지고 있는 듯하다(이런 식의 접근은 전혀 성경적이지 않다!). 그것은 교회가 – 의도적이건 아니건 – 가정에게 주어진 어린이의 영성 양육 책임을 떠맡음으로써 불건전한 의존성을 키운다는 점이다.[25]

아이비 벡위트(Ivy Beckwith)는 이런 말을 했다.

교회의 어린이 사역은 파탄 났다… 교회의 리더들과 담임 목사들이 어린이 사역을 마케팅 수단으로만 볼 때… 우리가 우리 아이들에게 하나님을 사소한 존재로 인식시킬 때 무언가가 잘못되었다… 아이들에게 하나님을 소개하면서 가정과 공동체가 아닌 프로그램이나 커리큘럼에 의지할 때… 그리고 아마도 가장 중요하게는, 교회가 부모들에게 교회 프로그램이 부모들보다 자녀들을 영적으로 더 잘 양육할 수 있다고 말할 때… 그것은 실패했다.[26]

그룹 출판사(Group Publishing)는 가정 사역 분야에서 선전하고 있는 많은 교회들이 있음을 보여주는 보고서를 발표했다. 그 보고서의 청소년 사역 부분 역시, 부모들과 동역하는 쪽으로 전환하는 것이 최우선 과제임을 지적했다.

청소년 사역을 십대들에게만 집중하던 시대는 지나갔다. 청소년은 그들을 사랑하는 어른들의 신앙을 비추는 거울인 까닭에, 부모와 성도들은 성숙한 그리스도인을 지향하는 한결같은 모범을 보여주어야 한다. 부모가 관건이다.[27]

나는 과거 몇 년 동안, 윌로우크릭 협회(Willow Creek Association)의 리더들과 몇 차례 회합을 가졌다. 그들이 시행한 조사에 의하면 부모들이 가정에서 필요로 하는 것과, 보통 교회가 하고 있는 것에는 차이가 있다고 한다. 나는 그들이 하나님 나라에 미치고 있는 영향과, 각양각색의 수많은 리더들로 하여금 교회와 가정 사이에 강력한 동역 관계를 이룰 수 있는 아이디어를 개진하게 하는 그들의 자세에 감사한다.

이런 조직과 리더들 모두 믿을 수 없을 정도로 훌륭하다. 그런 조직마다 교회를 돕는 일에 평생을 바쳐온 유능한 전문 교역자들이 있다. 두말할 필요 없이 리더들마다 부모들과의 더 좋은 동역이란 어떤 모습이어야 하는지에 대해서 다양한 의견을 가지고 있다. 당신이 누구의 접근법에 동의하느냐는 중요하지 않다. 종종 그들도 서로 동의하지 않는다. 중요한 것은, 리더들이 지역 교회의 사역에 어떻게 교회와 가정 간의 동역을 최우선 과제로 놓아야 하는지를 이해하기 시작했다는 사실이다. 내가 아는 대다수의 리더들은 교회의 사역 가운데 실제로 효력이 있는 것과, 그렇지 않은 것들에 대해 점점 더 날카로운 질문들을 하기 시작했다. 화제가 바뀌고 있다는 것은 거의 모두가 다음과 같은 점에 대체로 동의한다는 것을 뜻한다. 그것은 한 아이의 신앙을 키우는 일에 있어서 가정의 영향력을 이용하기 위해서라면 더 많은 일이 실행될 수 있다는 것이다. 교회 리더로서 우리가 결정한 것들은 '고객 만족'을 위해서가 아니라, 부모들을 인도하고 고무시켜야 하는 우리의 책임에서 비롯된 것이어야 한다. 결국 모든 문제의 핵심은 리더 개개인이 각자가 처한 특별한 상황을 이해하고 인식하는 것으로 귀결된다.

- 그렇기 때문에 당신은 이 중요한 질문을 그냥 지나칠 수 없다.
  당신은 당신의 교회가 가정과의 동역을 더 잘 할 수 있다고 생각하는가?
- 당신의 대답이 "그렇다"라면, 논리적으로 그 다음에 해야 할 질문은 이것이다.
  그럼 어떻게 할 것인가?

당신이 리더로서 이 책을 읽고 있다면, 당신은 아마 다음의 세 가지 중 한 가지 상황 속에 있을 것이다.

- 이미 오렌지 사고를 실천하고 있으며 다음 단계로 올라가기 원한다.
- 오렌지 사고를 실천할 준비가 됐다. 이제 어디로 나아가야 할지 알기 원한다.
- 노란 사고에 만족하고 있다.

당신이 첫 번째 범주에 속한다면 당신과 마찬가지로 오렌지 사고에 열정을 가진 다른 리더들과의 관계를 구축해가기를 진심으로 바란다. 진심 어린 협력과 공동 학습은 시너지 효과를 낼 수 있기 때문이다.

당신이 두 번째 범주에 속한다면 발견의 여정으로 당신을 초대하고 싶다. 주요 의사 결정자들을 설득해 모임을 갖도록 하라. 적합한 자료를 찾고, 한 방에 모여서 대화를 시작하는 것으로 첫발을 내딛으라. 무엇이건 필요한 변화를 만들기 시작하라.

변화하기

이미 말했듯이, 나는 교회와 가정이 기로에 서 있다고 생각한다. 주변의 환경들은 빠르게 변하고 있고, 많은 리더들이 얼마나 신속하고 철저하게 변하려는 의지가 있는지를 시험당할 것이다.

나는 평생 사진을 좋아했다. 중학생 때 풋볼 코치가 나를 팀의 사진사로 임명하면서 사진을 배우게 되었다. 아마 내 풋볼 실력이 아주 뛰어나서 다른 선수들이 겁을 집어먹을까봐 코치가 차라리 사진을 찍는 게 어떻겠냐고 물었던 것 같다.

최근 몇 년 동안, 나는 아날로그 카메라가 디지털로 전환되는 것에 온통 마음이 쏠려 있었다. 코닥이 1991년에 최초의 디지털 카메라를 출시했다. 그 카메라의 무게는 약 3.5킬로그램이었고 가격은 13,000달러였다. 그런데 니콘이 일안 반사식 카메라인 DSLR을 최초로 개발해 1999년에 출시했다. DSLR은 하나의 카메라에 여러 가지 렌즈를 호환해서 사용할 수 있었다. 이는 니콘이 프로 사진사들 시장을 전략적으로 석권하는 데 크게 기여했다. 니콘은 기존에 있는 모든 렌즈를 사용할 수 있도록 카메라 본체를 설계했고, 따라서 사진사들은 새 렌즈를 구입하지 않아도 니콘의 카메라를 사용할 수 있었다. 이 아이디어는 적중했다. 그러나 그러기 위해서 이미지를 찍을 때 필요한 컴퓨터 칩은 더 작아졌다.

캐논은 다른 방향에서 접근했다. 캐논은 DSLR 카메라를 완전히 새롭게 뜯어고쳐, 2003년에 EOS D30을 출시했다. 이 기종은 새 렌즈를 필요로 했지만, 더 큰 칩과 더 진보된 기능을 가지고 있었다. 니콘의 고객들은 어떻게 했을까? 그들은 가지고 있던 니콘 카메라를 버리고 잽싸게 캐논의 EOS D30으로 바꾸었고, 캐논은 프로 사진사들의 새 선도자가 되었다.

코닥은 디지털 카메라를 최초로 개발해놓고도, 기술적으로 재정적으로 허덕였다. 그들이 예상한 디지털 카메라로의 전환 속도는 완전히 빗나갔다. 2003년 코닥의 경영자들은 필름에서 디지털로의 전환이 이루어지는 데 대략 8년 정도가 소요될 거라고 계산했다. 그러나 2005년에 이미 디지털 카메라의 판매량이 필름 카메라를 넘어섰다. 코닥의 계산은 6년이나 빗나갔고, 그들은 거의 회사를 잃을 위기에 처했다.

코닥의 문제는 속도였다.
그들은 필요한 만큼 빨리 변하지 못했다.
그래서 그들은 많은 고객들에게 다가갈 수 있는 기회를 놓쳤다.

니콘의 실수는 헌신의 부족이었다.
그들은 부분적인 변화만 만들어냈다. 그들은 중간까지만 갔다.
고객 만족 측면에서 그들은 고객들이 원하는 것을 주었다. 그러나 그들은 지나친 변화가 충직한 니콘 사용자들을 소외시킬 것을 두려워하다가 오히려 가장 충성스러운 팬들을 잃었다. (말이 나온 김에, 나는 니콘의 열성팬이다. 니콘은 과거 몇 년 동안 효율적으로 스스로를 쇄신해왔다.)

캐논의 예상은 적중했다.
그들은 위험을 감수하고 변화를 단행했다.
그들은 편리성이 아니라 질을 최우선으로 생각했기 때문에, 새 카메라에 구식 렌즈를 사용하려고 하지 않았다. 그들은 미래에 초점을 맞추었다. 그들은 기존의 고객들에게만 신경을 쓰지 않고, 오히려 모험을 감행함으로써 결국 새 고객들에게 다가갈 수 있었다. 그들은 변화에 반응하지 않고 변화를 주도했다.

당신 교회에서 당신이 변화시키고 있는 것에 대해 불평하는 바로 그 부모들이, 언젠가 당신이 그들의 아이들에 대해 영향력을 잃게 되면 당신을 비난할 수도 있다는 생각을 해본 적은 없는가? 그 부모들 가운데 대다수는 자녀들에 대한 그들의 영향력을 키워줄 수 있는 곳이라면, 그곳이 어디라도 바로 달려가려고 할 것이다. 리더십은 부모들이 원할 거라고 생각되는 것을 주는 것이 아니다. 리더십은 리더로서 그들에게 필요한 것을 주는 것이다.

이 책은 다음 세대를 위하여 교회가 변해야 한다는 외침이다.

전략을 통합시키는 변화
메시지를 일치시키는 변화
가정을 재활성화시키는 변화
공동체를 강화하는 변화
다음 세대의 영향력을 이용하고, 그들을 결집시켜, 교회가 되도록 하는 변화

당신이 진정으로 '결합된 두 개의 영향력이 그 각각이 지닌 영향력보다 더 큰 힘을 발휘할 수 있다'고 믿는다면, 변화를 단행해야 할 때가 된 것이다.

자주 묻는 질문

이 책은 대화의 시작이다. 이 책에서 당신은 오렌지 사고가 무엇인지 그 개념과 틀을 보았다. 이 원칙들이 논의를 촉진시키고, 교회와 가정이 무엇을 할 수 있을지 다시 생각해보는 데 도움이 되기를 바란다. 그것 – 오렌지 혁명의 원칙들을 약술하는 것 – 이 이 책을 쓰는 내내 우리가 목표로 삼은 것이다.

오렌지 혁명의 실제적인 부분에 대해 더 상세히 알고 싶다면 「Think Orange 워크북(Think Orange Workbook, 도서출판 디모데 근간 예정)」을 참고하라. 그리고 이미 진행되고 있는 활동에 참여해도 좋을 것이다. 오렌지 컨퍼런스와 오렌지 지역 모임들이 오렌지 전략의 기본을 다루는 많은 모임을 개최하고 있다.

대화의 세 번째 단계는 온라인상에서 이루어진다. 웹 사이트 오렌지 리더스(OrangeLeaders.com)는 오렌지 혁명 전략을 실행하고 있는 수백 명의 전 세계 교회 리더들을 연결시켜준다. 이곳에서 최고의 실행 방법, 특별한 이슈들을 다루는 포럼, 그리고 거의 모든 질문에 답할 수 있는 논의를 가능하게 해주는 개인적인 관계가 형성된다.

많은 곳을 다니고, 온라인에서 시간을 보내고, 수백 명의 교회 리더들과 대화를 해오면서 우리는 좋은 질문들을 수없이 많이 받았다. 다음의 질문들은 그 가운데 일부를 정리해놓은 것이다. 이 질문들의 답을 찾아보고, 당신이 가진 질문들을 웹 사이트에 게시하라.

당신과 대화하기를 기대한다.

전략을 통합하라
- 상급 리더들에게 어떻게 비전을 심어줄 것인가?
- 오렌지 사고로 좀 더 전환할 수 있는 방법은 무엇인가?
- 그 전략에 대학생들을 어떻게 포함시킬 것인가?
- 각 단계마다 교역자 조직표는 어떻게 구성되는가?
- 개척 교회에 어떻게 오렌지 혁명을 실행할 것인가?

메시지를 정제하라
- 중·고등학생들을 어떻게 참여시킬 것인가?
- 교회의 모든 사람들을 동일한 주제로 가르쳐야 하는가?
- 초등학생들에게 성경을 가르치는 것이 더 중요한가, 아니면 성품을 가르치는 것이 더 중요한가?
- 우리가 더 가정 친화적이 되기 위해서는 교회 학교 일정을 어떻게 짜야 하는가?
- 여기에 구원이 어떻게 적용되는가?

가정을 재활성화시키라
- 부모들을 이 전략에 참여시키기 위해서 어떻게 비전을 심어주어야 하는가?
- 가족 체험(FX)을 우리의 스케줄에 어떻게 짜넣어야 하는가?
- 어떻게 가족들이 가족이 함께하는 시간을 새롭게 발견하도록 할 수 있는가?
- 교회에 다니지 않는 부모들을 어떻게 참여시킬 수 있는가?

공동체를 강화하라
- 어떻게 고정된 소그룹 리더들을 확보할 수 있는가?
- 소그룹 리더들의 역할은 무엇인가?

영향력을 발휘하게 하라
- 리더들을 어떻게 훈련시키는가?
- 언제부터 어린이들을 섬기는 일에 투입시키는가?
- 어떻게 청소년들을 섬기는 일에 참여시킬 수 있는가?

| 보충 설명 6.1

오렌지화의 단계들

꿈을 꾸는 것과 행동하는 것은 별개의 문제다. 오렌지 사고 이면에 깔린 개념들은 많은 아이디어와 열정을 촉발시킬 게 분명하다. 그런데 어떻게 상상에서 실행으로, 현재 당신이 있는 곳에서 있어야 한다고 깨달은 곳으로 이행할 수 있는가? 그리고 그 과정에서 얼마나 많은 재고를 한 후에야 실제로 실행할 수 있는 용기가 생길까?

오렌지 교회로 만들어주는 7단계

1. **발견하라.** 지금 당신은 아마 이 단계에 있을 것이다. 개념들을 연구하라. 가능한 한 많은 사람들에게 이 책을 소개하라. 당신이 가지고 있는 선입견을 분석하라. 당신의 팀을 끌어들이라. 기도하고, 토론하며, 조사하고, 당신의 현재 상황과 앞에 놓인 가능성에 대한 포괄적인 분석을 위한 충분한 질문을 하라.

2. **행동 계획을 세우라.** 큰 개념과 구체적인 접근법들을 상세히 연구했으면 계획을 세워야 한다. 분명한 전략을 세우라. 어떤 성공을 거두고 싶은지 분명하게 밝히라. 당신의 공동체에서 성공이 어떤 모습으로 나타나기 원하는가? 변화가 일어나기 위해서 프로그램과 리더십에 어떤 변화가 있어야 하는지 규명하라. 열심히 일하라. 당신의 팀이 같은 뜻을 갖는 것이 가장 중요하다.

3. **소통하라.** 나는 소통을 동심원이 계속 확장되는 과정이라고 생각한다. 당신의 핵심 팀과 토론하고 대화하라. 일단 계획이 수립되면 원의 반경을 한 단계 더 확장해서 더 넓은 리더십 그룹과 함께 테스트하고 정보를 제공하면서 생각을 나누라. 그런 다음 결과를 나누고, 다음 단계로 발전시키며, 교인들과 공동체에 비전을 심어주라. 절대 멈추지 말라. 소통을 많이 할수록 점점 더 당신이 믿는 대로 될 것이다.

4. **재조직하라.** 계획을 최종 확정하는 단계이다. 교역자, 예산, 자료들을 새 전략에 맞추어 재배정하라. 더할 것만 생각하지 말고 뺄 것도 생각하라. 오렌지 사고로 전환하려면 오렌지 전략과 상충하는 것들을 폐지해야 할 수도 한다. 과거의 성공과 미래의 가능성을 치하하고, 새 구조에 맞추어 새로운 지위를 부여하라.

5. **개발하라.** 전략 모델과 그 모델에 따른 프로그램에 맞추어 교역자들과 자원봉사자들을 훈련시키라. 기술만 개발하지 말고 사람들을 개발하라. 리더들은 우리가 하고 있는 일이나 그 방법에 대해서만 말하지 않고, 우리가 그 일을 하려는 이유를 설명할 때 가장 크게 성장한다.

6. **단계를 올라가라.** 당신이 하고 있는 것을 새로운 차원에서 어떻게 전달할지에 대해 꿈꾸라. 설교 시리즈를 계획하라. 소그룹 커리큘럼을 기획하거나 채택하라. 온라인을 활용할 전략을 세우라. 사람들과 당신의 열정을 깊이 있게 나누고 그것이 전염되는 것을 지켜보라.

7. **시작하라.** 어떤 리더들은 이해된 개념들만 부분적으로 실행하면서 너무 서둘러 시작한다. 어떤 리더들은 생각만 실컷 하고 아무것도 시작하지 않는다. 양쪽 모두 실망스러운 결과를 낳는다. 유능한 리더는 시작을 잘한다. 첫 여섯 단계를 거치는 데 필요한 만큼 시간을 들이고나서, 열정과 기쁨을 가지고 세세한 것에 주의를 기울이면서 시작하라. 피드백과 중간 점검에 귀를 열어놓으라. 필히 승리를 축하하라. 당신이 축하하는 것은 되풀이된다!

캐리 뉴워프 담임 목사, 커넥서스 커뮤니티 교회(배리 & 오릴리아), 온타리오 주 브레이스브리지

보충 설명 6.2

가정 사역 모델

우리는 가정 사역에 접근하는 세 가지 대표적인 방식을 살펴보았다. 당신의 교회가 어떤 방식을 채택 – 의도적이건 아니건 – 하느냐에 따라, 부모와 가정이 당신이 꾀하는 변화를 대하는 분위기가 달라진다.

첫 번째는 보충적 접근 방식이다. 각각의 사역 부서가 기존에 계획된 프로그램에 가정 사역 요소를 끼워넣는다. 간혹 어린이 사역이 가족에 관한 요소를 다루게 하거나, 청소년 사역이 부모 관련 이슈를 다루도록 하기 위해 사역자를 더 채용하기도 한다. 가정 사역의 기본 목표만 인지하고 있다면, 사람들에게 다가가는 방식과 가족 훈련 방식은 각 사역들 나름대로 결정한다.

두 번째는 부서적 접근 방식이다. 보통 '가정 사역자'라고 불리는 새 사역자가 들어온다. 가정 사역자는 다른 사역들과 연계되어 있지만, 계획과 전략 수립에서 꼭 필요하지는 않은 존재로서 독립적으로 활동한다. 가정 사역자는 가족과 부모들을 위한 프로그램을 수행하는 반면에, 청소년 사역은 청소년들에게 집중하고 어린이 사역은 어린이들에게 집중한다. 연령별 부서와 혹은 다른 부서들까지도 독자적으로 가족들을 위한 활동과 프로그램들을 짠다. 그들이 함께 일하는 것은 좋은 일이지만, 한 번도 만나지도 않고 대화도 하지 않는다면, 기본적인 것만 성취할 수 있을 것이다.

이 두 가지 접근 방식은 모두 경쟁 체계를 만든다. 달력은 금세 가족 개개인을 위한 행사들로 가득 찬다. 재정은 가족들을 함께 모으기보다 분리시키는 온갖 프로그램들 속으로 사라진다. 프로그램들은 대체로 전략적이고 의도적이기보다는 마구잡이식으로 계획된다.

세 번째는 통합된 접근 방식이다. 연령별 부서의 리더들은 한 팀이 되어 가족 구성원 각 사람에게 개별적으로 영향을 미치는 포괄적인 전략을 수립하고 운용한다.

통합된 접근 방식에서는 '가정 사역자' 또는 다른 누군가가 가정 사역 팀을 이끌고 거들어주는 역할을 맡는다. 그 사람은 가정 사역을 위해서 특별히 채용될 수도 있고, 동료들 사이에서 리더로 인정받는 연령별 그룹 리더가 맡을 수도 있다.

대형 교회의 교역자이건 작은 교회의 자원봉사자이건, 가정 사역 팀의 개념을 발전시키는 게 중요하다. 가정 사역 팀의 모든 구성원들은 연령별 그룹과 가정 프로그램을 감독하는 리더십/ 운영 팀으로 함께 일한다. 그들은 가족 시간을 존중하는 연중 행사표를 합리적으로 함께 계획하고, 계획과 우선순위를 바탕으로 신중한 과정과 전략이 반영된 예산을 세운다.

보통 전략이 통합되는 것을 나타내주는 한 가지 지표가 있다. 연령별 그룹 책임자들이 회합을 갖고 있는가? 만약 그들이 대화와 전략 실행을 위해서 매주 또는 격주로 모인다면, 현재 일이 어떻게 진행되고 있으며, 어떻게 각 사역들이 서로 대립하지 않고 조화를 이루고 있는지 알 수 있다. 어린이와 청소년들을 인도하는 이들이 한 방에 모일 때 사역의 비전과 전략을 더 잘 조율할 수 있다.

만약 당신 교회의 교역자가 모두가 동조하는 통합된 전략에 동의하지 않아서 전략을 실행하지 못하고 있다면, 어떻게 부모들이 당신의 전략에 동조하기를 바랄 수 있겠는가? 교역자들이 같은 뜻을 갖지 못한다면 어떻게 부모들이 같은 뜻을 가질 것을 기대할 수 있겠는가?

리싱크 그룹

보충 설명 6.3

팀 통합하기

1년 반 전에 우리 교회는 통합된 가정 사역 전략으로 전환하고 유아·유치부, 유년·초등부, 중·고등부, 대학부 사역을 단일 리더십 팀으로 통합했다. 새로운 '통합' 팀으로 테이블에 둘러앉은 첫 날, 우리는 정작 함께 무엇을 해야 하는지 잘 몰랐다. 리더인 나는 신속히 여러 부서들을 하나의 단일체로 연결시키는 회합들을 마련해야 했다. 어떤 아이디어들은 성공한 것도 있고 실패한 것도 있었다. 우리는 여전히 통합 팀을 만들어 가는 과정 중에 있지만, 어떤 팀이라도 시도할 수 있는 다섯 가지 방법을 소개한다.

1. 교대로 토의할 주제를 준비해서 참석하는 회의를 매주 한 번씩 한다. 공동체를 형성하려면 매주 모이는 것이 중요하다. 한 달에 한 번 또는 격주로 모인다면, 사실상 서로의 정보를 필요로 하지 않는다는 메시지를 전달하고 있는 것이다. 교대로 책임을 맡아서 예배와 독서 토론 그리고 기도회를 인도한다.

2. 아이디어와 도전 과제에 대한 지속적인 일정표를 가지라. 팀별로 매주 아이디어나 해결해야 할 과제를 가져와 다른 팀 구성원들이 이것을 자기 것으로 소화할 수 있게끔 스케줄을 짜라. 아이디어나 도전 과제를 내놓은 후에는 바로 토론하지 않는다. 한 주 동안 팀의 각 구성원들은 제시자와 15분 정도 만남을 가지면서 피드백을 제공한다. 그리고 그 다음 주에 팀은 통합된 그룹으로서 아이디어나 도전 과제를 처리한다. 팀의 모든 구성원에게 발언의 기회를 주고 제시자가 정리하면 함께 결정을 내린다.

3. 통합된 팀 리더의 지원을 얻으라. 탄탄한 팀을 구성하려면, 리더가 구성원들에게 가장 중요한 프로젝트에 시간과 자원을 써야 한다. 팀 구성원들이 전심으로 그 일에 매진하기 위해서는 그들의 아이디어를 지지하고, 그들을 위해서 열심히 일하며, 그 일을 완수하는 데 필요한 자원을 얻기 위해 고군분투하는 리더가 필요하다. 팀 구성원들은 리더가 공정성을 중요하게 여기고, 지속적으로 한 사역에 더 많은 관심이나 재정을 지원하면서 편애하지 않는다는 것을 알아야 한다. 리더로서 당신 자신의 목표가 아니라 팀의 목표를 성취하는 데 당신의 영향력을 사용해야 한다.

4. 일대일 만남을 계획하라. 나는 나와 함께 일하는 사람들과 매주 30분씩 모임을 갖는다. 처음부터 나는 그들에게 우리가 함께 일하는 모든 것을 이 30분 안에 억지로 쑤셔넣으려고 이 모임을 시작하는 게 아님을 분명히 밝혔다. 우리가 매주 몇 시간씩 만나 함께 힘을 모으고 꿈을 꾸면 나도 좋겠다. 그러나 우리 모두 얼마나 바쁜지 알기에 일정한 시간을 정해놓는 것이 좋다. 이것은 리더가 "당신과 당신의 사역은 내게 아주 소중해서 일주일에 적어도 30분 정도는 만남을 가져야 한다"는 메시지를 전달하는 좋은 방법이다. 전체적으로 이 모임들은 수동적이기보다는 능동적이다.

5. 모든 교역자들과 매주 대화를 나누라. 나는 매주 주말에 'The Staff Loop'라는 소식지를 보낸다. 주 목적은 눈앞에서 비전이 멀어지는 걸 방지하고, 그들을 격려하기 위함이다. 나는 언제나 그들을 만날 준비가 되어 있으며, 여러 단계로 참여하고 있다는 것을 그들이 알기 원한다.

스콧 오스틴(Scott Austin) 다음 세대 사역 목사, 커뮤니티 바이블 교회, 텍사스 주 안토니오

보충 설명 6.4

가정 사역의 끈

가정 사역 팀을 하나로 묶어주고 모임의 계획과 상호 의존적 관계의 기초가 되는 규약을 세워주는 끈들이 있다. 팀이 함께 토론하고, 논의하며, 결정해야 할 주제가 그런 것들인데, 이 끈들은 매번 모임 때마다 어떤 식으로든 다시 논의되어야 한다. 이 끈들은 그 팀이 교회와 가정의 영향력을 결합시키는 과업을 추진하는 데 있어서 효율성을 결정짓는 데 기여할 것이다. 당신은 당신 교회의 규모와는 상관없이 이 공통의 끈들을 통해 유치원생, 어린이, 청소년들을 인도하는 각 사람들을 연결시켜야 한다.

그룹의 끈. 연령별 그룹 리더들은 소그룹 환경이 삶을 변화시키는 최적의 환경이라고 믿는다. 모든 사역에서 그들은 '교실 수업' 개념을 거부한다. 그리고 소그룹 리더가 중추가 되는, 관계를 특징으로 하는 진급 체계를 확립한다. 팀은 공동체가 주도하는 조직을 키우는 일을 한다.

부모의 끈. 부모들은 옆에 서서 사역을 돕는 자가 아니라, 동역자로 인식된다. 대부분의 부모들은 다양한 연령의 어린이들을 양육하기 때문에, 교회 리더들은 서로 연결되도록 노력해야 한다. 리더들은 모두가 한 팀임을 기억하고, 경쟁 체계로부터 가정과 프로그램을 보호하기 위하여, 모든 부서에 해당되는 통합 계획을 계속 설명해야 한다.

프로덕션의 끈. 팀 구성원들이 기술, 비디오, 프로그램 그리고 여타의 요소들과 관련된 자료와 발견물을 공유할 때, 학습 그래프는 가파르게 상승한다. 이따금씩 하는 공동 계획은 창의성을 자극하고 서로가 진행하는 사역의 타당성을 평가하는 훌륭한 장을 제공해준다.

이행의 끈. 교회들은 전통적으로 새 학기의 첫 주일날 학생들을 진급시키는데, 그것보다는 독창적으로 실제 진급이 있기 몇 달 전에 이행이 계획되어야 한다. 리더들은 소통과 순조로운 변화를 돕기 위해 부서를 서로 바꿀 수도 있다.

콘텐츠의 끈. 가정 사역 팀의 목표는 콘텐츠, 지속적인 관계 그리고 아이들과 청소년들의 삶 속으로 파고드는 가장 핵심이 되는 경험들을 형성하는 포괄적인 계획을 확립하는 것이다. 팀은 원칙들을 전달하고 의미 있는 체험들을 제공하는 환경의 질을 지속적으로 평가하고 모니터해야 한다.

자원봉사의 끈. 자원봉사자들이 한 어린이의 영적 성장이라는 큰 그림에서 어떤 조각을 차지하는지 반드시 알려주어야 한다. 교역자들이 긴밀하게 협력하지 않으면 자원봉사자들은 단절된 느낌을 갖게 된다. 자원봉사자들을 훈련하고 키우기 위한 마스터 플랜을 분명하게 설명하는 회합을 가지면, 모두가 같은 뜻을 유지하는 데 도움이 된다.

배움의 끈. 연령별 그룹 리더나 책임자들 중에서 핵심 인물들이 지속적으로 사역에 대해 배우는 자세를 갖는 게 중요하다. 가정 사역 팀 안에서 서로가 붙잡아주고 점검해줄 수 있다면, 그들은 그들이 맡은 연령별 그룹에 대해서 더 유능한 스페셜리스트가 될 뿐 아니라, 모든 사역을 감독할 수 있는 제너럴리스트로 발전할 수 있다.

가정 사역 팀이 정기적으로 만남을 갖는다면,
- 성공에 반드시 필요한 상호 의존적 관계를 소중히 여기게 된다.
- 건강한 경쟁과 불건강한 경쟁을 구별하게 된다.
- 공동 학습과 정보 제공을 우선순위에 두게 된다.
- 시스템을 발전시키는 데 필요한 허심탄회한 토론의 장이 마련된다.
- 강력한 영향력을 미치는 자원에 집중하게 된다.

리싱크 그룹

보충 설명 6.5

각 연령별 그룹 자원봉사자들에게 비전을 주는 '동사'

몇 년 전 우리 팀은 유치원생, 초등학생, 청소년들을 대상으로 사역하는 일단의 리더들에게 비전을 심어주었다. 우리는 그들이 특정 연령 그룹에 그들 한 사람 한 사람이 독특하게 기여하고 있다는 사실을 깨닫기 원했다. 또한 유치원부터 고등학교까지를 망라하는 포괄적인 계획 속에서 그들이 맡은 역할에 대해서도 알기를 바랐다. 나는 그들이 맡은 역할의 중요성을 일깨워주기 위해 그들에게 단어를 하나씩 제시했다.

유아 · 유치부

유아 · 유치부 사역자들에게 제시한 단어는 '껴안다(embrace)'이다. 이 단어는 어린아이가 팔을 뻗어 아빠나 엄마를 안는 모습을 묘사한다. 유치원생들을 상대하는 이들에게는 다른 이들이 하지 못하는 일을 할 수 있는 기회가 주어진다. 그들은 아무 조건 없이 아이들을 사랑하시는 하나님 아버지에 대한 첫인상을 아이들에게 심어줄 수 있다.

구약은 요나단의 아들 므비보셋의 이야기를 들려준다. 므비보셋의 가족이 다윗의 군대로부터 피신하던 중, 갓난아기였던 그를 떨어트리는 바람에 그는 절름발이가 되었다. 므비보셋은 훗날 다윗의 군사들이 그를 찾기 전까지는 다윗이 그의 적이라고 생각하며 살았다. 다윗은 므비보셋을 왕자처럼 살게 해주겠다는 요나단과의 약속을 지키기 위해 그를 찾고 있었다. 마찬가지로 우리는 어린아이들이 하나님이 그들의 친구가 되고 싶어하신다는 사실을 모른 채 성장하는 것을 원하지 않는다. 이 이야기는 나에게 그 사실을 일깨워준다. 모든 유아 · 유치부 리더의 목표는, 어린 아이들이 놀라운 하나님 아버지의 사랑을 껴안으며 인생을 시작하도록 돕는 것이다.

유년 · 초등부

유년 · 초등부 사역자들에게는 '신뢰하다(trust)'라는 단어를 제시했다. 신뢰는 우리가 어린이들이 예수님과의 관계 속에서 어떻게 성장하기를 바라는지를 설명한다. 초등학교 시절은 대부분의 사람들이 그리스도를 신뢰하기로 결정하고, 일상생활 속에서 하나님의 원칙들을 어떻게 신뢰할 것인지에 대해 결정하는 시기이다.

예수님은 자애로운 아버지와 두 아들의 우화를 말씀하셨다. 둘째 아들은 자아를 '찾겠다고' 일찍 집을 떠나, 받은 유산을 탕진하고 결국 오갈 데 없는 신세가 되었다. 그는 자신을 사랑으로 대했던 아버지가 '생각나서' 빈털터리로 집에 돌아왔다. 그는 아버지가 자기를 사랑하고, 용서하고, 받아들이실 것을 믿을 수 있었다. 이 연령 그룹을 대하는 모든 리더들의 목표는, 어린이들이 그들의 삶을 하나님께 맡길 수 있다는 것을 발견하는 장소를 마련해주는 것이다. 우리는 앞으로 그들이 어떤 일을 당하든지, 회복되고 사랑받기 위해서 하나님과 교회를 찾아갈 수 있다는 것을 알고 성장하기를 바란다.

중 · 고등부

우리는 중 · 고등부 사역자들에게 '경험하다(experience)'라는 단어를 제시했다. 청소년들은 지금까지 들어온 것들을 마음속에 깊이 새겨넣어야 할 시점에 있다. 어린아이에서 성인으로 이행하는 과정에 있는 그들로서는, 스스로의 필요를 충당하고 자신의 영적 성장을 책임지는 방법을 배우는 것이 중요하다.

디모데전 · 후서는 이 연령 그룹의 필요를 코치하고 멘토링하는 아주 좋은 예이다. 바울은 다양한 상황 속에서 디모데를 개인적으로 인도했다. 그는 디모데가 개인 사역과 하나님과의 진정한 관계를 경험하도록 격려했다. 인생의 다음 장으로 발걸음을 내딛고 있는 십대들이 영적 우선순위를 분명하게 세우도록 돕는 것이 중요하다. 이 시기는 그들이 교회가 된다는 것이 어떤 의미인지를 체험해야 하는 아주 중요한 시기이다.

보충 설명 7.1

콘텐츠 조율하기

당신이 어린이들에게 가르치는 내용에 대해 부모들이 동의하기를 바란다면, 콘텐츠 조율은 매우 중요한 개념이다. 그러나 분명히 말하자면, 교회 내의 모든 사람들이 동시에 동일한 주제에 대해 말하게 만들어야 한다는 뜻은 아니다. 간혹 그러한 일이 가능하더라도 각각의 연령별 그룹이 반드시 이해해야 할 핵심 진리를 희생시키지 않도록 주의해야 한다.

교회들은 종종 그들이 가진 콘텐츠를 동시에 운용하는 것과, 상황에 맞추는 것 사이의 긴장을 어떻게 해결해야 하는지 묻는다. 한편으로 그들은 인생의 매 단계마다 적용되는 분명한 일련의 원칙들을 찾아내서 가르치고 싶어한다. 또 한편으로는 가르치는 메시지에 있어서는 교회의 모든 사람들이 같은 생각을 갖기를 바란다. 이것은 아주 미묘한 균형이다.

무게 중심이 상황에 맞추는 쪽으로 지나치게 기울면, 교회는 모든 학년에 맞추어 다른 내용을 만들어야 될 것이다. 그렇게 되면 부모들이 여러 자녀들의 각기 다른 커리큘럼을 따라가야 한다는 것 외에도, 여러 가지 문제점들이 발생한다. 그뿐만이 아니라 접근 방법에 있어서 다른 연령 그룹의 리더들이 서로 단절되고 분리되면서 교회가 부서를 운용하는 데 절차가 번거로워진다.

동시에 동일한 일련의 진리를 모든 아이들에게 가르치려고 하면, 특정 그룹에게만 적합하게 맞춰질 수 있고 그 외의 그룹들은 억지로 받아들이는 상황이 된다. 예를 들어, 목사가 영적 전쟁에 집중해야 한다고 결정하면, 어린이 사역자는 다섯 살짜리 아이들에게도 그것을 가르쳐야 한다. 이는 마치 다윗에게 사울의 갑옷을 입히려고 하는 것과 다를 바 없다.

우리 리싱크에서는 두 가지 접근 방법 사이에 존재하는 양극성을 해결하기 위한 시도를 하고 있다. 우리는 연령군을 크게 셋 – 유아·유치부, 유년·초등부, 중·고등부 – 으로 나누어, 그 부서에 맞춘 고유한 내용을 만들었다. 연령별 그룹 안에서 특별한 연령대(예를 들어, 유치원생들이나 고등학교 졸업반을 위한 활동들)에 맞춘 보충 자료가 있기는 하지만, 각각의 커리큘럼은 그 그룹에 적합한 중요 진리를 중심으로 만들어졌다. 각 그룹에 따라 적용은 제각각이지만 지향점은 같다.

우리에게는 각 연령 그룹에 하나씩, 세 가지 커리큘럼이 있다. 커리큘럼은 경이, 발견, 열정을 함께 엮은 포괄적인 전략을 바탕으로 하고 있다. 우리는 이 개념들을 상세히 설명해 부모와 리더들이 이 세 연령 그룹에 대한 전반적인 계획을 알 수 있게 했다. 그러나 각 연령 그룹마다 그들이 집중하는 특정 핵심 진리를 가지고 있다.

리싱크 그룹

보충 설명 7.2

음악 도서관

라디오 디스크자키는 방송에 내보낼 '곡 목록표'의 중요성을 알고 있다. 노래들을 골고루 섞고 순환시켜 적절하게 선곡하면, 좋은 분위기를 조성할 수 있을 뿐 아니라, 전략과 메시지를 강화시켜줄 수도 있다.

적절한 혼합은 핵심 메시지를 보완하고 이해시킨다. 환경을 강화시키기 위해 우리가 사용하는 네 가지 종류의 노래들이 있다.

- 믿음의 노래들은, 주제가 기독교적이지만 명상적인 예배 음악과는 다르다. 이 노래들은 믿음과 하나님과의 관계를 기리기 위해 만들어졌다.

- 성경 이야기 노래들은, 다양한 형식으로 이루어져 있으며 월별 시리즈 기간이나, 그 주에 강조하는 주제가 담겨 있을 수 있다. 이 노래들은 주요 이야기들을 기억하기 쉽게 하기 위해 독창적으로 만들어진다.

- 덕목에 관한 노래들은, 대체로 '크로스오버' 노래들이다. 이 노래들은 긍정적인 분위기를 북돋우기 위해서 가정, 교회 또는 학교에서도 쓰일 수 있다. 이 노래들은 성품과 관련된 원칙들을 강조하거나 가르치기 위한 것이다.

- 활동 노래들은, 중립적이며 분명한 메시지를 담고 있지 않다. 이 노래들은 일종의 활동에 사용되는 것으로, 어린이들이 음악에 맞춰 노래하고 춤추는 데 사용될 수 있다. 이 노래들은 재미를 위해, 또한 어린이들의 상상력을 자극하고 주의를 집중시키기 위해 만들어진 것이다.

몇 년 전, 우리는 아이들을 대상으로 한 노래들이 충분하지 않고, 있다 하더라도 대부분 아주 어린아이들을 대상으로 하고 있다는 사실을 알게 되었다. 그래서 우리는 오렌지 사역에 음악을 도입했다. 초등학생들을 위한 음악은, 그 음악 스타일을 중학생 수준에 맞추고, 문화적 트렌드를 반영했으며, 활기차고 부모들에게도 친숙하도록 만들었다. 우리는 온 가족이 함께 음악 듣기를 즐기면, 가정이나 심지어는 차 안에서도 중요한 무언가가 일어날 수 있다고 믿었다.

어린이들이 가정에서 노래를 듣고 배울 수 있다면, 교회에서 아이들이 참여하고 활동하는 정도가 눈에 띄게 높아진다. 우리는 교회 리더들과 부모들이 좋은 환경을 조성하는 데 사용할 수 있는 다양한 음악을 접할 수 있도록 'AmberSkyRecords.com'이라는 독특한 웹 사이트를 개설했다. 리더들은 이 사이트에서 어린이들의 예배 체험을 강화시켜주는 기도문, 비디오, 노래 등을 내려받을 수 있다. 그리고 율동도 배울 수 있다.

디스크자키처럼 생각하라. 최소한 일주일에 한 곡씩 새 노래를 더해서 계속 새로운 노래를 순환시키라. 올바른 음악들로 이루어진 좋은 곡 목록표는 긍정적인 분위기를 조성하고 활력을 더해준다. 부모들이 자녀들을 가르치고 그들에게 영감을 줄 수 있는, 훌륭한 음악 도서관을 만드는 방법을 배우도록 도와주라.

보충 설명 7.3

커리큘럼이 아니라 전략이다

커리큘럼은 정보를 제공하지만, 전략은 마음속 목표를 가르친다. 한 아이가 태어나서 학교를 졸업할 때까지 나이에 따라서 배워야 할 중요한 것들이 있다. 특정 연령과 관련된 핵심 개념, 원칙, 예수 그리스도와의 실제적이고, 개인적이며, 성장하는 관계를 갖기 위한 경험 등이 그것이다. 전반적인 전략을 가짐으로써, 마음에 품은 어린이를 위한 최종 목표를 잃지 않게 해주는 마스터 플랜이 존재한다.

커리큘럼은 리더들을 준비시키지만, 전략은 그들을 발전시킨다.

전략은 리더들이 올바른 일, 즉 자원봉사자들을 리더로 키우고, 가정과 동역하며, 아이들이나 청소년들과 함께하는 일에 집중하게 해준다. 커리큘럼에서 전략으로의 초점 전환은, 사역에서 이러한 점들을 성장시키는 일에 시간과 에너지를 집중하게 하고, 당신이 리더로 성장하는데 일에 도움을 준다.

커리큘럼은 모임을 촉진하지만, 전략은 공동체를 최우선으로 생각한다.

소그룹의 역할은 특정 연령을 위한 전략이 있을 때 더 활발해진다. 모든 청소년들의 삶 속에는 그들의 부모가 말하고 있는 것과 똑같은 것을 말하는 신뢰받는 성인 리더가 있어야 한다. 우리는 학생들이 관계를 형성하는 소그룹이, 곧 진리를 다루는 중심 터전이라고 믿는다. 그들은 소그룹 안에서 마음놓고 질문하고 진리를 자기 것으로 만든다.

커리큘럼은 부모를 대체하지만, 전략은 부모와 연결시킨다.

전략은 교회와 가정이 공조할 방안을 모색한다. 우리가 다음 세대에 미치는 영향력을 극대화하려고 하는 만큼, 한 학생이 가정에서 보내는 시간은 그 학생의 영적 성장에 엄청난 역할을 한다. 이는 그냥 가정에서 보낸 시간 때문만이 아니라, 부모와 아이 사이에 맺어진 근본적인 관계 때문이다. 우리가 부모와 연결되는 방법과, 부모와 학생 간의 관계를 옹호하는 방법이 전략적이어야 하는 것도 이러한 이유 때문이다.

커리큘럼은 정보를 제공하지만, 전략은 학생들이 배운 것을 체험하게 한다.

우리는 아이들을 강의 위주의 형식에서 실제로 핵심 진리를 체험할 수 있는 곳으로 이행시켜야 한다고 믿는다. 우리의 관점에서 볼 때 그들의 믿음이 그들의 DNA의 일부가 되게 하려면, 이것이 핵심 요소이다. 우리는 아이들이 지금 지역 교회의 일원이 되는 기회를 얻어 사역에 적극 참여해야 한다고 생각한다. 그들 스스로 체험한 적도 없는데 우리는 '어느 날' 그들이 갑자기 교회의 일원이 되고 싶어할 거라고 생각한다. 그때까지 기다려서는 안 된다. 영적 성장의 비결과 필수 요소는 섬김이다.

팀 워커(Tim Walker) XP3 편집자, 리싱크 그룹

보충 설명 7.4

마스터 플랜

"네 마음을 다하고 목숨을 다하고 뜻을 다하여 주 너의 하나님을 사랑하라 하셨으니 이것이 크고 첫째 되는 계명이요 둘째도 그와 같으니 네 이웃을 네 자신 같이 사랑하라"(마 22:37-39).

우리는 모든 커리큘럼과 자원을 이 핵심 관계에 연결시킬 정도로 이 구절에 대한 강한 신념을 가지고 있다. 이 관계가 얼마나 중요한지를 일깨워주는 세 단어가 있다. '경이, 발견, 열정'

이 세 이슈는 우리 전략의 우선순위이며, 어린이들을 가르치고 이끄는 사람들이 승리하는 데 도움을 준다.

경이 어린이들이 하나님 아버지의 경이로움과, 그들에 대한 하나님의 놀라운 사랑을 느끼며 자란다면 어떻게 될까? 그들이 살면서 무슨 일을 당하든지, 하나님이 그 일들을 처리하실 수 있을 만큼 크신 분임을 안다면 어떻게 될까?

발견 만약 어린이들이 '발견하는 삶', 즉 그리스도와의 개인적인 관계에 의해서 그들의 정체성이 결정되고, 성령의 인도를 받는 삶을 추구하도록 도전받는다면 어떻게 될까?

열정 만약 어린이들에게 예수님이 이 땅에서 하셨던 일을 하고자 하는 열정이 생긴다면 어떻게 될까? 만약 그들이 하나님의 구속 계획을 모든 세대에게 보여주기 위해, 자신이 하나님의 이야기에 개인적으로 참여하도록 계획되었다는 사실을 알게 된다면 어떻게 될까?

예수님이 마태복음 22장에서 강조하신 세 가지 관계는, 제각각 어린이의 발달 단계에 따라 다른 차원에서 관련성을 가지고 있다. 경이, 발견, 열정이라는 개념을 구별된 세 개의 다이얼로 상상해보라.

성격 형성기에는 다이얼을 경이에 맞추는 것이 가장 자연스럽다. 우리는 사랑하는 아버지와 창조주로서의 하나님에 대한 진리를 중심으로 콘텐츠를 구성한다.

우리는 초등학교 시기에 발견의 다이얼을 추가하고, 하나님의 진리가 어떤 식으로 그들의 결정에 나침반 역할을 해야 하는지 볼 수 있도록 콘텐츠를 맞춘다. 우리는 또 초등학교 고학년들에게 섬기는 일을 독려하고, 다른 사람들을 우선순위에 두도록 도전하면서 열정의 다이얼을 맞추기 시작한다.

어린이들이 십대로 접어들면 우리는 열정의 다이얼을 높인다. 십대들에게 중요한 것은 배운 것을 자기 것으로 만드는 것이다. 그들은 교회의 일원이 되는 방식을 이해할 수 있도록, 사역을 할 수 있는 지속적인 기회를 가져야 한다. 중·고등학교 학생들은 중요한 일을 맡게 되었을 때 자신이 중요한 존재라고 느낀다.

콘텐츠는 다음과 같은 개념들을 중심으로 준비된다.

유아·유치부
- 하나님이 나를 창조하셨다(경이).
- 하나님은 나를 사랑하신다(경이).
- 예수님은 영원히 내 친구가 되기 원하신다(경이).

유년·초등부
- 나는 무슨 일이 있든지 하나님을 신뢰할 수 있다(경이).
- 나는 지혜로운 선택을 해야 한다(발견+).
- 나는 다른 사람들을 내가 대접받고 싶은 대로 대접해야 한다(열정).

중·고등부
- 나는 하나님과 진정한 관계를 추구하도록 창조되었다(경이).
- 나는 예수 그리스도께 속했고, 내 정체성은 그분의 말씀에 의해 규정된다(발견).
- 나는 날마다 타락한 세상에 하나님의 사랑을 나타내기 위해서 존재한다(열정+).

리싱크 그룹

보충 설명 8.1

가족 주도 활동

교회 리더는 가정이 신앙의 리듬을 형성하도록 도와야 한다. 어떻게 하면 가정이 시간을 효과적으로 사용하도록 도울 수 있을까?

가정이 신앙의 리듬을 형성하도록 돕는 방법은, 말 그대로 모세 시대만큼이나 오래되었다. 신명기 6장 7절에서 모세는 부모들에게 성경의 덕목을 자녀들에게 가르치라고 지시한다. "집에 앉았을 때에든지 길을 갈 때에든지 누워 있을 때에든지 일어날 때에든지 이 말씀을 강론할 것이며."

리싱크 그룹은 가정과 동역하는 교회 리더들이 가장 중요한 것에 집중할 수 있도록 도움을 주는 몇 가지 자료들을 제공한다. 자료들은 각 단계마다 다르게 보이지만 하는 일은 똑같다. 부모들이 자녀들에게 영적 유산을 물려주도록 돕는 것이다.

우리는 학령전 아이들을 위한 First Look 커리큘럼의 일환으로 SmallTalk 카드를 제작했다. 이 카드는 그 주에 배운 성경 이야기를 되새겨줄 뿐 아니라, 부모와 아이들 사이의 대화를 이끄는 훌륭한 길잡이가 되어준다.

초등학생 아이들을 위한 252Basics 커리큘럼에는 몇 가지 보충 요소가 있다.
- 어린이들이 가정에서 사용할 수 있는 Good Time 묵상 카드가 있다.
- 냉장고 문에 붙이는 카드는 부모들이 교회에서 논의했던 것들을 요약해서 만든다.
- Family Times Virtues 세트는 신명기 6장 7절에 언급된 하루의 각 시간을 위한 자료를 제공한다.
  - 아침 시간: 부모들이 자녀들에게 격려의 글을 쓸 수 있는 백지 카드가 제공된다.
  - 식사 시간: 가족들의 식사 시간 대화를 돕기 위해 그 달의 덕목을 중심으로 대화를 시작할 수 있는 자료를 만든다.
  - 운전 시간: 월별 덕목을 주제로 하는 드라마와 부모들을 위한 실제적인 조언을 담은 것으로, 부모들을 대상으로 제작된 CD이다.
  - 취침 시간: 주별 성경 이야기에 생명력을 불어넣어 부모와 아이들 모두의 마음을 사로잡는 창조적인 성경 이야기 카드이다.

중·고등부의 경우, 우리는 각 시리즈 별로 자녀들이 배우고 있는 것을 부모들이 계속 숙지할 수 있도록 특별히 부모 친화적 언어로 요약하여 공급한다. 각 시리즈마다 부모들에게 다섯 가지 가정의 가치 중 하나를 독려하고, 자녀들의 삶 속에서 그들이 맡은 역할의 중요성을 일깨워주기 위한 짧은 글이 실려 있다.

당연히 당신은 이 자료들을 사용할 수도 있고, 당신 스스로 만들 수도 있다. 일부 교회들은 부모들이 자녀 양육 문제에 집중할 수 있도록 성인들을 위한 소그룹 커리큘럼을 만들었다. 또 어떤 교회들은 토론을 위해 가족들이 함께 시청할 수 있는 DVD가 주 교재인 커리큘럼을 제작했다.

당신이 무엇을 하건,
- 부모들을 격려하는 방법과 주일날 가르치는 내용이 조화를 이루어야 한다.
- 가정이 지나치게 많은 생산물, 경험, 행사로 과부하 되지 않게 해야 한다. 일상생활 속에 어우러지는 자료들은 언제나 가정을 효과적으로 도울 수 있는 가장 좋은 기회를 제공한다.

가족들의 의미 있는 대화를 돕고 가정에서 공유하는 경험을 창조하도록 돕는 것은, 부모들이 하나님이 사명으로 주신 일을 할 수 있도록 준비시켜주는 것이다. 그렇게 할 때 당신은 오렌지 사고를 잘 실행하고 있는 것이다.

리싱크 그룹

보충 설명 8.2

가족 체험 유형

정기적으로 부모와 아이들이 함께 체험 활동을 하는 것이 오렌지 전략의 핵심 요소이다. 그러나 이러한 가족 체험 활동을 운용하기 위해 예산을 바닥내거나 서커스 단원을 전임으로 채용할 필요는 없다. 가장 기본적인 단계의 가족 체험은 아무 계획 없이 매일 일어난다. 공원, 식당, 가정, 학교 등에서의 경험과 이런 장소에서 가족들이 어떻게 유대감을 형성하는지 생각해보라. 이 시간들 가운데 좋은 시간들을 전략적으로 채택해, 교회와 가정이 함께 어린이들에게 영향을 주기 위한 환경을 조성할 수 있다.

가족들이 함께하는 활동이나 환경을 조성하는 일은, 실제적인 다음 단계로 나아가기 위한 몇 가지 선택 사항을 계획할 때 운용이 더 수월해진다.

교회마다 스타일과 스케줄이 다르다. 가족 체험에 대한 원칙은 부모와 아이들이 같은 방에서 함께 배우는 체험을 공유할 수 있는 기회를 만드는 것이다. 이 체험은 상호 교환적이어야 하고, 다른 가족들을 포함해야 하며, 일부 경우에는 특정 수준의 공연까지도 할 수 있어야 한다. 목표는 어떤 규모의 교회라도 가족을 참여시킬 수 있는 체험 활동 기회를 만드는 것이다. 여기 몇 가지 아이디어가 있다.

가정 FX

초등학생을 자녀로 둔 네다섯 가정이 서로에게 힘을 실어주고, 자녀들의 영적 리더로 성장하기 위해서 정기적으로 모임을 갖는다. 행사를 이루는 각 요소는 특정한 주제나 덕목에 초점을 맞추어 준비한다. 음식, 영화, 활동 모두가 환경을 조성하는 데 기여할 수 있다.

주별 FX

직접 청중들 앞에서 이야기를 들려주는 이야기꾼, 콩트, 단편 비디오, 활력 있는 음악으로 구성된 멀티미디어 대규모 그룹 공연을 계획할 수 있다. 주별 공연은 교회 리더들이 소그룹에서 초등학생들에게 가르치는 것을, 부모들을 위한 적극적인 도구로 사용할 수 있게 해준다. 매주 제작되는 공연물은 가족 간의 관계와 하나님과의 관계 형성을 위한 발판이 되며, 지역 사회의 현안이나 트렌드를 활용할 수 있다.

월별 FX

주별 이벤트와 유사한 멀티미디어 이벤트이다. 월별 이벤트는 종종 자녀들이 없을 때 부모들에게 직접 이야기하는 시간이 짧게 포함될 때가 있다. 비전을 심어주고 격려하는 이 시간은, 부모와 학생들 모두에게 미치는 영향력을 극대화하기 위해, 모든 가족을 위한 행사와 함께 진행된다. (우리는 그것을 아이들이 하나님에 대해 배우기 위해, 부모를 데려오는 장소라고 부른다.) 무대 자원봉사자가 없어도 되는 짧막한 비디오를 추가적으로 사용할 수 있다.

FX 이벤트

쇼핑몰에서 하는 크리스마스 행사, 여름 소풍 또는 주차장에서 하는 Trunk-or-Treat(Trick-or-Treat* 대신 교회 주차장에서 차 트렁크를 꾸며놓고 하는 핼러윈 행사 – 역주) 핼러윈 행사가 지역 사회를 얼마나 변화시키는지 생각해보라. 이런 행사는 사용할 수 있는 자원에 따라서 거창하게 할 수도 있고, 간소하게 할 수도 있다. 특별 이벤트는 단지 그것이 청중들에 대한 특별한 대접이라는 사실만으로 많은 관심을 끌고 에너지를 발생시키므로 무대 조명, 음향, 배우들을 과외로 투자할 만한 가치가 있을 것이다. 자원봉사자들의 수고 또한 공연물의 가치를 창조적으로 극대화시키는 데 영향을 미칠 수 있다.

*Trick-or-Treat: 아이들이 변장을 하고 집집마다 다니면서 초콜릿을 얻는 핼러윈 행사 – 역주.

그렉 페인(Greg Payne) 작가 겸 감독, 리싱크 그룹

보충 설명 8.3

헌아식

노스포인트 교회는 가정의 뜻깊은 일들을 축하하는 데 적극 참여한다. 한 아이의 탄생과 그 아이가 자라 그리스도를 영접하는 일 그리고 세례, 고등학교 졸업 등 인생의 중요한 사건들은 주목받고 축하받아야 한다.

우리의 헌아식은 인기가 높았지만 우리는 그것이 더 의미 있는 경험이 되어야 한다고 생각했다. 우리는 한 아이의 인생의 출발점에서 좀 더 의미 있고 깊은 방법으로 부모들과 동역할 수 있는 기회를 놓치고 있다는 사실을 깨달았다. 근사하게 잔치는 했지만, 정작 교회와 동역하는 것에 대한 비전을 심어주지는 못하고 있었다. 그래서 우리는 다음과 같이 했다.

- 이벤트를 중단했다. 때로는 아무리 성공적인 일이라도 더 좋은 것을 만들어낼 여력을 확보하기 위해서 그 일을 중단해야 할 때가 있다.
- 전문가의 협조를 얻었다. 우리는 자녀가 갓난아이였을 때를 기억하는 부모들, 리더들과 아이디어 회의를 했다.
- 초점을 좁혔다. 우리는 부모들과 나누고 싶은 좋은 자료가 많았다. 그래서 첫 단계에서 성취하고자 하는 것의 범위를 제한해 집중했다.
  - 우리는 부모들의 마음속에 목표를 심어주고자 했다. 우리는 이 삶의 첫 단계가 쏜살같이 지나가며, 눈 깜짝할 사이에 아이들이 대학에 가기 위해 짐을 꾸리는 것을 돕고 있을 거라는 사실을 일깨워주고 싶었다.
  - 우리는 그들의 교회로서 계획을 가지고 있음을 그들에게 알려주고 싶었다. 고작해야 부모들이 예배에 참석하는 동안 교회 유치부에 아이들을 맡기는 것이 교회가 할 수 있는 최선이 아니다. 그보다는 우리 교회에 맡겨진 모든 아이들의 마음속에 하나님 아버지에 대한 첫인상을 심어줄 수 있도록 계획을 세웠다.

- 좀 더 목적 지향적인 계획을 세웠다. 우리의 목적은 부모들이 도구를 사용할 준비가 되고, 그것을 필요로 할 때 도구를 계속 제공하는 것이다.

현재 우리는 헌아식을 이렇게 진행한다.

1단계: 부모들은 우리 웹 사이트에 들어와 시리즈로 된 세 개의 강연을 듣는다. 우리는 엄마와 아빠 모두 이 메시지를 듣고 간단한 숙제를 하게 한다. 이 숙제는 부모들이 약간의 시간을 따로 떼어놓고, 아이들에 대한 생각을 나누는 것을 습관화하는 데 도움이 된다.

2단계: 우리 유아·유치부 사역에 대한 30분간의 오리엔테이션에 참석한다. 우리는 부모들과의 동역에 대한 비전을 심어주고, 우리의 계획을 함께 보면서 어떤 메시지를 중심으로 아이들을 지도할 것인지 소개한다.

3단계: 온라인으로 헌아식을 신청한다. 헌아식은 부모들이 가정에서 하나님을 최우선 순위에 놓겠다는 헌신을 절친한 친구와 가족들과 나누는 시간이다. 또한 축하의 시간이기도 하다! 하나님은 이 세상에 새 생명을 창조하셨고 이것은 당연히 축하해야 할 일이다. 우리는 이 날을 축하하기 위해서 케이크와 음료수 그리고 사진사를 제공한다.

켄드라 플레밍(Kendra Fleming) 아동 사역을 위한 멀티 캠퍼스 디렉터, 노스포인트 미니스트리, 조지아 주 알파레타

보충 설명 8.4

이정표

나는 열두 살짜리 아들과 함께, 하나님이 아들에게 주신 선물 – 사춘기 – 을 축하하고 그것에 관해 대화를 나누기 위해 특별 주말 캠핑을 갔다. 나는 사춘기란 하나님이 이렇게 말씀하시는 거라고 생각한다. "환영한다. 너는 공식적으로 성인 훈련소의 신병이 되었다." 나는 부모의 입장에서 사춘기가 선물이라는 생각에는 아직 확신이 없다. 나는 아직, 냄새는 그렇다고 쳐도, 내 아들이 남자가 되어간다는 생각만으로도 정신이 아득해진다. 그 여행은 아들에게 이성 간의 여러 궁금증에 대해 질문할 기회를 주기 위한 의도로 계획된 것이었다. 우리는 하나님이 그 애를 남자로 만드신 의도에 대해서 대화를 나눌 수 있었다. 집으로 돌아오면서 우리는 하나님이 아버지와 아들로서 우리를 위해 예비하신 미래를 찬양했다.

신명기 6장에 의하면, 부모들이 하나님과 함께하는 삶을 살면, 아이들에게 자연스레 하나님과 그분의 성품을 본보기로 보여주게 된다. 아이들을 향한 하나님의 계획과, 세상에 기여할 수 있는 그들만의 방법을 펼쳐 보여주려면 약간의 노력이 더 필요하다. 아이들은 일상생활과 특별한 순간들을 거치면서 이러한 지식, 지혜, 믿음을 자연스럽게 전달받는다. 나는 이런 순간들이 성장의 행로를 알려주는 이정표라고 생각한다.

따라서 이정표란, 부모와 아이가 인생을 살아가면서 진리를 강화하고, 하나님과의 관계가 성장하는 것을 축하하는 독특한 기회를 제공하는 의미 깊은 순간들이다.

만약 …
한 아기가 탄생하고
유치원에 입학하고
사춘기를 맞이하고
고등학교를 졸업하고
운전면허를 따고
첫 직장을 얻고
… 이러한 과정들이 부모들이 아이들을 향한 하나님의 목적을 발견하고 찬양하도록 의도된 순간들이 된다면 어떻게 될까?

우리 에이다 바이블 교회는 오렌지 전략을 채택하면서 헌아식, 구원, 세례식 등 전통적으로 영적 이정표로 인식되는 일들을 축하한다. 지혜로운 교회는 이러한 행사들을 통해 불신자 부모들이 진리와 지혜에 관심을 갖게 만들고, 아이들에게 믿음을 전달하는 일에 부모의 협조를 얻어낸다. 또한 부모들을 가르치고, 격려하며, 훈련하는 기회로 삼는다. 그러면서 동시에 부모와 자녀들의 인생 여정 속에서 다른 의미 있는 순간들을 극대화시킬 수 있는 환경을 조성하려는 노력도 한다.

우리는 4, 5학년을 자녀로 둔 부모들이 아이들과 함께 지혜와 성품을 탐구하는 특별 주말 행사를 개최했다. 또한 부모들이 집에서 자녀들과 성과 사춘기에 관한 대화를 하는 데 사용할 수 있는 자료를 제공한다. 이외에도 우리가 기대하고 있는 이벤트로는, 부모들이 자신의 간증을 자녀들에게 전달하고, 자녀들 고유의 영적 유산을 개발하도록 돕기 위해 마련된 시간이 있다. 우리는 졸업 시즌 주말에 고등학교 졸업생들을 축하해주면서, 인생의 새 장을 향해 첫발을 내딛기 시작한 자녀들에게 감상과 격려를 담은 편지를 쓰도록 부모들을 독려한다.

부모들이 자녀들의 인생의 이행기를 축하하고 이해하도록 도움으로써, 부모와 자녀의 관계가 더 돈독해지고 교회의 영향력이 강화된다.

브라이언 밴더락(Brian Vanderark) 가정 사역 원로 목사, 에이다 바이블 교회, 미시건 주 에이다

보충 설명 8.5

고등학생의 이정표

고등학생들에 대한 교회와 가정 간의 가장 현실적인 동역은, 소그룹 리더와 부모 사이에서 이루어진다. 그러나 동역이 효율적으로 이루어지려면 양편이 동일한 이해의 발판 위에 서 있어야 한다.

그러기 위한 한 가지 방안은, 여러 해 동안 한 아이의 삶 속에 고정된 리더를 두는 시스템을 마련하는 것이다. 이는 소그룹 리더들이 청소년들과 관계를 쌓아가는 데 유용할 뿐 아니라, 시간이 흐르면서 부모들과도 관계를 쌓을 수 있게 해준다. 부모와 소그룹 리더들이 의기투합할 수 있는 또 하나의 방법은, 모든 가족을 참여시키면서 청소년과 부모 모두가 이용할 수 있는 내용을 담은 메시지 시리즈를 만드는 것이다. 공조를 위한 세 번째 방법은, 소그룹 리더들과 부모들이 매년 청소년들의 삶의 이정표와 중요한 발달 단계를 이해하는 데 도움이 되는 언어를 만드는 것이다. 여기 청소년들이 맞닥뜨리는 몇 가지 주요 이슈들이 있다.

9학년: 소속감(우리의 경우 중학교 3학년)
고등학교에 입학할 때 신입생들은 새로운 가능성의 세계에 들어간다. 새로 사귈 수 있는 친구들이 있다. 참여할 수 있는 새 클럽들이 있다. 깊은 인상을 주는 새 선생님들이 있다. 그러나 가장 중요한 이슈는 그들이 그 사회의 스펙트럼의 어느 지점에 착륙하는지 지켜보는 것이다. 새 학교와 함께(중학교 바로 옆에 있다고 해도) 새 출발의 기회도 온다. 만약 그들이 사회 집단을 바꾸거나 새로 시작하려고 한다면 지금이 적기이다. 그들의 가장 큰 동기는 수용과 소속감이다.

10학년: 자유
아이들이 처음으로 일자리를 얻고, 임시 운전 면허증을 받아 운전 면허를 따려고 시도하는 시기이다. 신입생 시절의 소속감에 대한 많은 이슈들이 해결되고 고정된 동료 그룹을 갖는다. 그들은 자기가 어디에 어울리는지 안다. 그들은 고등학교 시절이 영원하리라고 확신한다. 이제 그들은 슈퍼마켓에 차를 몰고 가서 먹고 싶은 것을 고르거나, 극장에서 친구들을 만나거나, 보고 싶은 것을 볼 수 있는 새롭게 발견한 자유를 탐색하고 있다. 이 시기 아이들의 가장 주된 관심사는 그들에게 주어진 자유를 가지고 무엇을 할 것인가이다.

11학년: 정체성
이 시기에 일부 학생들은 AP(Advanced Placement, 고등학생이 대학 진학 전에 대학 인정 학점을 취득할 수 있는 고급 학습 과정) 과목을 듣는다. 또 어떤 학생들에게는 이때가 스포츠 팀에서 활동할 수 있는 황금기이다. 그들은 이제 상급생이고 그들도 그 사실을 안다. 이때는 이념의 날개가 펼쳐지면서 철학적 사고가 진행되는 해이기도 하다. 어쩌면 그들은 진정한 공산주의자들일지도 모른다. 또는 부분 출산 낙태를 지지할 수도 있다. 혹은 카발라(중세 유대교의 신비주의)가 가장 합리적인 종교라고 단정 지을지도 모른다. 그들은 진정으로 믿는 것이 무엇인지를 알아내려고 하기 때문에, 언쟁과 논쟁이 가장 많은 시기일 수 있다. 그리고 아마도 엄마 아빠와 같은 편은 아닐 것이다(현재로서는).

12학년: 목표
졸업반 – 고등학교 시절이 거의 다 지나갔다! 준비가 됐든 안 됐든 삶은 그들을 떠밀고 있다. 이때는 결단의 시기이다. 어떤 대학에 진학할 것인가? 그와 계속 교제를 할 것인가? 누구와 방을 같이 쓸 것인가? 어떤 전공을 선택할 것인가? 어떤 아이들에게는 감상적인 해일 수도 있다. 그러나 가장 중요한 질문, 즉 "이 다음에는 무엇이 있을까?"라는 질문에 집중된다.

크리스틴 아이비(Kristen Ivy) XP3 부편집자, 리싱크 그룹

보충 설명 9.1

소그룹 리더의 특질

소그룹 리더는 우리 사역에서 가장 중요한 자원봉사자이다. 모든 자원봉사자의 역할이 다 중요하지만 터놓고 말하겠다. 우리가 아이들에게 주고 싶어하는 관계적, 영적 영향력은 어른들이 어린이들과 청소년들의 삶에 스스로 헌신하지 않으면 발생할 수 없다. 이 점을 이해한 리더들에게는, 기준을 살피고 그에 맞게 소그룹 리더들을 모집해야 하는 큰 책임이 주어진다.

내가 리더의 직책을 맡았던 초기에는 '이상적인 리더상'이 자원봉사자들을 뽑는 기준이었다. 나는 적합한 사람을 뽑으면 늘 훈련 모드에 있지 않아도 된다는 사실을 알았다. 그러나 시간이 흐르면서 나는 리더의 자질을 재정의하게 된 흥미로운 점들을 발견했다.

첫째, 훌륭한 소그룹 리더는 시간이 있어야 한다.

당신이 관계를 위해서 시간을 투자하지 않는다면, 학생들과의 사이가 얼마나 좋건, 카리스마가 얼마나 많건, 그건 더 이상 중요하지 않다. 교회 담장 밖에서 일어나는 일은 교회 안에서 일어나는 일 못지않게 중요하다. 내 말을 오해하지 말라. 우리 교회의 주일 오후 프로그램은 학생의 영성 형성에 중심축 역할을 할 뿐 아니라, 일주일 동안 일어날 수 있는 일에 대한 잠재적 발판이 되어준다. 그러나 리더가 그 발판을 관계를 맺는 데 사용하지 않을 때 문제가 발생한다. 매주 주일 저녁에는 나타나지만 주중에는 연락을 하지 않는 리더는 관계에 투자하는 리더가 가진 영향력을 갖지 못한다. 저녁 식사를 하며 대화할 때, 함께 풋볼 게임을 관람한 후 한밤중에 전화 통화를 할 때, 그때가 삶을 변화시키고 목표를 바꾸는 대화가 계속 이루어지는 때이다.

둘째, 훌륭한 소그룹 리더는 상황에 맞추어 판단할 수 있어야 한다.

데이트, 성, 학교, 파티, 대학, 술, 좋은 친구를 선택하는 문제는 고등학생들에게 중심축이 되는 이슈이다. 당신 교회의 리더들은 날마다 이러한 이슈들로 가득한 영해를 항해하고 있다. 우리는 모든 학생들이 처한 모든 상황에 있을 수 없기 때문에 그곳에 있을 수 있는 리더들과 함께하는 것이 중요하다. 당신 교회의 리더들이 대응하고, 반응하며, 용서하고, 축하하며, 대면하는 방식이, 그들이 소그룹에 장기적인 영향을 미치는 능력에 직접적인 영향을 미친다.

마지막으로, 훌륭한 소그룹 리더는 진실된 마음을 전달할 수 있어야 한다.

이것은 외모나 차림새보다 더 중요하다. 나는 처음에는 대부분 젊고 유행에 민감한 어른들만을 뽑으려고 애썼다. 꽤나 얄팍한 생각이었다는 걸 안다. 그리고 우리 아이들을 과소평가했다는 사실도 인정한다. 나는 학생들이 누가 진실하고 누가 진실하지 않은지를 예리하게 감지한다는 것, 그리고 진실성에 아주 높은 가치를 둔다는 것을 알게 되었다. 나이가 많은지 적은지, 독신인지 기혼인지, 날씬한지 뚱뚱한지는 아이들에게 시간을 투자할 정도로 진실된 관심을 보이는 리더를 세우는 것만큼 중요하지 않다.

케빈 렉스데일(Kevin Ragsdale) 고등부 사역을 위한 멀티 캠퍼스 디렉터, 노스포인트 미니스트리, 조지아 주 알파레타

보충 설명 9.2

고등학교에서 대학교로

교회에서 고등학생 소그룹 리더를 맡고 있는 나는 지난 5월을 맞으면서 만감이 교차했다. 아이들이 졸업했다는 것은, 소그룹 리더로서의 내 소임이 끝났다는 표시였다. 그렇지만 그런 이행은 왠지 허전했다. 교회가 송별 행사를 준비하고, 졸업 만찬을 베풀며, 지난 4년간의 노고에 대한 감사의 표시로 상품권을 선물했지만, 나는 이 그룹과 함께 지낸 시간이 아직도 부족하다는 생각을 떨칠 수 없었다.

나는 우리 교회의 청소년 사역자와 대화를 나눈 후에, 동일한 그룹과 1년을 더 함께하기로 결정했다. 이 그룹은 여학생들로 이루어져 있으며, 그 가운데 일부는 여전히 집에서 살고 있고 이 지역에서 직장을 다닌다. 또 일부는 인근 주립 대학교에 입학했고 또 다른 학생들은 현재 전국의 사립, 공립 학교에 다닌다. 우리는 더 이상 매주 모이지는 않는다. 말할 것도 없이 우리 그룹은 1년 전과는 많이 달라졌다. 그러나 변함없는 것은 내가 열심히 그들을 쫓아다닌다는 사실이다.

지난 학기에 나는 새 환경에 적응하고 있는 그들과 시간을 보내기 위해서, 자동차로 갈 수 있는 거리에 있는 대학교를 차례로 방문했다.

- 나는 일주일에 하루를 정해놓고 페이스북으로 메시지를 보내 그들과 관계를 유지하고 격려한다.
- 명절에 그들이 집에 오면 나는 그들과 함께 커피를 마시거나 식사할 시간을 계획한다.
- 이번 크리스마스 휴가 때 우리는 함께 하룻밤을 보내는 재회의 시간을 가졌다. 그 모임은 지난 5년 동안 있었던 이벤트 중에서 가장 높은 참석률을 보였다.

이 여학생 그룹에 헌신하면서 나는 스스로를 변화시켰다. 나의 이 지속적인 헌신의 목표는 무한정 그들을 붙잡고 있는 것이 아니다. 그들이 이 중요한 과도기를 거치는 동안, 그들을 변함없이 사랑하고 그들이 믿음의 여정에서 다음 단계를 밟아나가도록 돕는 것이다. 나는 그들을 데리고 지역 대학생 사역을 찾아갔다. 우리 교회 안에는 그러한 사역이 없었기 때문이다. 나는 그들이 새 보금자리에서 어떻게 사역과 연결되어 있는지 알기 위해 정기적으로 그들을 점검한다. 또한 아직 집에서 살고 있는 아이들을 위해서는 우리 교회에서 봉사할 수 있는 기회를 연결해줄 방도를 찾았다. 그곳에서 그들은 다른 젊은이들을 만나고 진정한 공동체를 경험하게 될 것이다.

지난 7개월 동안 내가 했던 많은 일들은 체계적이면서 유기적이었다. 아이들은 각자 자기만의 독특한 방식으로 이행을 겪었고, 나는 그들을 쫓아다니면서 한 사람 한 사람의 상황에 맞추어 적극적으로 헌신했다.

나는 청소년들을 사역하는 모든 교회 리더들이 졸업반 학생들을 위한 시스템을 살펴보기를 바란다. 그들은 졸업했지만 관계는 아직 남아 있다. 생각해보아야 할 두 가지 중요한 이슈가 있다.

- 대부분의 교회에서는 가장 위험할 때, 관계가 끊어진다.
- 우리는 도움이 가장 많이 필요할 때, 관계에서 나오는 영향력을 사용하지 않는다.

대학교 신입생과 청년들이 교회를 떠나는 통계 수치가 계속 증가하는 가운데, 우리는 고등학교 사역의 성공을 가늠하는 방법을 재평가해야 한다. 고등학생들을 담당했던 모든 리더들이 졸업이 이야기의 끝이 아니라고 생각했다면 어떻게 되었을까?

크리스틴 아이비

보충 설명 9.3

대학 친화적인 교회

목회자로서 나는 내가 인도하는 사람들이 영적으로 성숙되기를 원한다. 그들이 영적 관점에서 하나님의 뜻을 이해하기 바란다. 내 사역의 목적은 궁극적으로 그들이 그리스도 안에서 성숙하는 것이다. 이렇게 영적인 것에 초점을 맞추려면, 힘든 결정이나 대화를 감당해야 할 때도 있다. 때문에 평생에 걸친 제자 훈련 전략이 반드시 있어야 한다.

그 전략을 개발하기 위해서 우리가 수용해야 할 몇 가지 개념이 있다.

첫째, 하나님은 그리스도의 몸을 성도들을 성숙시키는 수단으로 선택하셨다는 것을 이해해야 한다(엡 4:11-14). 다시 말해서 사람들은 다른 성도들과 긴밀한 관계를 맺고 있지 않으면 영적으로 성숙할 수 없다.

둘째, 우리는 친밀한 관계를 조장하는 교회 체계를 전략적으로 개발해야 한다. 첫 단계는 인생의 모든 단계에 있는 사람들을 지원할 수 있는 체계를 만드는 것이다.

셋째, 우리는 대학 시절이 가장 관계가 단절되는 시점이라는 현실을 직시해야 한다. 교회 리더들은 이 문제에 대해 말만 할 뿐, 이 단절을 연결시킬 전략을 개발하는 사람들은 거의 없다.

어떤 리더들은 예배를 따로 만들어서 이 단절을 연결하려고 한다. 그러나 수백 명의 대학생들의 마음을 끈다고 해서 본질적인 문제가 반드시 해결되는 것은 아니다. 사실상, 대학생의 관점에서 볼 때 이 접근법은 단절을 더 심화시킬 수도 있다. 이런 모델은 사람들 사이의 유사성보다는 온갖 차이점을 드러낸다. 진정한 유대가 이루어지기 위해서는 오래 지속되는 다른 접근법이 필요하다.

대학생들의 진심을 끄는 교회들이 있다. 이런 교회들은 분리된 예배 이상의 전략적인 체계를 갖추고 있다. 그들은 모든 세대를 의도적으로 연결시켜 평생 지속되는 제자 훈련 과정을 개발했다. 대학생들이 교인들과 연결되어 있기 때문에 신자들이 증가하는 데 따라서 결과물도 산출된다. 이런 교회들은 최소한 7가지 중요한 특성들을 수용한다.

- 리더들은 세대가 혼합된 관계를 우선순위에 놓는다.
- 리더들은 젊은 신자들의 제자 훈련을 위해, 나이가 많은 성숙한 신자들을 교화시켜 젊은이들을 그 기준까지 끌어올린다(딤후 2:2, 딛 2:3-4).
- 청소년 사역 리더들은 교회의 나이 많은 분들께 존경을 표한다. 다음 세대 사역과 성인 성도들을 상대로 하는 사역은 서로를 존중한다.
- 섬에 갇혀 있는 리더는 없다. 그들은 스스로를 사람들의 평생에 걸친 제자 훈련의 작은 부분이라고 생각한다.
- 리더들은 부모와 함께 일하며 유치원에서부터 대학생이 될 때까지 전략적으로 공조한다.
- 대학생들을 더 노련한 신자들과 연결시켜주기 위해 다리 역할을 하는 리더가 있어야 한다.
- 대학 시절에 정체성, 친밀감, 의미, 쾌락, 진리의 탐구를 이해하고, 각 영역에서 성서적으로 성숙한 결론에 도달하도록 대학생들을 훈련시킬 수 있는 리더가 있어야 한다.

척 보말(Chuck Bomar) 담임 목사, 골로새교회, 오리건 주 티가드

보충 설명 9.4

소년 멘토링

"내가 아기였을 때 아버지는 집을 떠났다. 내가 절도 행각을 벌이고 다닐 때, 내가 다니던 교회의 한 남자가 아침 독서 모임에 나를 초대했다. 나는 그때부터 그의 보살핌을 받기 시작했다. 그는 내 친구가 되어주었다. 그가 한 일은 대수로운 일이 아니었다. 나와 공 던지기 놀이를 했고, 집으로 초대해 함께 식사를 했으며, 지역 신문에 글을 기고할 수 있는 기회를 주기도 했다. 내가 그때까지 살면서 들었던 그 유일한 긍정의 목소리가, 내가 범죄자의 길로 빠지는 걸 막아주었다고 생각한다. 나는 나의 멘토에 대한 감사의 표시로 멘토링 프로젝트를 만들었다. 내가 알기로는 과거의 나와 비슷한 처지의 젊은이를 멘토링할 수 있는 공식적인 연결 프로그램만 있다면, 나의 멘토처럼 얼마든지 나설 용의가 있는 남자들이 수없이 많다."

3년 전에 이 말을 한 후, 나는 아버지 없는 청소년들을 위한 멘토링 프로젝트를 시작했다. 왜냐하면 아버지가 없더라도 멘토가 있는 소년들의 경우, 학교를 자퇴하는 비율이 적었고, 마약을 복용하거나, 범죄자가 되는 비율이 더 낮았기 때문이다.

TMP(The Mentoring Project)를 시작했을 당시, 우리가 아는 한 교회에서 운용되고 있는 멘토링 프로그램은 전무했다. 그러나 우리는 교회가 바로 이런 일에 놀라운 자원이 될 수 있다고 생각했다. 현재 미국에는 360,000개의 교회가 있다. 이는 미국 문화를 근본적으로 변화시킬 수 있는 인프라가 이미 마련되어 있다는 뜻이다. 대기 중인 자원봉사자들도 많다. 이 프로그램을 시작할 수 있도록 교회들을 준비시키다 보면 시작하자마자 삶이 변화되는 것을 목격하게 된다.

멘토링 프로젝트에 참가한 최초의 교회는 내가 다니고 있는, 오리건 주 포틀랜드에 있는 이마고 데이 커뮤니티 교회였다. 우리 교회에서는 현재 열다섯 명 가량의 아이들이 멘토링을 받고 있다. 멘토링 프로젝트에서는 아이를 멘토와 짝지어주면서 더 큰 그룹에도 포함시킨다. 아이들이 자기 멘토 외에도 그 그룹 안에 있는 다른 남자들과도 평생 관계를 유지하게 한다.

나는 멘토링이 어떻게 하는 것이냐는 질문을 종종 받는데, 내 대답에 이따금 질문한 사람들이 놀랄 때가 있다. 멘토링이란 우정을 바탕으로 한다. 본래 멘토링이란,

- 캐치볼하기
- 낚시하기
- 농구 경기 관람하기
- 하이킹하면서 대화하기
- 단체 캠핑하기
- 그리고 대부분은 그저 함께 어울리는 것이다.

우리는 앞으로 북서부 지역 너머까지 이 프로젝트를 확산시키려고 한다. 우리는 최소 만 명 이상의 아버지 없는 소년들을 멘토링할 수 있도록, 교회를 기반으로 하는 천 개의 프로그램을 준비하는 것을 목표로 설정했다. 우리가 꿈꾸는 이 일의 목표는 다음과 같다. 아버지 없는 소년들과 관계를 형성하는 것을 포함한 교회의 노력의 결실로, 범죄율이 하락하는 것이다.

당신 교회에서 멘토링 프로젝트를 시작하고 싶다면, 우리 웹 사이트(www.TheMentoringProject.org)에 들어오라. 더 많은 것을 배울 수 있다. 이곳에서 이 프로젝트를 시작하는 데 필요한 자료들을 찾을 수 있을 것이다.

도널드 밀러(Donald Miller) 「재즈처럼 하나님은(Blue Like Jazz, 복 있는 사람)」의 저자

보충 설명 9.5

영적 성장의 촉매제

영적 성장은 신비에 싸여 있다. 누구나 그것을 소중하게 생각한다. 그러나 '영적 성장은 어떻게 일어나는가?' 이 질문을 제기하면 대화는 금세 모호해진다.

그냥 교회에 다닌다고 해서 영적으로 성장하는 건 아니라는 게 점점 분명해졌다. 수많은 사람들이 학생 사역, 어린이 사역 또는 성인 예배에 참석하지만 그렇다고 해서 그들이 성장하고 있다고 말할 수는 없을 것이다. 상당수의 사람들이 몇 년째 혼자 성경을 읽고 기도를 하면서도 여전히 더 깊은 무언가를 갈망한다. 무엇이 문제일까?

사람들의 간증을 조사해보면 공통된 이야기가 발견된다. 다음과 같이 반복되는 주제는, 하나님이 우리의 믿음을 규정하고 성장시키는 데 다섯 가지 촉매제를 사용하신다는 것을 보여준다.

삶을 변화시키는 진리

놀랍게도 지식 자체는 사람들을 변화시키지도, 위대한 가르침을 주지도 못한다. 삶을 변화시키는 것은 적용된 가르침이다. 소그룹은 진리를 적용할 수 있는 최상의 환경이다. 그룹 안에서 리더는 어린이나 청소년의 사연을 듣고, 개개인의 상황에 맞추어 진리를 적용시킬 수 있다.

영적 훈련

제자 훈련은 우리들 대부분이 좋아하지 않는 단어다. 그러나 많은 사람들이 제자 훈련으로 시작했지만 시간이 흐르면서 열정이 되어버린 무언가에 대해서 말한다. 우리가 좋아하지 않았음에도 불구하고 우리 삶의 중요한 부분이 된 것들이 있다. 기도, 성경 읽기, 베풀기, 일기쓰기 심지어는 금식까지도 우리와 하나님과의 관계를 돈독하게 해줄 수 있는 훈련들이다.

개인 사역

우리 문화에 널리 퍼져 있는 있는 메시지는, 우리는 취함으로써 얻는다는 것이다. 우리가 더 많은 소유, 더 많은 영향력, 더 많은 권력을 획득하면 우리는 '성공한다.' 그러나 예수님의 혁명적인 메시지는 우리는 얻는 것이 아니라, 주는 것을 통해서 성장한다고 말한다. 이는 우리의 기대와는 정반대이다. 그 결과 우리의 신앙과 신뢰는 확장되고 우리는 성장한다.

의미 깊은 관계

우리들 대부분은 우리의 영적 여정을 되돌아볼 때, 우리에게 긍정적인 영적 영향을 미쳤던 사람들을 떠올릴 수 있다. '선생님, 코치, 이웃 사람들, 직장 상사, 교회 리더, 친구들 등.' 돌이켜보면 하나님이 인간 관계를 사용해서 우리를 그분께로 더 가까이 끌어당기셨다는 결론에 이르게 될 것이다. 교회 리더들이 공동체와 그룹을 바탕으로 하는 사역을 발전시킬 때, 사람들이 하나님께 더 가까이갈 수 있는 의미 깊은 관계를 형성할 기회를 제공하는 것이다.

중추적 환경

하나님은 우리들 한 사람 한 사람을 '중심점', 즉 모든 것을 변화시키는 결단이나 사건의 순간으로 이끄신다. 예를 들어 우리들 대부분은 우리의 삶 속에 역경이 닥치게 해달라고 하나님께 요청하지 않는다. 그렇지만 그런 일이 불가피하게 발생하면 그것은 반드시 중심점이 된다. 고난은 우리의 신앙을 성장시키거나 위축시킨다. 우리는 대부분 우리의 삶이 더 수월해지기를 기도하고 또 기대한다. 그렇지만 이렇게 생각해보라. 성경에 등장하는 사람들 가운데 안락한 삶을 산 사람들은 거의 없다. 하나님이 그들에게 시련을 겪게 하고, 그 과정에서 하나님을 신뢰하는 법을 배우게 하신 듯하다. 놀랍게 들릴지 모르지만, 가장 어려운 상황 속에 있을 때 믿음이 가장 많이 성장한다. 우리를 지원해주는 공동체가, 어려울 때 하나님의 손길을 따르도록 우리를 도와준다. 반드시 시련을 겪을 때만 그런 것은 아니다. 팀을 결성하거나, 승진하거나, 중요한 결정을 하거나, 성장의 중심점이 되는 새로운 발견을 자기 것으로 만들 때도, 우리의 신앙을 성장시키는 중추적인 환경이 될 수 있다.

리싱크 그룹

보충 설명 10.1

청소년 참여시키기

2000년 초, 천 명의 고등학생들이 래니 도노호의 빅 스터프(Lanny Donoho's BigStuf) 캠프에 참석하기 위해 플로리다의 해변에 모였다. 그들이 지닌 삶을 변화시킬 수 있는 잠재력은 놀라웠다. 래니는 군중에게서 전 세계를 변화시킬 수 있는 엄청난 힘을 보았고, 이러한 잠재력이 전 세계로 퍼져나갈 수 있다는 사실을 깨달았다.

"나는 빅 스터프에서 인턴으로 일하는 대학생들을 훈련시킬 방법을 생각해내려고 고심하던 중이었죠." 래니는 설명했다. "나는 호텔 컨퍼런스 룸에 앉아서 사역이란 무엇인지에 대해 이야기하는 것보다, 더 실제적인 무언가를 원했어요." 하나님이 어떻게 예비하시고, 삶이 어떻게 변하는지 직접 보기 위해 그가 인턴들을 케냐로 데려갔을 때, 그는 깨달았다.

"나는 우리가 그냥 거기 있는 것만으로도 영향을 미친다는 것을 알게 되었습니다. 우리와 함께 간 대학생들은 절대 이전과 같은 시각으로 세상을 볼 수 없었을 겁니다. 그들은 행동하고 있을 테니까요."

래니가 아프리카에서 한 경험을 어떻게 중미로 옮길 것인가?

"나는 교회 리더들이 그들의 교회와 전 세계에 있는 학생들의 영향력을 확장시키는 일에 뜻을 가지고, 부모들과 연합할 수 있다고 생각합니다."

래니는 몇 가지 시도할 만한 일들을 제시한다.

1. 최소 한 달에 한 번 소그룹이 교회 외부에서 무언가를 할 것을 권하라. "어떤 교회들은 가끔씩 선교 프로젝트를 하는데, 그 프로젝트를 매달 정기적으로 함으로써 아이들이 그것을 그들이 해야 할 일로 인식하게 만드십시오."

2. 1년에 두 차례 학생들이 도전할 수 있는 시리즈를 진행하라. "청소년들은 안전지대를 넘을 준비가 되어 있습니다. 그러나 우리는 대부분 그들을 편하게 해주는 것으로 만족합니다."

3. 일주일 단위의 사역 기회를 만들라. "우리는 청소년들이 매주 운동 연습과 교회 그룹 활동을 하고, 심지어는 일도 할 수 있게 되기를 바랍니다. 어떻게 그들이 매주 도움을 필요로 하는 사람이나 조직에 헌신하도록 독려할 수 있을까요?"

4. 청소년들의 열정과 기술을 평가하는 목록을 만들라. "당신의 그룹 안에 숨겨진 가능성을 발견할 수 있는 가장 좋은 방법은 올바른 질문을 하는 것입니다. 누구나 사용되기를 기다리고 있는 재능이나 흥미를 가지고 있습니다."

5. 청소년들을 멘토나 본보기가 되는 이들과 연결시키라. "이상적인 것은 각 아이들마다 자기의 소명을 실행하도록 인도해줄 고정된 멘토를 갖는 것입니다. 리더와 점심 식사를 한 번 하거나, 한 지역이나 국제적인 선교 지역을 한 번 방문하는 것만으로도 한 아이에게 평생 남을 영감을 줄 수도 있습니다."

6. 부모들에게 더 많은 것을 기대하라. "부모들은 아이들에게 섬김의 기회를 만들어줄 수도 있고 망칠 수도 있습니다. 부모들은 아이들의 경험에 시간과 돈을 투자할 준비가 되어 있어야 합니다. 그 반면에 아이들은 그 경험을 자기 것으로 만들어야 합니다. 그것이 엄마나 아빠의 임무가 되어서는 안 됩니다."

7. 함께 선교 여행을 가라. "단언할 수는 없지만, 아이들을 외국과 새로운 사람들이라는 실험실에 데려가면, 그들은 불가항력적인 체험을 통해 하나님이 총체적으로 그들이 어떤 사람이 되기를 원하시는지 알게 될 것입니다. 그들은 선교지에 가면 자신이 봉사를 하게 될 거라고 예상하지만, 그보다 더 깊은 경험을 하고 돌아오게 됩니다. 아무것도 가진 게 없으면서도 기쁨과 평화를 누리고 있는 사람들을 보았기 때문입니다. 그들은 진실한 사람들과 참된 관계를 형성합니다. 바로 그것이, 그곳에서만이 아니라 여기 가정에서도 차이를 만듭니다."

래니 도노호(Lanny Donoho) 빅 스터프 캠프와 YMR 설립자 겸 회장, www.410bridge.com

보충 설명 10.2

청소년들만이 할 수 있는 일

청소년들에게 오직 그들만이 할 수 있는 임무를 부여한다면 어떻게 될까? 그들을 사역에 배치할 때 이상적인 것은 그들의 재능과 경험을 필요로 하는 곳에 연결시키는 것이다.

수십 명의 미국 청소년들이 매년 봄 러시아에 간다. 베를린 장벽이 무너질 때 아직 세상에 태어나지도 않았던 아이들이 과거 소련 연방에 특이한 기술을 선보인다. 그것은 바로 소셜 네트워크와 동료애이다.

러시아에서는 러시아 공립학교의 우등생들이, 미국 회화 팀들과 일주일을 함께하면서 영어 실력을 연마할 수 있는 캠프에 참석할 기회를 얻기 위해 경합을 벌인다. 미국 청소년들은 낮에는 6-8명으로 이루어진 그룹 안에서 또래 상담가로 봉사한다. 저녁에는 여느 미국 청소년 그룹들과 마찬가지로 함께 놀고, 예배하고, 기도하면서 문화적 차이를 해소한다. 한 가지 다른 점이 있다면 대부분의 러시아 학생들은 그리스도인이 아니라는 사실이다. 아직은.

요점은 미국 어른들은 이 일에 최적격자가 아니라는 점이다. 러시아 아이들은 성인 리더들을 용납하지만, 친구로서가 아니라 교사로서 용납한다. 엄격한 종교 규제 아래에 있기에 교회 리더들이 접근하는 데 한계가 있다. 그러나 전도가 아닌 합법적인 문화 교류는 허용된다. 게다가 러시아 언어권 학생들은 '대중 문화'에서 사용되는 영어를 배우러 온다. 그러니 그 언어를 가장 잘 아는 외국의 십대들보다 더 좋은 대화 상대가 또 어디 있겠는가?

일주일을 보내면서 헤어지기 전까지, 양국 학생들은 하나님과 관계를 갖는다는 것이 어떤 의미인지에 대해 대화를 나눈다. 그리고 인터넷, 휴대전화, 페이스북이 있기 때문에 이 대화는 이제 시작이라고 생각해도 된다. 일생에 한 번 가는 선교 여행 대신 학생들은 평생지기를 얻는다. 장시간의 비행기 여행 대신 문자나 인터넷으로 즉시 연결될 수 있다. 미국 청소년들이 러시아 친구들을 온라인으로 제자 훈련시키고 있다. 그러나 온라인상의 소통이 아무리 잘 되고 있다고 해도, 러시아에 가본 적이 없는 아이들이 먼저 다음 영어 캠프를 위해 비행기에 오르게 된다.

특이한 점은, 청소년들에게 어른들이 하기 싫어하는 일을 하게 한다거나, 그들이 자기 사역이라고 생각하도록 인위적으로 환경을 만들어 주는 게 아니라는 것이다. 그들이 다른 누구보다도 더 잘할 수 있는 일을 찾으라. 그들이 세상을 변화시킬 것이다.

마이크 제프리스(Mike Jeffries) 협동 담임 목사, 제일침례교회, 플로리다 주 포트로더데일

보충 설명 10.3

청소년들을 어른들의 이야기에 연결시키기

오렌지 사고를 배우고 있는 교회들은 종종 세대와 세대를 연결시키는 중대한 도전에 직면한다. 다양한 연령별 그룹의 사람들이 동일한 시각으로 세상을 보는 것은 힘들다. 바나 그룹에서 내가 조사한 바에 의하면, 세대 간의 차이는 좁혀지는 것이 아니라 점점 더 벌어지고 있다. 그 차이를 좁히려면 어떻게 해야 할까?

그것을 최우선 순위에 두고 창의력을 발휘하라.

나는 근래에 내가 아는 한 청소년 사역자로부터 멋진 아이디어를 얻었다. 그와 그가 지도하는 청소년 그룹은 1960년대에 문을 연 그들 교회의 역사를 볼 수 있는 시청각 자료를 만들었다. 청소년들은 교회의 창립 멤버들과 대화를 나누고, 담임 목사님과 몇몇 은퇴한 교역자들을 인터뷰했다. 신문 기사 스크랩을 찾아내고, 건물 설계도의 먼지를 털어내며, 교회가 설립될 당시의 그 지역의 역사에 대해 조사했다. 그리고 찾아낸 자료를 모두 모아 짧은 영상과 잡지를 제작했다.

청소년들이 이야기, 영상, 미디어 그리고 관계에 대한 적성을 발휘하고, 최신 소프트웨어와 기구들을 활용해 작업을 하면서 얻은 것은 역사의 존엄성에 대한 깨달음이었다. 그 결과물은 한 편의 인터뷰 DVD나 영상, 그 이상이었다. 다리가 놓였다. 신세대가 구세대와 대화를 나누고 그들에게 감사하는 마음을 갖게 됐다. 이 일이 아니었다면 불가능했을 대화의 장이 열렸다. 가장 중요한 영향은 나이 많은 교인들이 청소년들의 기술력에 감탄했을 뿐만 아니라, 그들에게 더 많은 관심을 가지게 된 것이었다. 이 일로 인해서 세대 간에 상호 소통의 가능성이 열렸다. 나이 많은 어른들이 학생 사역에 참여하고 있는가? 또는 성인 소그룹이 청년 리더들을 멘토링하는가? 조부모들이 가족에게 영향을 미칠 수 있다는 것을 알고 있는가? 이러한 잠재력을 언제라도 사용할 수 있다고 상상해보라.

십대들이 교회와 공동체를 다른 시각으로 보도록 어떻게 도울 수 있을까? 어떻게 나이 많은 어른들이 십대들에게 더 많은 관심과 친근감을 느끼도록 할 수 있을까? 세대 간에 다리를 놓을 수 있는 다른 혁신적이고 실제적인 아이디어들이 많이 있을 것이다. 이와 같은 유대가 중요하다는 것을 먼저 인정하고, 그것을 위해 무언가를 계획하라.

우리는 종종 젊은이들을 역사를 만드는 자들이라고 일컫는다. 생각해보라. 그들이 역사를 보존하는 자들이 될 수도 있다는 사실을.

데이비드 키네먼(David Kinnaman) 바나 그룹 대표

보충 설명 10.4

섬기는 마음

우리에게 문제가 있다는 것을 처음 감지한 건, 1999년 여름이었다. 나는 2년 동안 씨코스트 교회에서 유년부 목사로 사역하고 있었다. 그런데 우리 교회의 성인 사역이 지역 사회의 필요를 채우는 일에 집중하기 시작하면서, 어린이 사역은 뒷전으로 밀려나고 있었다. 매년 우리는 해외의 가난한 아이들에게 줄 물품이 들어 있는 신발 상자를 모으고, 아프리카의 고아들을 위해 모금을 했다.

학기 초에는 학용품을 마련하지 못하는 아이들을 위해서 학용품을 모았다. 좋은 프로젝트였지만 아이들이 그 의미를 제대로 이해하고 있는지 의심스러웠다. 나는 부모들이 상자나 학용품을 가지고 와서 아이들의 손에 쥐어주거나, 추가로 주머니에서 돈을 꺼내 헌금함에 넣으라고 아이들에게 건네주는 모습을 지켜보았다. 나는 이렇게 자문하기 시작했다.

저 아이들이 예수님을 닮는다는 것이 정말로 어떤 의미인지 알까? 예수님이 어떤 분이신지 그리고 그들을 얼마나 사랑하시는지 그들이 알까?

나는 아이들이 그리스도의 섬기는 마음을 알고 이해하게 되기를 간절히 원했다. 그렇지만 내가 그들에게 그러한 기회를 주지 못하고 있는 것 같았다.

2000년 여름, 우리는 최초의 어린이 봉사 클럽 'Nerve to Serve'를 시작했다. 우리는 이 클럽의 주 대상을 일주일에 하루 교회에서 30분간 성경 공부를 하면서 예수님의 성품에 대해 배우고, 한 시간 가량 봉사를 할 수 있는 4, 5학년 아이들로 삼았다. 우리는 여러 가지 성경 이야기를 사용하면서, 동시에 우리 사역의 버팀목이 되어준 마태복음 20장 28절을 자주 언급했다. "인자가 온 것은 섬김을 받으려 함이 아니라 도리어 섬기려 하고 자기 목숨을 많은 사람의 대속물로 주려 함이니라."

아이들은 교회 마당에서 잡초를 뽑고, 우리 지역의 소방서에 감사 인사를 적은 쪽지와 함께 음료수를 배달하며, 인근 교도소 수감자들에게 용기를 북돋워주는 편지를 쓰고, 죄수들의 명단을 놓고 그들을 위해 기도했다. 그리고 유달리 더웠던 어느 날, 아이들은 쇼핑몰 앞에서 생판 모르는 쇼핑객들에게 얼음이 든 생수를 나누어주었다.

우리는 아이들에게 만약 예수님이 프레젠트 산(미국 뉴햄프셔 주의 프레지덴셜 산맥에 속한 산)에 사셨다면 무슨 일을 하셨을지 물었다. 그분은 어떤 도움이 필요하다고 생각하셨을까? 아이들의 대답은 놀라웠다. 그들은 우리가 결코 생각하지 못했을 일들을 생각해냈다. 그들은 우리 지역을 위한 섬김에서 끝나지 않고, 더 큰 생각을 하기에 이르렀다. 그들은 다른 사람들을 섬기는 일이 발휘하는 영향력을 이해하기 시작했다.

그 이후로 우리 교회는 13개 주에, 13개의 교회를 개척했다. 이 교회들은 대부분 그들 나름의 'Nerve to Serve' 사역을 하고 있다. 여름에 활동하는 클럽도 있고, 명절에 활동하거나, 일년 내내 활동하는 클럽들도 있다. 유치부에서 5학년을 위한 클럽을 따로 만든 교회들도 많이 있고, 일부 교회들은 엄마, 아빠, 아이들이 함께 봉사하는 가족 행사로 만들기도 했다. 교회마다 클럽 운용 방식은 다르지만, 목표는 한 가지다. 그리스도와 같이 섬기는 마음을 갖는 것이다.

쉐리 서렛(Sherry Surratt) 디렉터, 우먼 이니셔티브, 리더십 네트워크

주

2장 밝은 빛

1. C. S. 루이스, 「순전한 기독교(Mere Christianity, 홍성사)」
2. N. T. Wright, Simply Christian(New York: HarperCollins, 2006), 200.
3. 앤 라모트(Anne Lamott), 「마음 가는 대로 산다는 것(Traveling Mercies: Some Thoughts on Faith, 청림출판)」
4. Craig Van Gelder, The Essence of the Church: A community Created by the Spirit(Grand Rapids, MI: baker Books, 2000), 98.
5. 요한계시록 1장 20절
6. 요한복음 18장 36-37절
7. Lifeway Research, "LifeWay Research Uncovers Reasons 18 to 22 Year Olds drop Out of Church," http://www.lifeway.com/lwc/article_main_page/0,1703,A=165949&M=200%20906,00.html(accessed January 19 2009).

3장 따뜻한 마음
가정의 본질

8. Chap Clark, Hurt: Inside the World of Today's Teenagers(Grand Rapids, MI: Baker Academic, 2004), 110.
9. Joyce A. Martin, MPH et al., "Births: Final Data for 2006." National Vital Statistics Reports, 57, no. 7(January 7, 2009), http://www.cdc.gov/nchs/data/nvsr/nvsr57/nvsr57_07.pdf(accessed January 10 2009).
10. Roy B. Zuck, Bibliotheca Sacra 121(1965), 228-235.

11. 직접 자료를 찾아보고 싶다면 콜럼비아 대학교와 국립 약물 중독 및 오남용 센터의 연구 시리즈 "The Importance of Family dinners"를 보라. http://www.casacolumbia.org/absolutenm/articlefiles/380Importance%20of%20Family%20Dinners%20IV.pdf.에서 찾을 수 있다.

12. Madeline Levine, The Price of Privilege: How Parental Pressure and Material Advantage Ave Creating a Generation of Disconnected and Unhappy Kids (New York: HarperCollins, 2006), 215–216.

13. 출애굽기 34장 25절, 레위기 19장 19절, 레위기 22장 28절, 신명기 22장 8절을 보라.

4장 오렌지 빛

14. 최근이 어떤 리더가 온라인에서 현대 교회를 위해서 가정 "운동의 대변자"가 되겠다고 선포하는 것을 들었다. 이것은 다음과 같은 몇 가지 이유에서 사람들을 오도하는 것이다. 첫째, 우리는 우리 자신을 어떤 운동의 대변자로 지명할 수 없다. 둘째, 모세를 포함해 우리 이전에 오랫동안 이 이슈를 위해서 싸워온 다수의 선구적 사상가들이 있다.

15. George Barna, The Barna Update. "Parents Accept Responsibility for Their Child's Spiritual development but Struggle with Effectiveness," Barna Update, May 6, 2003.

16. Penny Edgell(Professor of Sociology at the University of Minnesota), Religion and Family in a Changing Society(Princeton, NJ: Princeton University Press, 2006), 47.

17. George Barna, "Parents Accept Responsibility."

18. 앤디 스탠리, 레지 조이너, 레인 존스(Andy Stanley, Reggie Joiner Lane Jones), 「성공하는 사역자의 7가지 습관(Seven Practices of Effective Ministry, 도서출판 디모데)」

6장 필수 요소 1. 전략을 통합하라

19. 패트릭 렌시오니(Patrick Lencioni), 「사일로스: 부서간 장벽을 없애라(Silos, Politics and Turf Wars, 위즈덤 하우스)」

7장 필수 요소 2. 메시지를 정제하라

20. Sue Miller with David Staal, Making Your Children's Ministry the Best Hour of Every Kid'

s Week(Grand Rapids, MI: Zondervan, 2004). 수는 윌로우 크릭 교회의 어린이 사역, '약속의 땅(Promiseland)'의 기획자다. 현재 그녀는 리싱크에서 일하고 있으며, 어린이들을 위해 '메시지를 정제하는 일'에 기여하고 있다.

8장 필수 요소 3. 가정을 재활성화시키라

21. 말콤 글래드웰(Malcolm Gladwell), 「티핑 포인트 (The Tipping Point, 21세기 북스)」

9장 필수 요소 4. 공동체를 강화하라

22. Mark Kelly, "LifeWay Research: Parents, Churches Can Help Teens Stay in Church," LifeWay Christian Resources, http://www.lifeway.com/lwc/article_main_page/0%2C1703%2CA%25253D165950%252526M%25253D200906%2C00.html(accessed October 1 2008).

23. Meredith Miller, "Family Ministry: Good Things Come in Threes," Fuller Youth Institute, 5 September 2007, http://fulleryouthinstitute.org/2007/09/family-ministry/(accessed February 3 2009).

10장 필수 요소 5. 영향력을 발휘하게 하라

24. Austin Murphy, "Texas Tech Is the Surprising Feel-Good Story of the 2008 Season," Murphey's Law, Sports Illustrated, November 7 2008, http://sportsillustrated.cnn.com/2008/writers/austin_murphy/11/07/tech/index.html(accessed February 20 2009).

오렌지화

25. George Barna, Transforming Children into Spiritual Champions (Ventura, CA: Regal Books, 2003), 79, 81.

26. 아이비 벡위트, 레니 알트슨, 스펜서 버크(Ivy Beckwith, Renee Altson, Spencer Burke), 「포스트모던 시대의 어린이 사역(Postmodern Children's Ministry, 대서)」

27. Kenda Creasy Dean, "Expand the Umbrella," Group Magazine, Jan/Feb 2009, 60.

THINK ORANGE

싱크 오렌지 리더 핸드북

싱크 오렌지와 함께 읽는 지도자를 위한 가이드북

레지 조이너 지음 | 조계광 옮김
183쪽 | 신국판 변형 | 12,000원

오렌지 사역을 주일학교에 효과적으로 접목시키기 위한 실용적 도구

이 책은 『싱크 오렌지』에서 다룬 원리들을 각 교회의 필요와 형편에 맞게 적용할 수 있는 유용한 도구를 제공한다. 이 책은 교회가 지금의 다음 세대와 그들의 문화에 적절히 다가가기 위해 필요한 새롭고, 신선하며, 창의적인 아이디어를 제공한다. 미국 주일학교 사역에 새로운 패러다임을 제시한 레지 조이너는 그동안 자신의 경험을 바탕으로 구체적이고 검증된 주일학교 사역의 기술을 제시한다.

당신의 열정을 전략화하라. 관계의 가치와 우선순위를 정렬하고, 분명한 목적을 이루기 위한 방법들을 도모하라. 이 책은 이러한 전략을 이루기 위해 교회와 가정이 어떤 영향력을 발휘해야 할지 구체적이고 증명된 사역의 기술을 제시해준다. 또한 이 책에 있는 오렌지 측정기는 당신의 목표와 사역 방향이 올바르게 진행되고 있는지 점검해준다.

이 책은 당신의 사역을 오렌지 전략으로 재편성하고, 사역의 장기적인 발전 계획을 세우는 데 유용한 도구와 지침이 될 것이다.

저자 소개

Photo by Ken Hawkins

레지 조이너(Reggie Joiner)는 교회가 다음 세대의 영적 성장에 미치는 영향력을 극대화시키는 데 유용한 자료와 훈련을 제공하는 비영리 단체 리싱크 그룹(reThink Group)의 설립자이자 CEO이다. 리싱크 그룹은 유아, 어린이, 가정, 청소년 사역을 하는 리더들에게 혁신적인 자료와 훈련을 제공한다. 그들은 미국 전역과 다른 여덟 개국에 동역자들이 있다. 리싱크 그룹은 그 외에도 담임 목사, 교회 리더, 자원봉사 사역자들을 위해서 전국적인 훈련 기회를 제공하는 오렌지 컨퍼런스와 오렌지 투어를 기획하고 후원하고 있다.

레지는 앤디 스탠리(Andy Stanley)와 함께 조지아 주 알파레타에 있는 노스포인트 교회의 창립 목사 가운데 한 사람이기도 하다. 그 교회에서 11년 동안 가정 사역 책임자로 일하면서 그는 유아, 어린이, 청소년 그리고 기혼자들을 위한 사역을 기획했다. 노스포인트에서 사역하던 시기에 레지는 일주일에 한 번 아이들이 부모들과 함께 하나님에 대해서 배우는 '키즈 스터프(KidStuf)'를 만들었고, 교회가 어린이, 가족, 청소년들에게 적합하고 효과적인 환경을 조성하도록 격려하고 준비시켜주는 국제 컨퍼런스 '그로우 업(Grow Up)'도 창설했다.

레지는 레인 존스(Lane Jones)와 앤디 스탠리와 함께 「성공하는 사역자의 7가지 습관(7 Practices of Effective Ministries, 도서출판 디모데)」을 저술했다. 그와 그의 아내 데비(Debbie)는 조지아 주 커밍에 살고 있으며, 슬하에 장성한 네 자녀, 레지 폴(Reggie Paul), 해나(Hannah), 세라(Sarah), 레베카(Rebekah)가 있다.

THINK ORANGE
싱크 오렌지

1쇄 인쇄	2011년 5월 13일
4쇄 발행	2016년 10월 19일
지은이	레지 조이너
옮긴이	김희수
펴낸곳	고종율
펴낸곳	주) 도서출판 디모데 〈파이디온 선교회 출판 사역 기관〉
등록	2005년 6월 16일 제 319-2005-24호
주소	서울특별시 서초구 서초대로 141-25(방배동, 세일빌딩)
전화	마케팅실 070) 4018-4141
팩스	마케팅실 031) 902-7795
홈페이지	www.timothybook.com

값 20,000원
ISBN 978-89-388-1524-8 03230
ⓒ 주) 도서출판 디모데 2011 〈Printed in Korea〉